KB053707

한국개념사총서 |10|

보수

개념의 역사

권용립 지음

小花

한국개념사총서 ❿
보수

초판 1쇄 발행 / 2015년 4월 24일

지은이 / 권용립

펴낸이 / 고화숙
펴낸곳 / 도서출판 소화
등록 / 제13-412호
주소 / 서울시 영등포구 버드나루로 69
전화 / 2677-5890
팩스 / 2636-6393
홈페이지 / www.sowha.com

값 22,000원

ISBN 978-89-8410-479-2 94300
ISBN 978-89-8410-337-5 (세트)

잘못되거나 파손된 책은 교환해 드립니다.

보수 / 지은이 : 권용립. -- 서울 : 소화, 2015
    p. ;   cm. -- (한국개념사총서 : 10)

ISBN 978-89-8410-479-2 94300 : ₩22,000
ISBN 978-89-8410-337-5 (세트) 94300

한국 정치사 [韓國政治史]

340.911-KDC6
320.9519-DDC23   CIP2015010590

19세기 중엽부터 우리 사회에 격랑을 몰고 온 인문 · 사회과학의 개념들에 관하여 혼돈 상태가 아직도 계속되고 있습니다. 몇 가지 예를 들어 봅니다. 민족과 민족주의, 근대국가와 주권, 자주와 독립 같은 핵심 개념들조차 비학문적으로 사용하고 있습니다. 이탈리아에서 19세기 통일 운동 이전의 민족과, 부활리소르지멘토 을 지향하는 민족주의 운동의 원동력이 된 민족은 서로 구별됩니다. 근대국가는 서유럽에서 등장한 독특한 정치사회의 한 형식이며, 이 형식을 지탱하는 것이 주권 개념입니다. 주권은 서양의 중세 사회나 동양의 사대 질서에서 보는 통치권과는 다른 차원의 개념입니다. 자주와 정교금령은 사대 질서의 개념이며, 독립과 내치외교는 서양 공법 질서의 개념입니다. 이런 역사적 개념을 서로 구별하지 않는 것은 반反역사적은 아닐지라도 비非역사적입니다.

　인문·사회과학의 개념은 정태적인 것이 아니라 정치·사회운동을 함축하고 있는 역동적인 성격을 지니고 있어서 개념사 연구는 정치·사회제도의 분석을 전제로 합니다. 그리고 개념들은 장소topos와 시간tempo에 따라 그 성격이 다르기 마련입니다. 그런데 이 지적 작업을 수행하는 데 세계 정치의 중심 지역 학자들보다 훨씬 어려운 위치에 놓여 있다는 것이 우리 한국 학계의 고민입니다.

　우리는 외국 학자들처럼 개념의 공시적이고 통시적인 분석, 의미론이나 명의론에 안주할 수 없습니다. 우리는 여러 장소의 개념들의 충돌을 연구해야만 합니다. 더욱이 우리의 한반도는 독특한 역사적 성격을 지닌 장소입니다. 유럽 열강의 세계 팽창 대상 지역 중에서도 오지奧地에 속하는 곳입니다. 오지의 특징은 외래 개념에 대한 저항과 오해가 그 어느 지역보다 강렬하다는 데에 있습니다. 저항이 강하다는 것은 이미 지켜 온 개념들에 대한 집착이 강하다는 것을 의미합니다. 이른바 가정假晶·pseudo-morphosis의 현상이 두드러진 곳입니다. 가정은 광물이 그 내부 구조에 따른 본래의 결정형과는 다른 결정형을 나타내는 현상을 지칭하는 광물학의 용어입니다. 다른 장소의 개념이 전파되는 경우, 본래의 의미가 왜곡되는 사회 현상을 은유적으로 표현하기 위해 슈펭글러O. Spengler가 광물학에서 차용한 낱말입니다. 이런 점에서 한반도는 중국이나 일본과도 판이한 역사적 경험을 지니게 되었습니다. 오지라는 장소의 특징은 시간의 역사적 성격에도 반영됩니다. 세계 정치 중심 지역의 개념들이 뒤늦게 전파되는 특징을 지니고 있습니다. 오지와 세계사의 접목은 세계사 흐름의 최후 단계에 이루어져서 오지의 세계화는 난항을 겪게 됩니다.

그런데 한반도의 장소적인 특징은 여기에 머물지 않습니다. 같은 동북아 질서에 속하였던 중국과 일본의 변모로 동북아 삼국 사이에도 개념의 갈등이 야기됩니다. 교린 질서 안에 살고 있던 한국과 일본은 1868년부터 개념의 충돌이 시작되어 1876년까지 8년의 위기를 맞습니다. 이 위기를 거치면서 일본은 개념의 세계화 노력에 박차를 가하고 이런 개념에 의한 담론을 세계에 전파합니다.

같은 사대 질서에 살고 있던 중국이 1880년을 전후하여 사대 질서의 변형을 주장해 한국은 중국과 충돌하고 그리고 고민합니다. 유길준의 '양절체제兩截體制'라는 천재적인 직관은 사대 질서의 개념들을 서양 공법 질서의 개념으로 전환시키려는 중국에 대한 우리의 처절한 저항입니다.

이런 역사적 특징을 지닌 한반도라는 장소에서 인문 · 사회과학의 근대적인 기본 개념 형성에 중요한 시기tempo는 1850년에서 1950년에 이르는 1백 년이라고 생각합니다. 이질 문명권과 만나 충돌하면서 동시에 동북아 삼국 사이에 개념의 마찰이 병행하는 시기입니다. 이 시기의 개념들은 크게 세 부류로 나눌 수 있습니다.

첫째, 19세기 중엽 이전 우리에게는 알려지지 않았던 새로운 사회 현상들의 전파 양상을 가리키는 개념들이 있습니다. 이런 생소한 유럽 학문 체계상의 개념들에 대한 오해는 아직도 존재하고 있습니다.

둘째, 19세기 이전에 사용되었던 개념 가운데 그 본래의 내용이 굴절되어 새로운 현상을 지칭하게 된 개념들이 있습니다. 본래의 의미와 굴절된 내용이 혼재하게 됩니다.

셋째, 19세기 중엽을 전후하여 사라진 개념들이 있습니다. 통용의 중단이 일시적인 것도 있고 다시 부활하는 경우도 있습니다. 어떤 경우이건 스스로 일어난 것이 아니라 그 배경에는 사회적인 격동이 있습니다.

이런 개념사 연구를 우리는 어떤 시각에서 어떻게 서술해야 합니까?

시간의 문제에 대해서는 공시적이고 통시적인 분석을, 그리고 장소의 문제에 관해서는 비교문명권의 입장에 입각해야 한다고 생각합니다. 우리는 이런 방법론에 따라 다음과 같은 순서로 주요 개념들을 서술할 것입니다.

먼저 동서양의 어원을 고찰합니다. 어원은 통시적 분석의 출발점입니다. 개념이 19세기 이전에도 동양 세계에서 통용된 경우에는 그 동양적인 의미와 19세기 이후의 변천 과정을 추적합니다. 그리고 19세기 중엽 새로 동양에 전파된 서양의 개념인 경우에는 서양 세계에서 통용된 의미와 동양에 전파되는 과정을 추적합니다.

그러나 서술의 중심은 한반도라는 장소에서 일어난 개념들의 해석, 번역, 굴절, 선택, 그리고 오해를 포함한 모든 충돌 현상에 관한 분석입니다. 그리고 1950년 이후 이 개념들이 한국 학계에 정착되는 데에 따르는 오늘날의 문제점들을 제시합니다. 정착 문제는 우리 학계의 수준을 폭로하는 일입니다.

이렇게 볼 때 개념사 연구는 인문·사회과학의 모든 분야에 걸친 연구입니다. 이른바 '전체의 역사l'histoire totale'를 시도하는 지적 작업입니다. 이런 학술 사업을 진행하기에는 우리 학계의 수준이 아직 일천하다고 걱정하는 소리도 있습니다. 그리고 개념사 연구 자체에 관한 회의와 냉소도 있습니다. 그러나 한국이라는 장소topos 의 인문·사회과학 기본 개념에 관한 연구는 단지 학문상의 문제만이 아닙니다. 이 연구는 우리의 생존에 관한 현실적인 문제이기도 합니다. 개념의 정확한 인식에 의한 학술적인 담론의 세계화는 21세기에 우리가 한반도에서 한국적인 삶을 영위하기 위한 전제 조건입니다. 담론의 세계화를 이룩하지 못한 것이 1910년의 불행을 자초한 한 원인이기 때문입니다.

2008년 8월
한림대학교 한림과학원
한국개념사총서 편집위원회위원장 김용구

차례

| 일러두기 |

* 인용문 가운데 ( ) 속 내용은 특별한 설명이 없는 한 필자가 덧붙이거나 설명한 것이며 밑줄 또한
  필자가 베푼 것이다.

* 신문 · 잡지에서 인용한 기사 및 세종계획 연구용 말뭉치에서 인용한 서적은 참고문헌에 포함하지
  않았다.

세상의 꾸준한 진보를 믿는 근대의 역사관은 서유럽의 계몽주의
가 낳은 것입니다. 내일은 오늘보다 나을 것이라는 기대 심리를 바
탕에 깔고 있는 이 새로운 역사관이 프랑스대혁명 이후 대중화되
자, 장밋빛 내일을 약속하는 정치적 선동의 생산과 유통이 가능해
졌습니다. 지난 1백 년간 실체 없는 그림자와도 같은 이데올로기라
는 괴물의 지배를 인류가 달게 받은 것도 따지고 보면 근대적 역사
관이 작용한 결과입니다.

라인하르트 코젤렉은 근대적 역사관이 보편화된 18세기 중엽부
터 19세기 중엽까지를 말안장의 시대Sattelzeit라고 했습니다. 오늘날
우리가 쓰고 있는 자유, 평등, 민주, 민족과 같은 것들은 말안장시대
의 서유럽이 만들고 전파시킨 개념이며 이념입니다. 근대 이후 국
민국가의 정치는 대부분 말안장시대의 개념들로 설계된 사상의 틀

안에서 전개되었습니다. 그렇기 때문에 이 기본 개념들은 근대 인류의 정치적 사유 세계를 때로는 제약하고 속박해 온 양면성을 갖고 있습니다.

지난 2백 년간 근대를 만들어 왔고 또 구속해 온 낭만시대의 개념들이 21세기로 접어든 한반도를 어지러이 맴돌고 있습니다. 남쪽은 민주·자유·평등을 둘러싼 정치적 소모전에 지쳐 가고, 북쪽에서는 철지난 투쟁적 세계관과 왕조정치를 정당화하는 반제·반봉건시대의 민족주의가 지고지선의 가치로 군림하고 있습니다. 이렇듯 거창한 내일만 꿈꾸는 거대 담론이 범람한 탓인지 현실의 정치에 필수적인 미시적 사유와 성찰은 우리 땅에서 실종되었습니다. 그 이름이 민주든 민족이든 통일이든, 투쟁적이고 거대한 낭만의 담론들이 정치적 사유를 기획하고 통제하는 한 한반도의 말안장시대는 끝나지 않습니다. 아니 어쩌면 지금이 그 시작일지 모릅니다.

보수라는 개념이 하나의 증거입니다. 자유, 평등, 민주처럼 정치적 근대성의 잣대가 된 서구의 개념들은 19세기 말 동아시아로 들어왔습니다. 영어 conservative도 비슷한 때에 들어왔습니다. 그런데 그 번역어로 선택된 '보수'라는 말이 하나의 개념으로 동아시아에 정착한 것은 자유, 평등, 민주보다 훨씬 뒤의 일입니다. 서양의 보수를 정치적 개념으로 이해하려면 프랑스대혁명과 같은 아래로부터의 급진적 변혁에 대한 우려에서 시작된 보수 개념의 기원을 알아야 하는데, 다른 역사를 살아온 당시의 동아시아가 보수의 이런 내막을 쉽게 알아챌 수는 없었기 때문입니다. 그래서 20세기 초까지 동아시아에서 보수라는 말은 수구와 뜻이 비슷한 일상어로 많이 쓰였습니다.

20세기 중후반에 들어 서구의 보수 개념을 가장 극적으로 변형시키고 활성화한 동아시아 국가는 한국, 그것도 1980년대 이후의 한국입니다. 우선 1980년대 이후의 민주화가 보수와 진보의 대결 구도를 강화했습니다. 엉성한 겉치레 민주화에 그치기는 했으나, 보수라는 말을 일상의 담론에서 해방시켜 정치적으로 작동시킨 기폭제는 일단 민주화였습니다. 그런데 민주화와 동시에 진행된 탈냉전 무드 속에서 미국과 북한에 대한 전통적 관념은 흔들렸으며, 보수와 진보의 정치적 대립도 미국과 북한 즉 외교를 둘러싼 국제정치의 대결로 바뀌었습니다. 한마디로 말해 한국의 민주화와 세계적 탈냉전의 충격을 한꺼번에 받아 내는 과정에서 서구의 보수 개념을 독창적이고도 역동적으로 토착화한 나라는 20세기의 동아시아에서 한국뿐입니다.

　　민주화와 탈냉전 초기에는 진보가 민주와 남북 화해를 뜻했고, 보수라는 말은 자연스럽게 독재와 냉전을 표상했습니다. 1990년대 중반부터는 '진보'에 맞서 결집한 대항 담론이 보수 이념의 정치적 정당성을 회복하려고 나섰습니다. 보수라는 말의 정치적 복권을 위해 서구의 개혁적 보수 개념도 끌어왔습니다. 서구적 보수 개념을 현실 정치에 활용하는 시도가 개화 이후 1백 년이 지나서야 시작된 것입니다. 그리고 첫 남북 정상회담이 열린 2000년부터는 보수와 진보의 뜻과 쓰임새를 둘러싼 감정적 대결이 대부분 미국과 북한 문제를 둘러싸고 숨 가쁘게 펼쳐졌습니다.

　　한국의 보수와 진보 개념이 이처럼 독특한 것은 해방 직후의 좌우 대결, 냉전시대의 남북 대결, 탈냉전시대의 보수 / 진보 대결이 삼중으로 겹치면서 켜켜이 쌓인 애증이 우리 정치의 이념적 지형을 왜

곡했기 때문입니다. 분단체제가 강요한 이 한과 애증의 상흔에 대한 피차간의 집단적 기억이 보수와 진보의 개념까지 뿌리째 비틀어 온 것입니다.

이 책에서 저는 보수라는 말을 중심으로 우리 근현대 정치사를 되돌아봅니다. 개화기의 지식인부터 21세기의 대중에 이르기까지 보수라는 말이 한국인의 삶과 정치에 어떻게 쓰여 왔고 어떤 정치적·사회적 조건을 따라 변해 왔는지, 그 생각의 궤적을 관찰자의 눈으로 더듬을 것입니다. 다만 이 책은 한국 보수 개념사의 완결이 아닙니다. 적어도 보수나 진보라는 개념에 관한 한 코젤렉이 근대의 문턱으로 지목한 말안장시대를 우리는 지금에야 살고 있기 때문입니다.

개념사 저술 작업에 참여하도록 권해 주신 한림과학원 김용구 원장님과 관계자 여러분께 감사의 말씀을 전합니다. 자료 조사를 위해 신세를 진 신형기, 장인성, 이종찬, 허수, 이현휘, 이원택 선생을 비롯한 여러분도 마찬가지입니다. 교열과 편집의 전범을 보여 준 소화의 민성원 편집장에게도 감사의 말을 전합니다. 분야는 달라도 저와 같은 길을 걷기 시작한 큰딸 효원과 그 소중한 평생 친구 태훈, 조각에 이어 텍스타일 디자인 공부를 시작한 둘째 효민은 책머리에 빠트릴 수 없는 사람들입니다. 언제나 즐거운 이애자 선생은 변함없는 생기를 가족과 주위에 나누어 주고 있습니다. 저와 인연을 맺은 이들 모두가 이 책을 함께 쓴 사람들입니다.

2015년 봄 어귀에

권용립

Part 1

보수의 기원과 전개

1. 좌와 우, 진보와 보수

1980년대 후반부터 한국의 정치적 담론과 담화에 가장 많이 등장한 말이 '보수'와 '진보'다. 해방 직후의 좌우투쟁을 끝으로 사라진 좌와 우, 보수와 진보의 정치적 이분법이 1980년대 후반에 부활했기 때문이다. 그런데 미디어나 현장의 담론은 물론이고 대부분의 학술 담론도 보수와 우파, 진보와 좌파를 제대로 구별하지 못했다. 오히려 보수와 우파, 진보와 좌파를 같은 개념처럼 다루고 써왔다. 이 때문에 '보수우익', '좌경진보' 같은 합성어가 완성된 개념인 양 행세할 수 있었다. 좌와 우, 보수와 진보가 한국에서 무엇을 뜻하는지 규명하려는 노력이 없지 않았지만,[1] 신문·잡지·인터넷을 비롯한

---

1 한국의 보수/진보, 좌/우 개념에 관한 근래의 연구로는 다음을 참조. 강원택(2005), 「한국의 이

공론 매체 대부분은 보수와 진보라는 말의 정치적 개념을 미리 정해진 것처럼 여기고 사용했다. 설명해야 할 대상을 설명의 도구로 삼은 것이다.

좌와 우라는 개념과 이분법은 18세기 말 서유럽에서 비롯되었다. 프랑스대혁명 직전에 열린 1789년의 제1차 3부회에서 루이 16세를 중심으로 오른쪽에 제1신분성직자과 제2신분귀족이 앉고 왼쪽에 제3신분평민 대표이 앉은 데에서 비롯되었다는 설이 있다(이완범 2013 : 88). 그러나 프랑스대혁명 초기의 헌법제정국민의회1789~1791. Assemblée nationale constituante. 보통 국민의회(Assemblée nationale)로 불린다. 1791년 입법의회(Assemblée nationale législative)로 바뀌었다에서 의장석으로부터 바라볼 때 오른쪽에 보수적 왕당파가, 왼쪽에 진보적 공화파가 몰려 앉은 데에서 좌와 우라는 개념이 비롯되었다는 것이 통설이다. 프랑스는 이런 의석 배치 전통을 지금까지 지켜 오고 있다. 오늘날 유럽의회European Parliament도 의사당 내 의석을 이런 방식으로 배치한다. 의장석에서 볼 때, 왼쪽에는 극좌부터 온건좌파가 앉고 오른쪽에는 극우와 중도우파를 배치하는 것이다.

보수와 진보는 좌와 우의 개념보다 늦게 생겨났다. 프랑스어로 conservateur보수주의자라는 말은 부르봉왕정이 복고된 1818년 반동적 논조를 띤 잡지의 제호로 처음 쓰였고, conservative보수적 · 보수주의자라

념 갈등과 진보 · 보수의 경계」, 『한국정당학회보』 제4권 제2호, pp.193~217 ; 김희곤(2003), 「일제강점기의 진보와 보수 구분 문제」, 『한국사 시민강좌』 제33집, 일조각, pp.77~96 ; 김경미(2009), 「진보와 보수, 좌파와 우파에 대한 이론적 좌표 설정 모색」, 『정치정보연구』 제12권 제1호, pp.45~60 ; 채장수(2003), 「한국에서 좌파 개념의 설정」, 『한국정치학회보』 제37권 제2호, pp.219~238.

는 영어 단어는 1830년대에 정당의 이름Conservative Party으로 처음 쓰였다. 이름만 갖고 보면 좌/우 이분법의 역사가 보수/진보의 역사보다 길다고 할 수 있다.

프랑스에서 비롯된 '좌'는 초기에는 전제 왕권에 맞서서 부르주아의 권익을 확보하려는 세력을 뜻했다. 즉 지금의 자유민주주의자들이 초기에는 좌익이었다. 얼마 있지 않아 좌익의 목표는 선거권을 남성 노동자에게 확대하는 것으로 바뀌었고, 1848년 프랑스 2월 혁명 후에는 마르크스주의가 새로운 좌익으로 등장했다. 그리고 구좌익인 부르주아자유주의와 대립한다. 평등을 내건 사회주의자들이 진보라는 타이틀을 차지하면서 자유를 내건 원래의 좌익은 우익·보수로 자리를 옮긴 것이다. 이때부터 수립된 사회주의·공산주의=평등=좌익, 부르주아민주주의=자유=우익이라는 공식은 냉전이 끝난 20세기 말까지 크게 변하지 않았다.

그런데 19세기 말부터 좌익은 분열한다. 서유럽의 좌파 정당들이 계급혁명을 부정하면서 의회민주주의의 틀 속에서 노동계급의 권익을 키워 나가자는 베른슈타인의 수정주의로 기울었기 때문이다. 따라서 1917년 러시아의 공산혁명이 성공한 후 서구의 좌익은 계급혁명과 일당독재를 지지하는 급진좌익과 의회민주주의의 틀 속에서 사민주의를 실천하는 온건좌익으로 갈라졌다. 그리고 20세기 후반에는 소련식 공산주의의 억압체제를 비판하는 동시에 산업자본주의시대의 소수자인 동성애자, 장애인, 이민자, 사회적 약자와 자본주의가 파괴하는 생태 환경의 보호를 부르짖는 신좌파가 대두했다.

우익 이념은 19세기 초 프랑스의 왕당파로 시작하여 19세기 중반과 후반에는 부르주아자유주의와 민족주의 그리고 제국주의로 전개되어 왔다. 20세기에는 복지국가 이념을 수용한 온건·중도우익과 극단적 쇼비니즘 및 반공주의에 매몰된 파시즘·나치즘의 극우로 갈라졌다.[2] 좌/우 개념의 발원지인 프랑스의 경우만 보면, 1814년 직후의 왕정복고시대에는 반동적 왕당파가 우익이었고 입헌파가 좌익이었다. 1848년 2월혁명 이후에는 사회주의자들이 좌가 되고, 상층 부르주아를 대변한 반대파가 우가 되었다. 1871년의 파리코뮌 직후 수립된 제3공화정시대에는 급진공화파가 좌익, 온건중도파가 우익이었다. 제1차 세계대전 후 프랑스에서는 사회주의자들이 좌익이 되고 좌익이던 공화파는 우익으로 자리를 옮겼다.[3]

사회주의와 계획경제를 좌파, 부르주아민주주의와 시장경제를 우파로 나누는 전통적 분류 방식은 소련과 동구권이 붕괴하기 전에는 요지부동이었다. 일찍이 맥키버Robert Morrison MacIver 같은 사회학자는 지배계급 또는 사회적·경제적 상층부의 이해관계를 대변하는 당파를 우파로, 사회적·경제적 하층부를 대변하는 당파를 좌파로 규정했다. 지배권력과 그들의 뿌리 깊은 특권을 옹호하는 쪽이 우파라면, 좌파는 이 특권과 지배권력에 도전하는 세력이라는 것이다. 맥키버는 우파는 지위와 신분·부의 위계질서에 우호적인 데

---

2 좌/우의 개념을 규정하면서 한국의 좌파와 우파를 한미동맹, 시장규제, 분배, 교육 등 다양한 현안별로 대비한 것으로는 다음을 참조. 구갑우·김기원·김성천·서영표·안병진·안현효·은수미·이강국·이건범·이명원·이병민·조형근·최현·황덕순(2010), 『좌우파사전 : 대한민국을 이해하는 두 개의 시선』, 위즈덤하우스

3 다음을 참조. Gauchet, Marcel(1997), "Right and Left," in Pierre Nora and Lawrence D. Kritzman(eds.), *Realms of Memory : Rethinking the French Past, vol.1 Conflicts and Divisions*, Columbia University Press, pp.241~299.

반해 좌파는 혜택받지 못한 자들의 기회 균등을 쟁취하려고 싸우는 세력이기 때문에, 좌와 우가 정치적 이념과 원칙처럼 보이지만 실제로는 계급 이익에 종속된 개념이라고 보았다(Lipset 1960 : 222).[4] 물론 북한과 러시아처럼 좌가 오히려 보수·수구일 수도 있고 일본처럼 우와 보수가 반드시 같지 않을 수도 있다. 그러나 서로 다른 계급의 이익을 대변하는 좌와 우의 상대적 본질은 지금까지 변하지 않고 있다. 따라서 '좌＝진보＝사회적·경제적 하층＝국제주의＝분배' 그리고 '우＝보수＝사회적·경제적 상층＝민족주의＝성장'이라는 공식은 20세기 이후 동서양을 막론하고 이념의 좌표를 설정할 때 요긴하게 쓰여 왔다.

그런데 1980년대부터 중국공산당이 자본주의를 받아들이고 1990년대부터 소련과 동유럽이 자본주의체제로 바뀌는 바람에 우＝보수, 좌＝진보라는 오랜 공식이 흔들렸다. 자본주의 즉 우로 전환하는 것이 개혁과 진보로 인식되는 상황이 되어 공산주의로의 복귀를 부르짖는 좌파가 보수가 된 것이다. 옛 공산권에 국한된 것이라고는 하지만 좌가 보수로, 우가 진보로 바뀌는 역전현상이 생기면서 좌와 우라는 개념의 정치적 용도가 폐기되었다는 주장도 나왔다(Chomsky 2011 : 287~288). 그렇다고 용도가 폐기된 건 물론 아니지만 옛 공산권에서 일어난 보수와 진보 개념의 역전이 우＝보수, 좌＝진보라는 전통적 이분법과 좌와 우의 정치적 개념에 대한 재고를 요구하고 있는 것은 사실이다.

---

4 MacIver, Robert M.(1947), *The Web of Government*, Macmillan을 립셋(S. M. Lipset)이 인용한 것이다.

서구보다 뒤늦었지만 우리의 근현대 또한 비슷한 길을 걸었다. 19세기 말 개화기에는 위정척사가 보수·수구였고, 독립협회 등의 자유주의·입헌주의가 진보였다. 러시아혁명의 영향을 받은 1920년대의 조선에서는 공산주의, 사회주의와 무정부주의를 표방한 좌파가 진보로 인식되었다. 코민테른식 국제주의를 추종한 조선공산당을 비롯한 좌파 운동가들이 진보를 자처하면서 임시정부와 민족주의 계열은 보수, 우파가 되었다. 1940년대 중반 좌우투쟁기에 좌익이 배포한 삐라와 선언문에는 진보를 자처한 문구가 많다. 그때는 소련·공산주의·신탁통치를 지지하면 좌파요, 미국·자유민주주주의를 지지하고 신탁통치에 반대하면 우파였다. 한국전쟁 이후에는 사회민주주의와 민족통일을 내세우면 좌=혁신이었고, 자유시장주의와 미국과의 '혈맹론'을 내걸면 우=보수가 되었다. 그리고 1980년대 이후로는 민족·대북 포용·반미·평등이 좌=진보의 이념이 되고, 동맹·남북상호주의·친미·자유가 우파=보수의 강령이 되었다.

그러나 얼마 전부터 보수 담론이 좌를 수구·보수로 공격하고, 진보 담론이 스스로 좌파의 정체성을 부정하는 현상이 생겼다. 보수 담론은 60년간 변하지 않은 북한체제에 우호적인 일부 좌파의 이념적 수구성을 부각하려는 것이고, 진보 담론이 좌파적 정체성을 스스로 부인한 것은 좌에 대한 한국인의 보편적 거부감 때문이다. 한때 좌익이 우익을 때리는 무기로 이용한 보수와 수구라는 말이 거꾸로 좌파를 겨냥한 우파의 역습에 쓰이게 된 것은 옛 공산권에서 우가 진보로, 좌가 보수로 역전된 사정 때문만은 아니다. 보수와 진보라는 개념이 한국 정치의 중원을 차지한 1980년대 후반부터 한국의 진보 개념이 서구의 진보liberal · progressive 개념과 더 멀어지고, 보수 개념도 서구의 보수conservative 개념과 틈새가 더 벌어졌기 때문이다. 서구와의 이 틈새를 보면 현대 한국 정치의 특수한 조건과 성격이 드러난다.

예외적인 몇몇 나라를 제외하면 19세기 이후 세계 각국의 민주주의는 좌와 우, 보수와 진보라는 개념을 두 축으로 삼아 전개되었다. 한국정치사도 길게 보면 보수, 수구와 혁신, 진보 또는 좌와 우라는 이념이 대결해 온 역사다. 개념의 창을 통해 한국 근현대사의 궤적을 정리하려면 보수와 진보라는 한 쌍의 개념을 동시에 보아야 한다. 그러나 한 가지 다행스러운 것은 좌와 우, 보수와 진보가 낮과 밤, 남과 여처럼 상대 개념 없이 존재할 수 없다는 점이다. 서로 마주 볼 때만 '개념'이 되므로 하나를 통해 다른 하나를 엿볼 수 있다는 말이다. 사실 보수와 진보, 좌와 우라는 개념은 각각 하나의 구슬에 비유할 수 있다. 그리고 한국정치사는 이 구슬들을 하나로 꿰고 있는 염주에 비유할 수 있다. 보수는 하나의 구슬일 뿐이나 보수 개념의 역사는 우리 근현대사를 함께 꿰어 온 다른 개념들의 역사이며, 나아가 염주 자체 즉 한국 근현대의 역사이기도 하다. 이런 까닭에 보수라는 개념 하나만으로도 근현대의 한국인을 인도해 온 정치적 인식의 지평과 변화의 궤적을 살펴볼 수 있는 것이다.

2. 보수의 개념과 이념

어휘, 표상, 개념

보수주의를 넓게 정의하면 한국 보수주의의 역사는 수백 년이 더될 수도 있다. 반면 프랑스대혁명 이후 서구에서 전개된 정치적 보수주의를 기준으로 삼으면, 한국 보수주의의 역사는 아예 없거나 있어 보아야 수십 년이 채 안 된다.[5] 그런데 1980년대 이후로 시야

---

5 보수(保守)를 글자 그대로 전통과 체제를 지킨다는 뜻으로 정의하면, 한국 보수주의의 기원은 주자 이념의 수호(守朱子)를 명분으로 내걸고 사대부 중심의 통치를 역설한 조선 중기의 송시열까지 거슬러 올라갈 수 있다. 양승태(1999), 「한국 보수주의 연구 I : 송시열과 한국 보수주의의 기원」, 『한국정치학회보』 제33집 제1호, pp.111~128. 반면에 보수를 우파 자유민주주의로 규정하고 진보를 좌파 공산주의·사회주의로 규정하면, 현대 한국 보수주의의 계보는 박규수·오경석·김옥균·유길준·서재필 등 19세기 말의 개화파로 거슬러 올라간다는 주장도 가능하다. 남시욱(2011), 『한국 보수세력 연구』(증보판), 청미디어, pp.30~41, pp.76~100. 서구의 개명·진

를 좁히면 보수 개념의 정치적 역동성은 한국이 다른 어느 나라보다 앞선다. 한국현대사에서 보수 개념이 정치적으로 거쳐 온 궤적은 중국이나 일본의 현대사와 비교해 보아도 훨씬 극적이다.[6]

무엇보다 보수는 1980년대부터 지금까지 한국의 정치적 담론에서 민주, 진보와 함께 가장 많이 쓰인 정치적 · 사회적 용어politicosocial term다. 언어학의 컬처로믹스culturomics라는 방법에 따라 2000~2009년 사이 『조선일보』 · 『중앙일보』 · 『동아일보』 · 『한겨레신문』의 정치면을 채운 주요 어휘의 사용 빈도와 그 연관어 분석을 통해 한국인의 정치적 인식 변화를 추적해 보면, 보수라는 말이 진보 · 중도 · 개혁과 함께 현대 한국 정치의 핵심 키워드가 되었다는 것을 통계로 확인할 수 있다(이영제 · 강범모 2012).

보수라는 말이 개념[7]으로 쓰일 때는 단순히 어떤 정치적 대상이나 현상을 가리키기만 하고 끝나지 않는다. 일상의 담화에서든 정치적 담론에서든 개념으로 쓰일 때에는 그 시대의 편견과 가치관을 담고 있기 때문이다. 예를 들어 '개명 · 진보한 서양'의 문물을 낙후된 동아시아의 현실과 비교한 19세기 조선의 진보적 지식인들은 우리가 서양보다 열등하다는 차등적 세계관을 밑에 깔고 보수 · 수구라는 말을 사용하기 시작했다. 보수와 수구가 애초부터 조선동아시아

보를 동경한 19세기 말 조선의 진보적 개화파가 오늘날 한국 보수의 원조가 되는 셈이다. 이나미(2011), 『한국의 보수와 수구 : 이념의 역사』, 지성사, pp.27~29, pp.113~114.

6 오늘날 보수는 한국에서는 진보의 대척 개념이고 일본에서는 주로 혁신의 대척 개념이며, 중국에서는 선진(先進) · 격진(激進)의 반대 개념이다. 일본과 중국의 정치적 보수 개념은 뒤에서 설명한다.

7 우리말 '개념'은 통념상 영어의 concept와 meaning을 둘 다 뜻하는 말이다. 이 책에서는 문맥에 따라 이 두 가지 뜻으로 번갈아 쓸 것이다.

의 낡은 문명과 뒤처진 정신을 경멸하는 개념으로 쓰인 것이다. 지난 1백 년간 일상에서든 정치의 현장에서든 보수와 수구라는 말을 고루한 전통과 유산에 대한 우매한 애착을 뜻하는 수사적 개념으로 만들어 온 것은 이 차등적 세계관과 열등의식이다.

보수는 수사적 성격이 강한 개념이기는 하나 개념사의 견지에서 충분히 다룰 수 있다. 우선 보수에 내포된 정치적 인식과 가치가 변해 온 궤적을 통하여 한국 정치의 시대별 성격을 엿볼 수 있다. 보수를 개념으로 볼 또 다른 근거도 있다. 어휘 또는 기표signifiant가 일상의 삶과 정치적 삶에서 일정한 내용을 담는 개념이 되려면 세 가지 조건을 갖추어야 한다. 첫째, 특정한 어휘나 기표가 있어야 하고, 이것이 가리키는 현상과 대상이 시대별로 뚜렷이 식별되어야 한다. 둘째, 이 어휘가 가리키는 대상이 일정하고, 어휘의 뜻 또는 기의 signifié에 내포된 가치가 정치적·사회적 변화를 반영해야 한다. 셋째, 이 어휘가 연관 어휘들과 일정한 관계를 유지하면서 정치적 담론과 일상의 담화에서 지속적으로 쓰여야 한다. 보수 또는 수구라는 말은 이 조건들을 비교적 충족시키는데, 한국 근현대의 정치와 일상에서 일정한 현상과 대상을 꾸준히 표상해 왔고 그 가치나 사용 빈도가 정치적·사회적 변동을 반영해 왔다. 무엇보다 1980년대부터 보수는 진보의 정치적 대척 개념으로 굳었으며, 또 수구·반동·공안·극우과 함께 하나의 개념군을 형성하여 정치적 담론에 집중적으로 쓰여 왔다.

본론에 들어가기 전에 개화기 이후의 우리 근현대사에서 '보수'라는 기표와 기의가 변천해 온 과정을 짧게 개괄하면 다음과 같다. 1870년대만 해도 保守는 한자문화권의 일상어東事에 불과했다. 이것이 영어 conservative의 번역어로 쓰이기 시작한 것은 1880년대다. '지금 것을 있는 그대로 잘 지키다'라는 뜻만 가진 단순동사가 영어의 번역어로 쓰이면서 뜻과 쓰임새가 변하기 시작했다.[8] 서구의 앞선 문물을 동경한 개화파 지식인이 보수의 이 새로운 쓰임새를 확산하는 데 앞장섰다. 조선의 개화파 지식인은 일본과 중국의 선례를 따라 보수와 수구라는 한자어를 영국 Conservative Party보수당의 번역어로 쓰는 한편, 완고·타성·무능을 뜻하는 말 즉 반개화·개혁반대파의 퇴영성을 표상하는 말로 사용하기 시작했다. 보수와 수구가 정치적 내용과 가치가 담긴 말로 바뀐 것이다.

그러나 개화기에 잠깐 움텄던 보수라는 정치적 개념은 정치가 사라진 일제강점기에 소멸되었으며, 해방 직후에는 반동·파쇼·반역 등 선동적인 수사만 난무한 좌우익의 이념 전쟁 속에서 정치적 개념으로 복귀할 여지가 없었다. 1958년의 진보당사건 이후부터 1980년대 초까지는 진보가 정치적으로 소멸된 보수의 단색시대라서 정치적 담론에서 보수라는 개념 자체를 쓸 일이 없었다. 일제강점기부터 제5공화국이 끝날 때까지 보수라는 말이 일상의 관형어 내지는 초보적인 번역 개념으로만 쓰이고 진보와 혁신의 정치적 대척 개념으로 확고한 자리를 잡지 못한 것은 이 때문이다. 보수가 정치적 개념으로 재등장한 것은 민주화와 탈냉전의 변혁 속에서 진보의 이념과 세력이 결집하고 활동을 시작한 1980년대 중반 이후다.

---

8 영어 conservative, conservatism은 conserve의 파생어다. 옥스퍼드 영어사전은 conserve의 어원을 고대 프랑스어 conserver에서 그리고 궁극적으로 라틴어 conservare에서 찾고 있는데, con은 together를 뜻하고 servare는 to keep을 뜻한다고 되어 있다. conservative는 중세 후기 영국에서 aiming to preserve, 즉 '보존하고자 하는'을 뜻하는 말로 쓰이기 시작했다. 주 10 참조.

긴 세월 일상어로 쓰이다가 근래에야 정치적 개념으로 변했으므로 오늘날 보수라는 말에는 일상의 개념과 정치적 개념이 뒤섞여 있다. "한국에 보수세력은 있지만 보수주의는 없다"는 통설에도 일상의 보수 개념과 정치적 보수 개념이 뒤섞여 있다. 즉 '보수세력'이라는 말에는 일상의 보수 개념이 쓰였고, '보수주의'라는 말은 뚜렷한 철학과 세계관을 가진 서구의 정치적 보수주의를 뜻한다.[9] 따라서 이 통설은 동어반복에 불과하다.

일상의 개념과 정치적 개념이 뒤섞여 있는 말이기는 하지만, 한국 근현대정치사를 생각의 역사로 재구성할 때 보수는 빠질 수 없는 개념이다. 앞에서 말한 것처럼 정치적 개념이 특정 어휘, 가리키는 현상과 대상, 내포된 정치적 내용과 가치로 구성되고 또 이 세 가지가 다양한 조합을 만들면서 정치적 인식 변화를 반영하는 것이라면, 한국 근현대사를 지배해 온 차등적 세계관과 미래지향적 역사관을 가장 잘 보여 주는 개념이 보수와 진보이기 때문이다.

위에서 '다양한 조합을 만들면서'라고 한 것은 가리키는 대상_{현상}은 그대로인데 어휘와 함의만 변하는 경우도 있고, 어휘는 그대로인

---

9 1980년대 이후 한국에서 '보수'는 보수세력 · 보수 진영 · 보수 언론과 같은 합성어로 다양하게 쓰인 반면 '보수주의'는 주로 학술 담론에서만 쓰였다. 이런 현상에는 한국의 보수는 서구의 보수와 다르다는 인식이 깔려 있다. "한국에는 보수세력만 있고 보수주의는 없다"는 통설은 이런 인식의 결과다. 그런데 이 통설을 자세히 보면 보수세력의 '보수'는 일상의 개념(기존 인습과 체제에 집착하는 완고 · 고루)에 가깝고, 뒤의 보수주의는 에드먼드 버크로 시작된 서유럽 보수주의, 즉 서구의 온건보수주의를 뜻한다. 다시 말해 일상의 '보수'와 정치의 '보수'를 구별하지 않았다. 한국 보수주의에 관한 기존의 연구 다수가 한국 보수세력에 대해서는 일상의 보수 개념(수구 · 과거 회귀 · 반동)을 적용하고, 한국의 보수주의를 말할 때에는 서구 보수주의를 기준으로 삼아 왔다. 한국에서 보수주의라는 말이 어떤 의미인가에 대해서는 다양한 논의가 있지만 대표적으로 최치원(2009), 「한국에서 보수주의의 의미에 대한 하나의 해석」, 『시대와 철학』 제20권 제4호, pp.231~266 참조.

데 대상과 내용이 변하는 경우도 있다는 말이다. 또 어휘와 대상은 그대로지만 내용이 변하는 경우도 있다. 예를 들어 19세기 말 조선의 수구, 보수와 21세기 한국의 수구, 보수는 말은 그대로지만 가리키는 대상과 내용은 전혀 다르다. 냉전시대의 보수 개념과 탈냉전시대의 보수 개념을 비교해 보면 보수라는 말과 그것이 가리키는 대상의 본질은 변하지 않았지만, 보수라는 말에 담긴 정치적 내용은 자유민주주의 · 반공 · 독재에서 친미 · 냉전 · 대북강경론으로 바뀌었다. 이처럼 개념의 궤적을 그리기 위해서는 어휘의 궤적, 대상의 궤적, 내용함의의 궤적을 동시에 그려야 한다. 어휘에만 매달리다가 대상과 내용의 변화를 놓치거나 대상과 현상만 쫓아가다가 어휘와 내용의 변화를 놓치는 잘못을 피하기 위해서다.

일상의 보수, 정치의 보수

conservative와 한자어 保守는 서양과 동아시아의 전통적 일상어다. 한자말 保守는 '지금 것을 지키다'라는 뜻으로 오랫동안 써온 동아시아의 공용어이며, 영어 conservative는 익숙한 것에 애착하는 인간의 본래 성향을 가리키는 말이다. 이처럼 인간 삶에서의 보수를 뜻하는 말은 언제 어디에나 있다. 카이사르의 암살을 공모한 자들은 권력 분립에 철저했던 로마의 공화주의정치를 카이사르의 독재로부터 보수하려고 했으며, 양이攘夷의 깃발을 치켜든 조선 말의 척사파는 유교문화권의 천하질서를 서양 오랑캐의 침략으로부터 보수하려고 했다. 이 때문에 카를 만하임은 보수주의를 아예 하나의 사고 양식a style of thought이라고 했다(Mannheim 1953).

일상 개념으로서의 보수conservative, conservatism는 정치적 보수 개념
과 다르다. 일상 개념으로서의 보수는 관습과 전통에 집착하는 인
간의 본성을 가리키므로 시대와 장소에 따라 그 내용이 크게 변할
게 없다. 흔히 정치적 보수주의로 오해받는 전통주의traditionalism는 일
상적 보수주의다. 영국 보수당 정치인 휴 세실Hugh Cecil은 이미 1백
년 전에 전통주의를 인간이 "저절로 갖게 되는 보수적 성향natural con-
servatism"이라고 말한 바 있다(Cecil 1912 : 9). 일상 개념으로 쓰일 때는
보수라는 말이 종교적 일탈, 도덕의 타락, 사회적 가치관의 변동을
싫어하는 인간의 보편 성향을 가리킨다. 'conservative'나 한국어 '보
수'의 사전적 정의는 대개 일상의 보수 개념에 관한 것이다.[10] 이 책
에서 지금부터 쓸 '보수의 일상 개념' 또는 '일상 담론에서의 보수
개념'은 정치적 담론의 바깥에서 쓰일 때 보수가 뜻하는 바를 가리
키는 것이다.

    이와 달리 근대의 정치적 보수 개념은 18세기 말부터 19세기 초
에 걸쳐 서유럽에서 태동했다. 정치적 개념으로서의 보수는 과격해

---

10 conservative의 사전적 정의는 다음과 같다. 옥스퍼드 영어사전에 conservative는 "보존하거
  나 건드리지 않거나 변하지 않으려는 성향을 특징으로 하는 ; 보존적인(characterized by a
  tendency to preserve or keep intact or unchanged ; preservative)"으로 풀이되어 있다. con-
  servatism(보수주의)은 "영국 보수당의 강령과 실천을 뜻하는 말"이기도 하지만 "정치, 신학,
  비평 등에서의 보수적 원칙(the doctrine and practice of Conservatives ; conservative principles in
  politics, theology, criticism, etc.)"으로 풀이되어 있다[Oxford English Dictionary, 2nd ed.(1989),
  vol.III, Clarendon Press, p.765]. 웹스터사전을 보면 conservative는 다음과 같이 정의되어 있다.
  "기존 질서를 고수하고 보존하려는 성향 ; 변화와 진보에 반대하는(adhering to and tending to
  preserve the existing order of things ; opposed to change or progress) ; 보존하는, 보존적인
  (conserving, preservative), 온건하고 신중한(moderate, cautious) ; 안전 범위 내에 머무는(within a
  safe margin)"[The New International Webster's Comprehensive Dictionary of the English
  Language, Encylopedia ed.(1999), Trident Press International, p.278].

지는 프랑스대혁명에 대한 우려로 시작되었다. 이렇게 시작된 것이 서유럽의 보수주의다. 초기의 보수 개념은 부르주아자유주의와 새로 생겨난 사회주의 이념이 충돌한 19세기 후반부터는 진보liberalism →socialism의 대척 개념이 되었다. 보수라는 말은 부르주아 중심의 자유주의를 표상하고, 진보라는 말은 노동자 중심의 사회주의를 표상하게 된 것이다. 그런데 서구적·근대적·정치적 개념으로서의 보수와 보수주의는 시공간에 따라 그 내용이 변해 왔다. 정치적으로 무엇을 보수하려는가에 따라, 체제에 대한 도전이 무엇인가에 따라 보수라는 개념의 정치적 내용이 달라지기 때문이다. 새뮤얼 헌팅턴이 보수주의를 가리켜 상황에 따라 변하는 이데올로기situational ideology 라고 정의한 것(Huntington 1957)은 이런 사정 때문이다. 예컨대 19세기 초의 영국에서는 토리가 보수였지만, 20세기 미국에서는 토리의 반대파인 영국 휘그의 이념을 계승한 공화당이 보수가 되었다. 소련 붕괴 후 러시아에서는 공산주의로의 복귀를 부르짖는 좌파가 정치적 보수다. 미국에서는 연방정부의 규제와 간섭을 줄이자는 것이 정치적 보수지만, 전제정치의 전통이 강한 러시아에서는 그 반대다 (Pipes 2005 : 1~26). 이렇게 보면 이념적·역사적·국제정치적 대결 구도가 삼중으로 겹쳐 있는 21세기 초 한국에서 친미·반북이 보수라는 개념의 핵심이 된 것은 이상한 일이 아니다. 지금부터 이 책에서 사용할 '보수의 정치적 개념'과 '정치적 개념으로서의 보수'는 보수라는 말이 진보혁신라는 말의 정치적 대척 개념으로 쓰일 때 표상하는 바를 뜻한다.

서구에서 언제부터 conservative, conservatism과 같은 말을 정치적 개념으로 쓰기 시작했는지 명확하지는 않다. 프랑스대혁명을 비판하면서 서구 보수주의의 기초를 마련한 영국의 에드먼드 버크는 날로 과격해지는 프랑스의 혁명을 논리적으로 반박한 최초의 인물이지만, 보수주의conservatism라는 말은 쓰지 않았다. 버크는 급진적 계몽주의와 이상주의에 지나치게 매몰된 프랑스대혁명의 역사적 폐해와 정치적 오류를 지적했을 뿐이다.

오늘날 우리가 '보수적, 보수주의자'로 번역하는 영어 conservative는 원래 프랑스어 conservateur에서 나온 말이다. 이 말이 프랑스에서 지금의 보수를 뜻하는 말로 처음 쓰인 것은 1818년이다. 프랑스 대혁명이 완전히 끝난 후 부르봉가의 왕정이 복고되자, 샤토브리앙 François-René de Chateaubriand과 보날드Louis Ambroise de Bonald를 비롯한 극우 왕당파가 『르 콩세르바퇴르 Le Conservateur』라는 이름으로 잡지를 낸 것이다. 이때부터 conservatism, conservatisme, konservatismus처럼 동일 어원을 가진 낱말들이 영국, 프랑스, 독일에서 정치적 보수를 뜻하는 말로 쓰이기 시작했다. 프랑스에서 conservateur가 잡지의 제호로 쓰인 후 12년이 지난 1830년에는 영국의 크로커John Wilson Crocker가 귀족 중심의 토리당을 Conservative Party보수당로 부르기 시작했고(Muller 1997 : 26), 독일에서는 1830년대 후반부터 konservativ라는 말을 쓰기 시작한 것으로 알려져 있다(Vierhaus 1982 : 540).

미국은 보수와 진보라는 정치적 개념에 있어서는 후발 주자다. 20세기 초까지 미국에서는 보수나 진보라는 말 자체가 정치적으로 쓰이지 않았다. 물론 오늘날의 관점에서 볼 때 보수주의자로 부를 만한 정치인은 일찍부터 있었다. 건국 초기 북부연방파를 대표한 존 애덤스가 그렇고, 19세기 남부 정치의 상징이 된 존 칼훈John Calhoun 이 그렇다. 19세기 후반에는 미국의 대표적 사회진화론자인 윌리엄 그레이엄 섬너_{William Graham Sumner} 같은 사람도 있었다. 그러나 19세기 말과 20세기 초에 걸쳐 잠깐 유행한 혁신주의_{progressivism}를 제외하면 20세기 초까지 미국에는 정치적 진보라는 개념이 없었다. 따라서 정치적 보수라는 개념이 생길 수 없었다.

1776년의 독립선언 이후 남북전쟁에 이르기까지 약 1백 년간 미국 연방정치는 남부와 북부의 이념과 이익이 노예제도 문제를 둘러싸고 충돌하는 구조였다. 서부 개척과 영토 확장을 우선시하는 남부와 민주당이 상공업과 시장 확장을 우선시하는 북부 및 공화당과 대립한 것이다. 이런 지역 대립 구도 때문에, 또 유럽과 달리 사회주의 이념이 뿌리내리지 못한 환경 때문에 19세기의 미국 정치는 좌와 우, 보수와 진보의 이분법 대신 남부 대 북부의 이분법이 지배했다.

미국 연방정치에서 보수와 진보_{liberalism}라는 말이 처음 쓰인 것은 유럽보다 1백 년 이상 뒤늦은 1930년대 초다. 1933년 대통령에 취임한 민주당 프랭클린 루스벨트의 뉴딜정책이 연방정부가 시장에 개입하지 않는 미국의 오랜 전통을 깨트리자, 이에 반발한 공화당 중심의 시장주의자들이 반뉴딜연합전선을 결성했는데 뉴딜의 지지자_{Liberal}들이 그들을 가리켜 보수주의자_{Conservative}라고 한 것이다. 미국의 정당체제와 정치 이념이 리버럴[11]한 민주당과 보수적인 공화당으로 양분되는 전통은 뉴딜 이후에야 생겨난 것이다.

정치적 보수 개념과 보수주의는 19세기 중반부터 서구 각국의

---

11 원래 liberal, liberalism은 우리말 '진보'보다 '자유'에 가까운 말이나 1930년대 뉴딜 이후의 미국에서는 진보 내지 급진의 의미를 띠게 되었다. 오늘날 유럽에서는 중도보수에 가까운 이 말이 사회주의 이념이 없는 미국에서는 공화당과 대립하는 민주당의 정치 이념을 지칭하는 말이 되었고, 상대적으로 진보 내지 급진의 의미를 갖게 되었다.

다양한 현실 속에서 전개되었기 때문에 나라마다 시대마다 내용이 약간씩 다를 수밖에 없다. 그럼에도 불구하고 시공을 초월한 서구 보수주의의 보편적 역사관과 세계관이 긴 세월에 걸쳐 서서히 틀을 갖추었다. 게다가 많은 나라가 서구 민주주의를 표방하거나 수용하기 시작한 20세기 중반부터는 서유럽 보수주의가 보수주의라는 이념과 보수라는 개념의 세계적 기준처럼 되었다. 사정이 이렇다면 한국 근현대사의 보수 개념이념이 어떤 특성을 띠고 있는지 알아보기 위해 비교의 준거로 삼을 서구의 보수 개념과 보수주의를 먼저 살펴보아야 한다.

3. 보수의 표준 :
　서유럽의 보수주의

세계관과 역사관

시공을 초월한 보편적 보수주의는 없다. 그렇지만 19세기 초에 싹튼 서유럽의 보수주의는 서구 민주주의가 세계적으로 확산되는 추세 속에서 정치적 보수주의의 보편적 기준으로 자리 잡았다. 18세기 말의 급진적 계몽주의와 프랑스대혁명에 대한 비판으로 시작했고, 자유주의와 사회주의가 충돌한 19세기 후반부터 영국·독일·프랑스·미국 등지에서 뿌리내린 기독교문명권의 보수주의(Epstein 1966 : 4~6)가 다른 시공간을 살아온 동아시아 보수주의의 기준이 된 것이다.

서유럽의 보수주의는 프랑스대혁명에 대한 비판에서 시작되었다. 그렇다고 해서 보수주의가 프랑스대혁명을 촉발한 계몽주의 자체에 적대적이었다고 속단해서는 안 된다. 서유럽 보수주의도 계몽주의가 낳은 자식이다. 서유럽 보수주의의 아버지로 알려진 에드먼드 버크가 강조한 '자유'가 바로 계몽주의의 핵심 이념이다. 따라서 19세기 이후의 유럽에서 보수주의와 진보주의의 대립은 계몽주의와 반계몽주의의 대립이 아닐뿐더러 근대와 전근대의 대립은 더더욱 아니다. 계몽사상과 프랑스대혁명이 씨를 뿌린 자유와 평등의 실현 방식을 둘러싸고 전개된 근대 내부의 대립일 뿐이다.

　서유럽의 보수주의는 흔히 전통주의로 오해받고 있지만 전통주의traditionalism와 엄연히 다르다(Muller 1997 : 4~9). 전통주의 또는 종교적 정통주의orthodoxy는 기존 제도, 전통적 인습, 정통 교리가 신의 계시와 형이상학적 진리에 따른 것이라고 믿는 절대적이고 초월주의적인 신념이다. 오늘날의 통념에 비추어 보면 보수가 아니라 극단주의에 가깝다(이나미 2011 : 107~108). 전통주의자들은 세속을 굽어보는 형이상학적 진리를 신봉한다. 반면 서유럽 보수주의는 세속적 효용성을 정치의 기준과 목표로 삼는다. 보날드와 메스트르Joseph Marie de Maistre처럼 왕권이 신으로부터 나왔다고 믿은 신정적 보수주의자들조차 정치의 목표는 현세의 행복이라고 단언했다. 특히 반동적 보수주의의 대부로 알려진 메스트르는, 가장 훌륭한 정부는 가장 큰 행복을 가장 많은 사람에게 가장 오랫동안 선사하는 정부라고 말했다(Graeme 1994 : 97~120).

　이처럼 보수주의는 전통주의나 정통주의와 달리 매우 현실적이고 세속적이다. 종교적·형이상학적·추상적 진리에 대한 맹신을 극도로 혐오한 에드먼드 버크는, "정치에서 중요한 것은 참이냐 거짓이냐true or false가 아니라 선이냐 악이냐이다. 결과가 악나쁜 것이면

거짓이고, 선좋은 것으로 이끄는 것이 정치적으로 참이다"라고도 했다(Burke 1992 : 163).

　현실이라는 땅에 발을 딛고 시작되었기에 서유럽의 보수주의는 어떤 제도나 인습이 존재해 왔다는 사실 자체가 이미 그것의 현실적 효용성을 입증한다는 믿음을 밑에 깔고 있다. 아무리 좋은 의도를 가졌더라도 기존의 제도와 인습을 무차별로 부수는 행위는 정치적 해악인 것이다. 제도의 현실적 효용성을 중시한다는 점에서 보수주의는 역사적 공리주의historical utilitarianism라고 할 수 있다. 역사적 공리주의란, 제도나 인습의 동기와 의도보다 그것들이 인간의 삶을 행복하게 만드는 데 실제로 얼마나 기여했는지 그 결과로 판단해야 한다는 믿음이다. 제도와 인습이 낳는 현실적 결과를 중시한다는 점에서는 역사적 결과주의historical consequentialism라고도 할 수 있다. 역사적 공리주의의 견지에서 보면 결혼제도, 시장제도, 정치제도 등 모든 제도와 인습이 세월을 견뎌 온 것은 이것들이 사회의 공동 이익에 부응해 왔기 때문이다. 현대 미국 신보수주의의 대부 어빙 크리스톨의 말처럼 "오랜 세월에 걸쳐 내려온 제도와 인습에는 그럴 만한 까닭과 목표가 내장되어 있다. 이런 인습과 제도가 왜, 어떻게 작동해 왔는지 이해하지도 설명하지도 못한다면 그것은 그 인습과 제도의 오류 때문이 아니라 우리의 한계 탓"(Kristol 1978 : 161)이다. 에드먼드 버크가 영국의 보통법common law 전통을 신봉한 것 또한 보통법의 현실적인 효용성에 주목하는 역사적 공리주의에 입각한 것이다. 19세기 후반 미국의 대표적 사회진화론자인 윌리엄 그레이엄 섬너와 20세기의 대표적 자유시장주의자 하이에크Friedrich August von Hayek 역시 역사적 공리주의자다.

보수주의는 시간과 공간에 따라 달라지는 개별적 현실의 소산이므로 시대마다 나라마다 모습이 다르지만, 에드먼드 버크 사후 2백 년이 흐르는 동안 보수의 보편적 신념체계는 어느 정도 틀을 갖추었다. 지금까지 확립된 서유럽 보수주의의 보편적 명제를 압축해서 정리하면 다음과 같다.

①인간은 생물학적·도덕적·감성적으로 불완전하고 인지 능력이 한정되어 있다. 무엇보다 인간은 다른 동물에 비해 사회적 제도와 인습, 동료에 많이 의지한다. 생물학적 사유에 근거를 두고 20세기를 대표하는 보수주의철학을 정립한 아르놀트 겔렌Arnold Gehlen은 생물학적으로 불완전한 인간이 거친 자연 속에서 생존하기 위해 만들어 낸 제도와 문화는 '제2의 자연'이므로 제도와 인습의 역사적 필연성을 존중해야 한다는 논거를 들어 정치적 보수주의를 뒷받침했다(신충식 2013 : 44~71).[12] 에드먼드 버크를 비롯한 대부분의 보수주의 사상가들은 인간이 도덕적으로 불완전하므로 비도덕적 충동을 통제할 만한 검증된 제도와 인습이 필요하다는 믿음을 갖고 있었다. 인간 해방도 좋지만, 해방에 앞서 자율적 인간이 존재할 수 있는 사회, 자유가 바람직한 덕목으로 여겨질 수 있는 사회적 여건을 만드는 게 중요하다는 것이다.

②추상적 이론에만 기대어 현실을 함부로 진단하고 처방해서는 안 된다. 또 특정한 정치적 행위가 전체적으로 어떤 결과를 초래할지 함부로 예측해서는 안 된다. 사회를 구성하는 각 부분은 기능적

---

12 겔렌의 논거는 다음을 참조. Gehlen, Arnold(1940), *Der Mensch : Seine Natur und seine Stellung in der Welt*, Junker und Dünnhaupt[아르놀트 겔렌(2010), 『인간, 그 본성과 세계에서의 위치』, 이을상 옮김, 지식을만드는지식].

인 측면에서 유기적으로 상호 연결되어 있기 때문이다. 정치와 사회를 바라보는 인간의 인식 능력은 불완전하다. 에드먼드 버크와 메스트르는 인간 인식의 한계를 미리 전제한 기독교의 가르침을 따랐고, 데이비드 흄은 인간의 인식 능력을 근본적으로 의심했다. 이 대표적 보수주의자들은 사회는 인간이 만들어 낸 이론으로 단순화하기에는 너무 복잡해서 어떤 제도라도 개혁을 할 때는 신중해야 한다고 믿었다.[13]

이론만 갖고 현실을 처방하는 데에 반대하는 보수주의의 관점에서 보면, 혁명을 이끄는 급진파는 연역적이고 보편적인 이론과 추론에만 의존하므로 자신들이 없애려는 인습과 체제가 얼마나 섬세하고 복잡한 것인지 잘 모른다. 인간의 실제 경험과 동떨어진 추상적 이론을 날것 그대로 현실에 대입하는 태도를 에드먼드 버크는 이성의 남용-abuse of reason이라고 비난했다. 그렇다고 서유럽 보수주의가 사회와 정치를 분석하는 데 지식과 지성을 동원하는 것 자체에 반대하지는 않는다. 가식적이고 과장된 분석과 지식에 반대하고 보편적인 자연권이론과 같은 것들을 모든 시대와 모든 사람에게 획일적으로 적용하려는 지적 오만을 경계하는 것뿐이다.

③ 도덕적 명분-moral causes의 실제 효과는 금방 알 수 없다. 해로운 듯 보이는 것이 오래 지나면 훌륭한 것일 수도 있고 그럴듯한 계획이 후회막심한 결말을 맺기도 한다. 모든 혁명이 항상 예기치 못한 결과와 맞닥뜨리는 것은 혁명의 주동자들이 기존 제도와 인습 속에

13 여기에 대해서는 Quinton, Anthony(1978), *The Politics of Imperfection : The Religious and Secular Traditions of Conservative Thought in England from Hooker to Oakeshott*, Faber & Faber 참조.

숨어 있는 잠재적 기능latent function을 제대로 알아차리지 못했기 때문이다. 하나의 관습practice에 숨어 있는 잠재적 기능은 그 관습의 외형이나 인상과는 다르다. 제도와 관습의 잠재적 기능은 그것이 파괴개혁된 후 발생하는 예기치 못한 결과를 보고서야 알 수 있다. 제도와 인습의 급격한 파괴가 예상과 다르게 나쁜 결과를 초래하는 또 다른 이유가 있다. 다양한 제도와 인습은 서로 연결되고 받쳐 주는 상호의존적 관계에 있으므로 이 중 하나를 없애거나 바꾸면 전체적으로 예기치 못한 결과가 생기는 것이다. 이런 것들이 서구 보수주의가 열정과 이론만으로 현실을 개혁하려는 혁명적 계몽주의에 대해 제기해 온 반론의 핵심이다.

④ 인습과 제도는 규범과 규칙을 만들고 보상과 제재를 가능케한다. 그래서 사회를 유지하고 발전시키는 데 필수적이다. 제도적 통제와 제재가 없으면 가장 좋겠지만, 통제와 제재는 사회를 유지하기 위해 불가피한 필요악이다. 인간의 이기심과 고삐 풀린 격정passion을 통제할 다른 방법이 없기 때문이다. 바로 이 점 때문에 에드먼드 버크는 자유뿐만 아니라 제재와 제약도 인간의 사회적 권리로 보아야 한다고 주장했다.

⑤ 습성habit처럼 전해 내려온 관습적 견해prejudice는 대단히 중요하다. 관습으로 굳어진 규범과 도덕은 성문법보다 강력한 법이다. 진정한 헌법은 종이 위의 글자가 아니라 역사적으로 전승되고 관습화한 제도와 관행 속에 있다. 버크는 역사적 경험을 통해 생성된 습성, 다시 말해 규범과 규칙을 관습적 견해라고 했다. 프랑스대혁명을 과격화한 급진적 계몽주의자들은 전승된 지혜와 전통을 미신으로 치부하고 경멸했지만, 버크는 그들의 순수한 이성주의야말로 위

험한 미신이라고 반박했다. 그리고 전통으로 녹아든 권위와 지혜가 쌓여 만든 관습적 견해야말로 국가와 사회를 이끌어야 할 규범이라고 했다.

⑥ 제도와 인습은 자연권, 보편적 인간성, 계약과 같은 추상적 관념에서 나온 것이 아니라 실제의 역사가 낳은 산물이다. 나라와 집단마다 역사가 다르므로 제도도 다를 수밖에 없다. 보수주의는 보편적 제도나 인습의 존재를 믿지 않는다. 시대와 나라마다 그 시공간의 조건과 상황에 알맞은 제도와 인습이 있다고 믿는다. 어떤 제도와 인습이 좋은 것인지는 시공간에 따라 달라지므로, 낯선 제도나 인습을 비난하기 전에 그것이 오랜 기간 존속해 왔다는 사실을 중시해야 한다고 본다. 특정 인습과 제도가 오랜 기간 존속해 왔다는 사실은 그것이 곧 거기에 합당한 제도라는 것을 입증하는 증거이기 때문이다. 그래서 서구 보수주의는 일종의 역사주의historicism다.

⑦ 사회계약은 살아 있는 자들만의 약속partnership이 아니다. 사회계약은 살아 있는 자, 죽은 자 그리고 앞으로 태어날 자 사이의 연대다. 앞으로 태어날 사람들이 살게 될 세상을 지금 살아가는 사람들이 미리 결정하는 것은 온당치 못하다. 또 개인은 특정 국가에 태어남으로써 그 국가와 맺게 된 계약을 함부로 파기할 권리가 없다. 개인은 국가와 사회association로부터 스스로 선택하지 않은 혜택을 입기 때문에 스스로 선택하지 않은 의무 또한 국가와 사회에 져야 한다.

⑧ 서유럽 보수주의는 기독교와 직접 관련이 없지만 종교의 정치적 효용을 중시한다. 종교가 기존 체제를 정당화하기도 하지만, 사후 포상과 징벌에 관한 기독교적 신념이 현세의 불만을 희석하여

제도와 인습을 파괴하고 싶은 충동을 약화시킨다고 보기 때문이다. 다만 기존 질서를 파괴할 우려가 큰 종교적 광신주의enthusiasm는 배격한다.

⑨ 보수주의는 현실을 단순화하고 추상화하여 제도와 인습을 함부로 파괴하게끔 부추기는 추상적 도덕주의나 맹목적 인도주의에도 반대한다. 실제로 세상을 이롭게 할 지혜와 지식 없이 도덕적 열정passion만으로 충만한 것 자체가 재앙이라는 믿음은 서유럽 보수주의의 보편적 신념이다.

⑩ 그렇다고 해서 서유럽의 보수주의가 변화 자체에 반대하는 것은 아니다. 추상적 이론과 도덕적 열정만 갖고 변혁 자체를 목표로 삼아 치닫는 태도가 위험하다고 믿는 것뿐이다. 서유럽 보수주의의 대부인 에드먼드 버크는 개혁과 변화의 방편이 있어야만 보수의 방편이 생긴다고 믿었다. 무엇보다도 버크 자신이 토리가 아니라 당시 기준으로는 진보인 휘그였다.

이상의 열 가지 테제를 요약하면 보수주의는 이상론에 빠져 변화 자체를 목표로 삼거나 무조건 혁신만 숭배하는 정신의 맹목성spirit of innovation을 경계하는 정신이며, 자극적이고 새로운 것을 찾아 헤매는 대중의 경박한 욕구에 영합하는 정치가 초래할 파국적 결과를 막으려는 태도다(Nisbet 2001 : 42).

보수의 사상과 보수주의의 정책

정치적 보수주의의 내용은 시간과 공간에 따라 변한다. 19세기 영국에서는 개혁을 적극적으로 수용하는 합리적 보수주의가 지배했고, 제1차 세계대전 패전으로 인해 좌절한 바이마르시대의 독일에서는 집단적 규율과 절제를 미덕으로 삼은 19세기 프러시아로 되돌아가려는 보수혁명론 또는 낭만적 보수주의가 유행했다. 다양한 모습으로 나타나기는 했지만 서유럽의 보수주의는 대체로 혁명이나 정치적·사회적 격변에 대한 반발로 시작되었다. 미국의 보수주의 역시 마찬가지다. 독립혁명 이후 시장에 개입하지 않는 전통을 지켜 온 연방정부가 1930년대부터 적극적인 시장 개입을 수반하는 뉴딜정책을 강행한 데 대한 반발이 미국 보수주의의 기원이기 때문이다. 이처럼 인습과 전통을 파괴하는 정치적·사회적 도전에 대한 응전이 근대 서구 보수주의의 본질이다.

1) 영국

1711년 스코틀랜드에서 태어난 데이비드 흄은 자연법을 신의 의지가 구현된 것으로 본 중세 자연법사상과 절대왕권을 정당화한 왕권신수설 모두를 비판했다. 흄은 존 로크를 비롯한 사회계약론자들의 계몽주의적 자연권사상도 비판했다. 사회계약론은 자발적 사회계약만이 정치적 의무의 유일한 기반이라고 보는데, 흄은 이런 생각이 정치적으로 불온하고 철학적으로 문제가 많다고 보았다.

흄은 『오성론 Understanding』, 『감성론 Passions』, 『도덕론 Morals』으로 구성된 자신의 『인간본성론 A Treatise of Human Nature』1739~1740에서 추상적 관념에 치우친 철학을 비판하고 그 대신 역사적이고 경험적인 과학을 신뢰했다. 그는 『인간오성론 An Enquiry Concerning Human Understanding』 1748과 『도덕원칙론 An Enquiry Concerning the Principles of Morals』1751에서도 추상적 이성이 아닌 경험이 정치적·사회적·도덕적 지식의 유일한

근원이라고 주장했다. 흄은 긴 세월에 걸쳐 수립된 제도의 공리적 효용성을 존중했으며, 이 때문에 관습과 유리된 사회적 변혁에는 반대했다. 변화의 동기나 목적보다 결과에 대한 신중하고도 예방적인 사유를 촉구한 것이다.

근대적 의미에서 데이비드 흄은 진보적인 동시에 보수적이었다. 절제된 언론 자유를 주장하고 지나치지 않은 민주주의를 지지했다는 점에서는 진보적이었으며, 당시 영국과 스코틀랜드의 분열과 혼란을 야기한 도덕적 열정을 혐오했다는 점에서는 보수적이었다. 그는 자유와 권위가 균형을 이루어야 한다고 믿어 토리와 휘그 어느 편에도 가담하지 않았다. 흄은 이상적이고 추상적인 원칙을 멀리한 사람으로서, 이상 사회를 건설하는 과정에 수반될 변혁의 폐해를 예방하는 데 주안점을 둔 예방적 보수주의자precautionary conservative였다(McArthur 2007 : 124).

흄의 사상은 "철학적으로 덜 엄격한 흄"으로 알려진(Hampsher-Monk 1987 : 34) 에드먼드 버크로 이어졌다. 데이비드 흄보다 18년이 늦은 1729년 더블린에서 태어난 버크는 프랑스대혁명이 일어나기 전부터 추상적 합리주의와 급진적 계몽주의에 비판적이었다. 볼링브로크Henry St. John, Viscount Bolingbroke를 비판한 1756년의 글에서[14] 버크는 자신의 이런 생각을 이미 내비친 바 있고, 이 신념은 서구 보수주의의 바이블이 된 저서 『프랑스혁명에 관한 성찰Reflections on the Revolution in France』

---

14 Burke, Edmund(1756), *A Vindication of Natural Society : Or, a View of Miseries and Evils Arising to Mankind from Every Species of Artificial Society*, M. Cooper in Pater-Noster-Row.

1790[15]에서 하나의 체계를 갖추게 되었다.

　에드먼드 버크 자신은 보수conservative · conservatism라는 말을 쓰지 않았다. 그러나 프랑스대혁명의 과격화에 대한 그의 예리한 비판은 후일 유럽에서 발생할 다양한 정치적 혁명과 마르크스주의의 오류를 미리 간파한 것이었다. 버크는 프랑스대혁명의 과격한 급진성이 빚어낸 파국이 인간 이성에 대한 극단적 맹신과 이성의 남용에서 비롯된 것이라고 보았다. 그는 이 세상은 뛰어난 몇몇 천재의 이성으로 지탱되는 것이 아니라 수많은 보통 인간이 긴 세월에 걸쳐 만들어 놓은 전통과 관습의 힘으로 유지된다고 생각했다. 또한 문명의 진보는 현실과 동떨어진 급진적 비전이 아니라 현실 사회의 실질적인 안정을 통해서만 가능하다고 믿었다. 인간사회의 모든 현상은 '현실'이라는 개별 시공간에서 벌어지므로 추상적이고 보편적으로 적용하는 이성이나 사변적인 추론으로는 해결할 수 없으며, 상황마다 거기에 맞는 해결책이 각각 필요하다고 생각한 것이다. 특히 추상적 이론은 과거의 경험을 되새기는 대신 미래의 비전에만 현혹되어 비현실적 급진주의를 낳으며, 결과적으로 역사적 경험을 통해 학습한 자연의 질서를 어기게 된다고 생각했다.

　역사와 사회에 대한 버크의 이런 생각은 인간의 본질에 대한 신념에서 비롯된 것이다. 그는 "인간은 두 부분으로 구성되어 있다. 하나는 육체the physical, 다른 하나는 정신the moral이다. 육체를 갖는다

15　Burke, Edmund(1790), *Reflections on the Revolution in France : And on the Proceedings of Certain Societies in London Relative to That Event. In a Letter Intended to Have Been Sent to Gentlemen in Paris*, James Dodsley in Pall Mall.

는 점에서는 다른 동물과 같다. …(그러나 동물과 달리) 인간은 살아가면서 인간 정신의 본성에 따라 자기만의 견해를 갖게 되고, 이 견해에서 비롯되는 욕구passion의 산물이 된다. 이 견해와 욕구는 한 인간이 신의 섭리로 인해 백성으로 태어난 바로 그 사회의 일원으로서 습득하는 제2의 본성second nature이다"[16]라고 말하기도 했다. 인간을 고상하게 혹은 야만스럽게 만드는 것은 타고난 본성이 아니라 사회적으로 습득한 제2의 본성인 문화와 관습이라는 뜻이다. 그가 말하는 제2의 본성이란 인간의 정신적 행위를 이성의 관점에서만 바라보는 계몽주의의 낙관론과 인간의 본성을 권력욕 하나로 단정해 버리는 극단적 현실주의의 비관론을 싸잡아 비판하기 위해 버크 자신이 만든 개념이다.

버크가 인습과 관습을 옹호한 것은 인간이 원초적으로 가진 본능적이고 이기적인 욕구가 무절제하게 분출되는 것을 막아 주는 것이 바로 전통과 인습이기 때문이다. 20세기의 존 롤스가 『정의론』에서 '무지의 베일veil of ignorance'이라는 유명한 은유를 쓰기 두 세기 전에 이미 버크는 자신의 대표 저서 『프랑스혁명에 관한 성찰』에서 '오성의 직물fabric of understanding'이라는 은유를 썼다. 제도와 인습문화을 인간의 적나라한 본능과 욕구를 덮어 주고 가려 줄 오성의 직물이라고 비유한 것이다. 오성의 직물이라는 버크의 은유는 빛과 이성의 제국conquering empire of light and reason을 찬양하는 계몽주의자들이 즐겨 쓰던 '이성의 빛과 투명한 진리의 장막veil of light and transparency'이라는

---

16 에드먼드 버크가 워런 헤이스팅스(Warren Hastings)의 재판에서 행한 1794년의 연설. Chandler, James K.(1984), *Wordsworth's Second Nature : A Study of the Poetry and Politics*, University of Chicago Press, p.71.

또 다른 은유에 맞서기 위한 것이다. 버크와 버크류의 보수주의자들에게는 제도와 인습의 장막이야말로 자기만족만 추구하는 욕심과 거친 지배욕의 무절제한 표출을 막아 주는 동시에 욕구가 보다 고매한 목표를 지향하게끔 인도하는 일종의 승화sublimation 기제였다. 급진적 계몽주의자들이 기존의 인습과 제도를 무차별 비난하면서 프랑스대혁명을 과격하게 몰고 간 것은, 버크가 보기에는 이기적 욕망의 무분별한 분출을 막아 온 문화의 장막veil of culture을 찢어 버린 무책임한 짓이었고 개인과 사회를 야만의 자연 상태로 퇴보시킨 행위였다(Muller 1997 : 21).[17]

그렇다고 버크가 변화와 개혁을 거부한 것은 아니다. 그는 당시의 기준으로 볼 때 보수적인 토리가 아닌 진보적 휘그였다. 그는 세상이 서서히 변해야 한다고 믿었기 때문에 모든 사회는 개량의 능력과 보수의 능력을 함께 갖추어야 한다고 보았다. 버크가 비판한 것은 개혁 자체가 아니라 추상적인 이성만 앞세워 전통과 인습을 무차별 파괴하는 행위였다. 그는 제도와 인습의 무차별 파괴가 인간과 세상의 이치를 모르는 무지의 소치라고 비판한 것뿐이다. 이렇게 볼 때 보수와 개혁을 함께 도모하는 것이 정치이며, 때맞추어 개혁할 수 없는 나라는 오래 견딜 수 없다는 오늘날 서유럽 보수주의의 핵심 테제는 에드먼드 버크에서 비롯된 셈이다.

흄에서 버크로 이어지면서 그 틀을 다져 놓은 영국의 보수주의사

---

17 버크는 전통과 인습이 사회의 혼란을 막는 베일로 작동한 사례를 1688년의 명예혁명에서 찾았다. 스튜어트왕가의 제임스 2세를 몰아내고 그의 사위인 하노버왕가의 오렌지공 윌리엄(William of Orange)을 영국의 새로운 왕으로 추대한 명예혁명 당시, 영국 의회가 성대한 왕위 계승식을 태연하게 치른 것을 두고 정치적 혼란과 단절을 '베일로 싸서 감춘 것'으로 본 것이다.

상이 보수라는 이름을 내걸고 현실 정치에 적용된 것은 19세기 중반부터다. 당시 영국의 정치 세력은 토리 즉 영국 국교와 전통적 토지 귀족이 중심이 된 세력과 상업 및 산업자본가 세력인 휘그로 나뉘어 있었는데, 1834년에 토리는 보수당으로 이름이 바뀌었다. 존 크로커가 토리를 보수로 부르기 시작하여 이것이 공식 명칭이 된 것이다.[18]

1834년은 영국 보수주의의 역사에서 중요한 해다. 1834년 11월에 윌리엄 4세로부터 내각 구성을 위촉받은 로버트 필Sir Robert Peel이 12월에 발표한 탬워스선언Tamworth Manifesto 때문이다. 영국 보수당의 정치철학을 정립한 이 선언에서 로버트 필은, 노동자를 제외한 중산층까지 선거권을 확대하고 불합리한 선거구를 재조정하기 위해 휘그당이 제정한 1832년의 개정 선거법Reform Bill을 새 시대의 법으로 높이 평가했다. 또 자신은 비록 보수당원이지만 휘그당의 개정 선거법을 다시는 뒤집을 수 없는 법으로 인정한다고 밝혔다. 보수당의 이름으로 정치적 개혁의 필요성을 공언한 것이다. 필은 세속의 제도든 종교적 제도든 기존 제도를 신중하게 검토하여 개혁의 필요성이 생기면 고쳐 나갈 것이라고 선언했다. 물론 시끄러운 논쟁만 불러일으킬 불필요한 개혁은 삼가겠다는 단서를 붙였다. 탬워스선언은 영국 보수당을 개혁적이고 온건한 보수정당으로 만든 계기가 되었다.

---

18 19세기에는 자유당(Liberal Party)이 보수당과 경쟁했지만, 1920년대부터는 노동계와 사회주의 정치단체들이 연합한 노동당(Labour Party)이 자유당을 제치고 반보수당 세력을 대변하게 되었다. 이후 보수당은 노동당과 함께 영국을 이끌어 왔다. 자유당은 1988년에 사회민주당과 연합하여 자유민주당(Liberal Democrats)이 되었다.

이때부터 영국 보수당은 필요한 개혁은 유연하게 추진하는 중도 우익 정당으로 발전했다.[19] 1860년대에 이르러서는 벤저민 디즈레일리Benjamin Disraeli가 일부 도시노동자에게 투표권을 주는 1867년의 제2차 선거법 개혁을 단행했다. 노동당만큼 적극적이지는 않았으나 중요 산업의 국유화도 선별적으로 추진했다. 영국 보수당은 1940년대 중반에는 사회보장제도를 만들기 위해 노동당과 공동으로 「베버리지 보고서Beveridge Report」를 만들었다. 제2차 세계대전 이후 노동당이 집권했을 때는 노동당의 국유화정책, 복지정책, 세금 인상정책을 선별적으로 수용했다. 그러나 1970년대 후반부터는 마거릿 대처의 지휘하에 공공 산업의 민영화를 주도하는 등 한동안 영국의 신자유주의를 이끌었다. 영국 보수당이 노동당과 다른 점은 근본적으로 자유시장경제원칙을 고수한다는 점과 영국의 전통적 지배계급을 대변한다는 점 정도다. 1997년 선거에서 노동당에 참패했지만, 보수당은 여전히 노동당과 함께 영국 양대 정당의 하나이며 에드먼드 버크가 기초한 영국 보수주의철학을 정치적으로 실천하고 있다.

현재 영국 보수당Conservative and Unionist Party에는 세 갈래의 보수주의가 있다. 첫 번째는 1991년에 결성된 보수적 전진파Conservative Way Forward다. 이것은 마거릿 대처의 보수 이념을 계승한 것으로 현 영국 보수당의 주류다. 마거릿 대처가 제시한 대처보수주의의 원칙으로는 자본주의 시장경제 · 민주주의 · 작은 정부 · 규제 완화, 즉 신

---

19 19세기 영국 보수당에 관해서는 다음을 참조. Coleman, Bruce(1988), *Conservatism and the Conservative Party in Nineteenth-Century Britain*, Edward Arnold.

자유주의 등 널리 알려진 것 외에 몇 가지가 더 있다. 첫째는 영국의 정체성 보존nationhood(영국 국민을 위한 정책은 영국 정부가 결정해야 한다는 원칙, 즉 유럽의 정치적 통합에 반대), 둘째는 안전security(영국 국민의 안전을 최우선 보장), 셋째는 영국이라는 정치적 공동체의 보존community(영국이 지리적·역사적으로 단일 공동체라는 신념), 넷째는 개인 선택권의 최대한 보장choice for individuals, 다섯째는 세금 인하와 저인플레이션정책을 통한 기업 활동의 지원support for business이다.

영국 보수주의의 두 번째 지류는 한나라 보수주의one-nation conservatism 또는 Tory democracy다. 이것은 영국의 국가와 사회를 단일한 유기체처럼 보는 정치철학이다. 따라서 정부의 가부장적 역할과 정책의 실용성을 강조하는 가부장적 실용 노선의 보수주의다. 한나라 보수주의는 19세기 영국 보수당의 대표적 지도자인 벤저민 디즈레일리가 자신의 정치적 신념에 붙인 이름이다. 디즈레일리의 보수주의는 산업화와 소득의 양극화로 인해 하나의 영국이 부자의 나라와 빈자의 나라로 갈라지는 것을 막자는 것으로서, 계급 구조는 그대로 둔 채 국가가 앞장서서 약자와 노동자를 보살펴야 한다는 가부장적 보수주의다. 오늘날 영국 보수당 내 한나라 보수파One-Nation Conservatives는 디즈레일리의 보수주의를 계승한 것이다. 이들도 보수당 주류와 마찬가지로 사회적 보수주의social conservatism를 견지한다. 다만 지금 영국 보수당의 주류와 달리 유럽 통합에는 비교적 호의적이다.

세 번째 갈래는 소위 초석파Cornerstone Group다. 이들은 영국 국교회를 지지하고 영국Kingdom of Great Britain의 정치적 통일성과 가족의 가치를 중시한다. 영국이라는 정치적 단위의 단일성을 고집하면서 영국의 주권을 강조하기 때문에 유럽연합에 주권을 양도하는 데에는 반대한다. 전통적 가족제도의 부활과 보존을 통해 영국의 전통적 가치관을 지키자는 보수주의이므로 이민의 유입을 엄격히 제한하는 정책을 지지한다. 초석파 보수주의의 핵심 이념은 군주정 전통의 유지, 전통적 가족제도와 혼인제도의 보존, 공동체와 개인의 '책임' 중시, 국가적 자부심 앙양, 세금 인하 및 규제 완화 등이다.

2) 독일

독일의 보수주의도 영국과 마찬가지로 계몽주의에 대한 반발로 시작되었다. 그런데 영국이나 프랑스의 계몽주의enlightenment와 독일의 계몽주의Aufklärung는 성격이 좀 다르다. 경제적 후진성과 강력한 전제군주정의 전통 때문에 독일의 시민계급과 시민의식은 영국이나 프랑스보다 더디게 성장했다. 그래서 1871년 독일 통일 이전의 신성로마제국 지역에서는 대학이 계몽주의운동의 중심이었다. 영국의 포프Alexander Pope와 프랑스의 볼테르 같은 서유럽 계몽주의자들은 강력한 시민계급을 대상으로 계몽사상을 퍼뜨릴 수 있었지만, 시민계급의 세력이 미약한 독일에서는 계몽사상가들이 주로 대학에 포진하여 일부 진보적 관료나 주변부 지식인 그리고 데카당적인 부르주아지만 대상으로 삼아야 했다. 독일 계몽주의의 선구자 격인 크리스티안 토마지우스Christian Thomasius, 1655~1728는 할레대학의 교수였고 라이프니츠의 사상을 대중화시킨 볼프Christian Wolff, 1679~1754도 할레대학과 마부르크대학의 교수였다. 대표적인 신학적 계몽주의자 요한 살로모 제믈러Johann Salomo Semler, 1725~1791 역시 할레대학의 교수였다. 영국의 옥스퍼드나 프랑스의 소르본은 초기에 계몽주의에 냉담했지만 독일에서는 이처럼 처음부터 대학이 계몽주의의 온 상이었다. 이런 독특한 상황 때문에 독일의 계몽주의는 순진하고 비정치적인 양상을 띠게 되었다.

독일은 신구교의 종교논쟁에 오랫동안 시달렸는데 이것 때문에도 영국과 프랑스보다 뒤늦게 계몽주의가 수입되었다. 고트홀트 에프라임 레싱Gotthold Ephraim Lessing, 1729~1781, 크리스토프 프리드리히 니콜라이Christoph Friedrich Nicolai, 1733~1811, 작곡가 펠릭스 멘델스존의 할아버지인 모제스 멘델스존Moses Mendelssohn, 1729~1786 등 18세기 중후반에 활동한 독일의 계몽주의자들은 사회적 공감을 얻기 힘든 정치적 이슈보다는 종교와 신학 문제에 치중했다. 이런 현실 속에서 계몽주의를 확산시킨 것은 책과 저널 그리고 팸플릿을 편집하고 저술하거나 진보적인 학교를 세우거나 비밀결사를 조직한 지식인들과 계몽사상에 심취한 신성로마제국의 일부 군주였다.

독일 보수주의의 철학적 기초를 놓은 것으로 평가받는 유스투스 뫼저Justus Möser, 1720~1794는 이런 현실 속에서 태동한 독일의 계몽주의에 최초로 반기를 든 사람이다.[20] 데이비드 흄이나 에드먼드 버크와 같은 시대를 산 뫼저는 독일 북서부의 작은 공국 오스나브뤼크의 행정관으로서 자신이 직면한 구체적 현안들에 대한 의견을 개진하는 과정에서 독일 보수주의의 기틀을 잡았다.

뫼저사상의 요체는 세 가지다. 첫째는 획일성을 거부하는 것이

---

20 뫼저의 사상은 다음을 토대로 정리한 것이다. Epstein, Klaus(1966), *The Genesis of German Conservatism*, South End Press, pp.297~338 ; Muller, Jerry Z.(ed.)(1997), *Conservatism : A Anthology of Social and Political Thought from David Hume to the Present*, Princeton University Press, pp.70~77.

고, 둘째는 다양성을 존중하는 것이며, 셋째는 과거와 선대의 정신적 유산을 존중하는 것이다. 뫼저도 버크와 마찬가지로 추상적 원칙에 입각한 모든 종류의 획일화에 반대했다. 그에게는 역사적 다양성, 즉 각 민족의 고유 정서national sentiment가 가장 중요했다. 계몽주의자들이 내세우는 만국동포주의cosmopolitanism란 그에게는 반역사적 오류투성이였다.

선대로부터 내려오는 관습을 무엇보다 중시한 뫼저는 다음과 같이 말했다.

> 오늘날의 현실에 걸맞지 않은 옛 관습과 인습을 접할 때마다 나는 스스로에게 말한다. '우리 선조가 바보였다고 생각할 이유는 내게 없다'라고. 그리고 나는 옛 관습이 왜 합당한지 그 이유를 찾아낼 때까지 탐구한다. 답을 찾아내면 나는 관습을 무식하게 욕하거나 관습에 기댄 사람들을 모욕했던 자들이 퍼부은 조롱을 다시 그들에게 되돌려 준다(Epstein 1966 : 316).

유스투스 뫼저는 1772년에 쓴 에세이 「보편적 법률과 보편적 행정 규칙을 지향하는 작금의 추세는 자유를 망친다Der jetzige Hang zu allgemeinen Gesetzen und Verordnungen ist der gemeinen Freiheit gefärlich」에서 여행자가 말을 바꾸어 탈 때마다 법이 바뀌는 게 우습다는 볼테르의 주장 "관습법 때문에 이 마을에서는 이길 소송이 저 마을에서는 진다는 것이 우습다"을 예로 들며 마을마다 법이 다른 것은 자연과 역사의 다양성을 반영하는 것이라고 반박했다. 뫼저는 보편적이고 획일적인 법을 보편적 정의와 상식의 명령처럼 받아들이기를 거부했다. 그는 가는 곳마다 똑같은 보편적이고 획일적인 법이야말로 게으른 관료제의 전제적 야망이 빚어낸 것이라고 보았다. 또 인민주권과 같은 보편원칙이 정치적·사회적 제도에 정당성을 부여한다고 믿는 계몽주의는 역사상 존재해 온 모든 제도와 권리·의무를 존중할 가치가 없는 시대착오적 유산이라고 선언한 것과 마찬가지이며, 이런 계몽주의는 결국 무정부 상태를 야기할 것이라고 주장했다(Epstein 1966 : 313).

영구불변하는 자연법을 근거로 모든 시대를 싸잡아 심판하려는 계몽주의를 지극히 반역사적인 것으로 경멸한 유스투스 뫼저는 보편적 대의general causes라는 것을 믿지 않았다. 특정한 시대의 제도와 인습은 그 시대로 돌아가서 평가해야지 자신이 살아가는 시대의 눈으로 심판해서는 안 된다는 것이다. 그는 정치적 경험을 통해 확립된 정의formal justice와 진리formal truth는 진정한 정의와 진정한 진리지만, 설사 그렇지 않다 해도 큰 문제가 아니라고 했다. 현실 속에서 수립된 진리와 정의는 그 시대를 이끈 권위에 의해 확립된 것이므로 "권위 있는 확실성을 추구하는 기본 욕구 때문에 사람들은 진리와 정의가 (정치적으로) 결정되면 이를 그대로 받아들인다"(Epstein 1966 : 319)라고 본 것이다.

뫼저는 자유를 추상적이고 관념적인 권리로 간주하는 태도에 비판적이었다. 구체적 인간의 구체적 자유가 있을 뿐인 현실에서 추상적 개념과 추상적 대의명분은 공허하다는 것이다. 평등주의와 급진주의에 반대한 것도 이 때문이다. 그가 모든 종류의 평준화levelling에 반대한 것 역시 급진적 혁명가들이 추진하는 것이든 전제군주가 강제하는 것이든 평준화라는 생각 자체에 내포된 추상성 때문이다. 또 뫼저는 경제를 부의 관점에서만 바라보는 근대적 경제관을 비판했다. 그가 보기에 경제와 정치는 별개가 아니었다. 뫼저는 정치적·도덕적 덕성도 돈만큼 중요하다고 믿었으므로 부의 축적만 숭배하는 근대 자유방임주의자들이야말로 인간 본성에 내재된 사악한 탐욕을 부채질하는 존재라고 보았다.

계몽주의는 국가를 개인적이고 기계적인 관점에서 바라보았지만 뫼저는 국가를 단일 유기체로 생각했다. 그는 국가를 권리 보호를 요구하는 개인의 평등한 집합체로 보는 계몽주의자들을 비판하면서, 국가는 모든 구성원이 자신에게 부과된 관습적 의무를 이행해야 유지될 수 있고 위계적으로 분화된 유기체라고 주장했다.[21] 따라서 불평등은 필요악이 아니라 적극적인 선positive good이었다. 평등이 아닌 차등이 명예와 지위를 이끌어 내는 자긍심의 원천이며 고귀한 행위를 하도록 유도하는 동기라고 보는 것이다.

또한 유스투스 뫼저는 계몽사상의 기회균등주의와 능력제일주의도 비판했다. 그는 사회적 지위는 그 사람이 가진 현실적 가치true worth가 아니라 출생의 배경과 연륜이 결정해야 한다고 주장했다. 능력만을 기준으로 신분과 지위를 결정하면 오르지 못한 자는 상처받

---

21 뫼저는 국가의 기원을 사회계약이라는 공식을 빌려 설명한다. 그가 보기에 국가는 일정한 영역 안에서 땅을 나누어 점유하고 있는 강자(strong men)들이 정부를 수립하여 각자의 재산을 서로 보장해 주기 위한 계약을 맺기로 동의하는 데에서 시작된다. 이들만이 새로 수립된 국가의 '온전한 시민'이며, 이들의 시민권은 토지 소유(Landaktie)에 기반을 두고 있다. 주식을 소유한 사람만이 회사 경영에 참여하는 것과 같은 이치다. 약하거나 어리석어서 애초에 토지를 소유하지 못한 농업노동자들이나 토지의 분할 점유가 끝난 다음에 오는 사람들이 있다. 이 '부차적 거주민(Nebenbewohner)'의 권리는 그들과 '온전한 시민' 간에 체결되는 제2의 계약(secondary contract)에 따라 엄격하게 제한되어 왔다. 산업시대가 도래하면서 부차적 거주민들이 길드의 장인이나 부유한 상인이 될 수 있게 되어 토지(Landaktien)뿐만 아니라 돈(Geldaktien)도 시민권의 바탕이 될 수 있게끔 허용했다는 것이다. 어쨌든 뫼저에게 중요한 것은 재산이 없는 거주민들을 '제자리'에 묶어 두는 것이었으며, 시민권의 토대가 재산이고 시민의 권리와 의무는 소유한 재산에 비례한다는 원칙을 지키는 것이었다.

고 올라간 자는 질시와 중상을 받게 되어, 결과적으로 모두가 서로에게 적개심을 품게 된다는 것이다. 그는 또 능력의 평가라는 것이 현실적으로 객관적이고 공정할 수 없다고 생각했다. 오히려 타고난 신분과 오랜 경륜에 의해 지위가 올라간 사람은 누구의 질시와 중상도 받지 않을 것이라고 믿었다. 이런 세상에서는 어느 누구든 시간이 가고 운만 따르면 자기 차례가 돌아올 것으로 믿기 때문에 각자 자신의 위치에 만족하며 살아갈 수 있다는 것이다.[22]

독일 보수주의의 효시인 뫼저의 사상을 압축해서 정리하면, 첫째 이성의 완결성을 맹신하는 계몽주의적 이신론과 획일성uniformity에 대한 혐오, 둘째 역사적·자연적 조건의 개별성과 이 개별성에서 비롯되는 현실적 다양성에 대한 존중, 셋째 추상적인 대의명분의 비역사성과 비현실성에 대한 비판적 통찰이다.

유스투스 뫼저에서 시작된 독일의 보수주의는 정치적으로 다음과 같이 전개되었다.[23] 제2차 세계대전 전까지는 ① 프랑스대혁명 이전의 봉건체제로 되돌아가려는 복고주의프리드리히 빌헬름 폰 셸링(Friedrich Wilhelm von Schelling), 카를 루드비히 폰 할러(Karl Ludwig von Haller), 아담 하인리히 폰 뮐러(Adam Heinrich von Müller), 노발리스(Novalis) 등, ② 1814년의 비엔나회의에서 소수민족 억압과 혁명 봉쇄를 체제원칙으로 확립한 메테르니히의 반동적 복고주의프리드리히 폰 겐츠(Friedrich von Gentz), 프리드리히 폰 슐레겔(Friedrich von Schlegel), 에른스트 모리츠 아른트(Ernst Moritz Arndt) 등, ③ 보통선거제 도입에 반대

22 Möser, Justus(1997), "No Promotion According to Merit(Keine Beförderung nach Verdiensten)," in Jerry Z. Muller(ed.), *Conservatism : An Anthology of Social and Political Thought from David Hume to the Present*, Princeton University Press, pp.75~77.
23 Craig, Gordon Alexander(1978), *Germany 1866~1945*, Oxford University Press.

하고 입헌군주제를 지지한 군주주의자들의 이념로렌츠 폰 슈타인(Lorenz von Stein), 프리드리히 율리우스 슈탈(Friedrich Julius Stahl), ④ 19세기 프러시아시대의 규율체제로 되돌아가자던 제1차 세계대전 직후 바이마르시대의 보수혁명아르투르 묄러 반 덴 브루크(Arthur Moeller van den Bruck), 오스발트 슈펭글러(Oswald Spengler), 카를 슈미트(Carl Schmitt) 등[24] 으로 이어져 왔다.

먼저 1848년 프러시아의 3월혁명 이후에는 프러시아 의회를 중심으로 보수당Konservative Partei이 결성되었고, 비스마르크가 독일을 통일한 직후인 1876년에는 엘베강 동쪽의 대지주들 즉 융커를 세력 기반으로 삼아 프러시아 중심의 독일보수당Deutschkonservative Partei, DKP이 결성되었다. 프러시아 의회 내에 기반을 확보한 독일보수당은 경제적 자유주의와 투표권 확대를 비롯한 정치적 민주화에 반대했으며, 반유대주의도 이들의 신조였다. 다만 가톨릭을 지지 기반으로 삼았으므로 가톨릭과 폴란드계를 탄압한 비스마르크의 문화투쟁Kulturkampf에는 비판적이었다. 이 정당은 독일이 제1차 세계대전에 패배한 이후 해체되었다.

프러시아의 산업자본을 세력 기반으로 삼은 또 다른 보수 정당인 자유보수당Freikonservative Partei, FKP은 1867년에 결성되었다. 1871년 독일이 통일된 이후에는 독일제국당Deutsche Reichspartei, DRP이라는 이름을 내걸고 제국의회에 진출했다.[25]

---

24 바이마르시대 낭만주의적 '보수혁명'에 대해서는 다음을 참조. 전진성(2001), 『보수혁명 : 독일 지식인들의 허무주의적 이상』, 책세상 ; 김동하(2013), 「독일 바이마르 시기의 '보수혁명' 담론과 정치의 우선성 : 국가, 시장, 민주주의에 대한 이해를 중심으로」, 양승태 외, 『보수주의와 보수의 정치철학』, 이학사, pp.303~346.
25 독일제국당은 제2차 세계대전 패전 후 독일제국의 영광을 되찾겠다는 명분을 내걸고 새로 결성되기도 했다.

이 프러시아 중심의 산업자본 세력은 독일 통일을 처음부터 지지했으며, 1878~1881년에 걸쳐 제정된 반사회주의법[26]도 전폭적으로 지지하고 가톨릭을 겨냥한 비스마르크의 문화투쟁을 지지했다. 1890년 비스마르크가 퇴임한 후에는 새 황제 빌헬름 2세의 제국주의정책을 지지했다. 그러나 독일제국당은 1918년 제1차 세계대전 패전으로 독일보수당과 함께 해체되었다.

제1차 세계대전 패전 직후 즉 바이마르공화국시대에는 독일국가인민당Deutschnationale Volkspartei, DNVP이 독일보수당을 계승했고, 이 정당은 1930년대에 나치스로 발전했다. 그리고 제2차 세계대전 이후에는 독일우익당Deutsche Rechtspartei, DRP이 결성되기도 했다.[27]

제2차 세계대전 이후의 독일 보수주의는 극우에서 중도우파에 이르기까지 다양한 스펙트럼을 갖게 되었다. 현대 독일 보수주의를 대변하는 정당은 바이에른주의 정당인 동시에 강성우파 성향의 전국 가톨릭 정당인 기독교사회연합Christlich-Soziale Union in Bayern, CSU이다. 그 외에 자유시장주의를 표방하고 독일기독교민주연합기민당. Christlich Demokratische Union Deutschlands, CDU[28] 및 독일사회민주당사민당. Sozialdemokratische Partei Deutschlands, SPD과 연합해서 캐스팅 보트를 행사해 온 자유민주당Freie Demokratische Partei, FDP도 있다. 그러나 실질적으로는 중도우

---

26 정식 명칭은 '사회민주주의적 시도로 인한 공공위험방지법(Gesetz gegen die gemeingefährlichen Bestrebungen der Sozialdemokratie)'이다.

27 이 정당은 지역에 따라서 독일보수당(Deutsche Konservative Partei)으로도 불렸다. 제1차 세계대전 이전에 있었던 독일보수당과는 다른 것이다.

28 기민당은 1870년에 창설된 가톨릭 계열 정당인 독일중앙당(Deutsche Zentrumspartei)에 기원을 두고 있다. 서부 및 남서부 독일에서 강세를 보이며 좌파 사회주의와 우파 자유방임주의 둘 다 배격한다.

파 성향의 기민당과 노동자의 권익을 중시하는 중도좌파 성향의 독일사회민주당이 현대 독일의 정치를 주도해 오고 있다.

3) 프랑스

서구 보수주의는 크게 보면 종교적이고 반동적인 보수주의와 입헌적이고 정치적인 보수주의로 대별된다. 에드먼드 버크의 입헌적 보수주의와 대비되는 반동적 보수주의의 대표가 프랑스의 메스트르와 보날드이다.

메스트르와 보날드의 보수주의는 프랑스대혁명에 대한 비판에서 시작되었다. 그러나 프랑스의 보수주의자들은 버크와 달리 '자유'를 경시했고 종교 즉 가톨릭을 기반으로 삼았다. 영국 보수주의와 프랑스 보수주의가 이처럼 서로 다른 것은 보수주의가 태동한 역사적 조건이 다르기 때문이다. 영국 보수주의는 아직 혁명에 오염되지 않은 영국을 바다 건너편의 혁명이 초래할 해악으로부터 보호하기 위한 예방적 비판으로서의 보수주의였다. 혁명 바이러스에 감염되지 않은 영국을 염두에 둔 것이므로 예방 차원에서 관습과 인습의 중요성을 점잖게 피력할 수 있었다. 반면 프랑스의 보날드와 메스트르는 기존 제도와 인습이 이미 붕괴된 혁명의 현장을 마주하고 있었기에 전통과 인습의 중요성을 한가롭게 설득할 여유가 없었다. 그보다는 혁명정부의 정책을 비판하면서 보존할 가치가 있는 정책과 체제를 만들 철학과 논리부터 마련해야 했다.

메스트르는 인간 인식의 한계성, 개별 사회의 역사적 특수성, 정치적 의도와 결과의 간극 문제를 다루었다. 보날드는 프랑스 구체제를 본뜬 제도적 청사진을 제시하는 데 주력했다. 둘 다 반동적 성향이 짙은 프랑스 보수주의를 기초했지만 특수성과 보편성의 문제에서는 입장이 달랐다. 메스트르는 개개의 문화는 각각 다른 제도를 필요로 한다는 역사적 특수성을 중시했으나, 보날드는 자신이 구상하는 체제가 어디에서든 보편적으로 적용될 것이라고 생각했다(Muller 1997 : 124~125).

혁명정부가 가톨릭 사제들을 행정관의 통제하에 두는 1791년의 법을 제정한 직후 독실한 가톨릭 교도인 보날드는 독일 하이델베르크로 건너가 혁명정부를 비판하기 시작했다. 1796년 그는 『정치적·종교적 권력에 관한 이론Théorie du pouvoir politique et religieux』을 써냈고 1801년에는 『19세기에 생각해 보는 이혼Du divorce considéré au XIXᵉ siècle』이라는 제목으로 이혼에 관한 자신의 철학을 발표했다. 특히 그가 이혼론에서 제시한 철학은 나중에 실제로 입법화되었다.

1791년 혁명 프랑스의 입법의회가 제정한 새 헌법은 결혼을 종교법의 소관 사항이 아닌 시민 간의 계약civil contract으로 규정했고, 이에 따라 결혼은 다른 계약과 마찬가지로 부부간의 합의나 한쪽의 청원으로 파기할 수 있게 되었다. 그리고 1794년에는 어떤 이유로든 이혼할 수 있게 되었다. 보날드의 이혼론은 이 법안에 대한 반론이었다. 이혼을 허용하는 새로운 정책에 반대한 보날드의 논거를 간추리면 다음과 같다.

첫째, 결혼은 남녀가 결합하여 자식을 생산하고 가족이라는 사회를 만들기 위한 약속이며, 이런 약속이 결여된 남녀 간의 결합인 동거나 난봉과 다르다. 결혼의 목적은 감각적 쾌락이 아니다. 종교가톨릭와 국가에게 결혼이란 사회의 기초를 생산하는 행위다. 결혼은 잠재적 사회를 만드는 행위이며 결혼의 결과로 탄생한 가족은 실질적 사회다. 결혼을 하는 가장 큰 이유는 후세의 생산이다. 이혼해서 두 번째 결혼을 한다면 첫 번째 계약에 따른 아이의 생산이 불가능해지고, 그렇다고 두 번째 계약_{결혼}에서 아이를 낳을 확률이 커지는 것도 아니다.

둘째, 국가가 사회의 안정을 보장하려면 누가 시민인지 먼저 파악해야 한다. 결혼을 국가가 인정하고 출생증명서를 교부하여 부모와 아이를 시민으로 확인해야 하는 것은 이 때문이며, 남녀의 결합에 국가가 관여하는 것은 결혼의 유일한 사회적 목적인 '아직 태어나지 않은 자'를 국가가 대변해야 하기 때문이다. 따라서 혼인 서약은 남자와 여자 둘만의 서약이 아니다. 국가가 대변해야 하는 '아직 태어나지 않은 자'와 그 부모 될 남녀가 함께 체결하는 삼자 간의 계약이다. 삼자 간의 계약을 남편과 아내 양자의 합의만으로 깨는 것은 결국 부모의 사회적 결합을 가능케 해준 제3의 당사자를 해치는 행위다. 마치 두 명의 힘 센 강도가 연약한 피해자를 강탈하기로 사전에 공모하는 행위와 같다. 국가가 이혼을 법적으로 허용하면 이 강도짓의 공범이 되는 것이다.

가정이라는 사회는 동업자들이 균등한 몫을 갖고 참여했다가 균등한 몫을 갖고 헤어지는 상업적 결사와 다르다. 가정이라는 사회에서 남자는 힘으로 여자를 보호해 주고 연약한 여자는 보호받을 필요가 있다. 즉 남자는 권위를 지키고 여자는 존엄을 지켜 만드는 사회다. 그러나 헤어질 때 남자는 모든 권위를 갖고 떠나지만, 여자는 고작해야 돈만 건진다. 생식력과 젊음을 지니고 가정이라는 사회에 들어간 여자가 나올 때 건지는 것이 불임과 늙은 몸뿐이라는 것은, 또 오로지 가정에만 소속된 여자가 새로운 삶의 시작을 자연법칙이 허용하지 않는 나이에 자신이 만든 가정에서 추방된다는 것은 너무 불공정하지 않은가? 그러므로 결혼은 일반적인 계약이 아니다. 왜냐하면 결혼을 끝낼 때 두 당사자는 그들이 계약을 맺을 때의 상태로 되돌아 갈 수 없기 때문이다. 또 결혼을 시작할 때의 계약은 자발적이지만 결혼을 끝내자는 계약은 더 이상 자발적이지 않고 결코 자발적일 수도 없다. 왜냐하면 결혼을 끝내고 싶다는 욕구를 내비치는 쪽은 이미 자신의 이혼 욕구를 상대편이 거부할 자유를 박탈하고 있는 것이며, 거기에 동의할 수밖에 없게 만들 수단을 이미 많이 갖고 있기 때문이다.[29]

보날드가 1801년에 제시한 이 주장은 나폴레옹 치하에서는 호응을 얻지 못했으나, 왕정이 복고된 직후인 1816년 루이 18세 치하의 프랑스에서 이혼이 다시 금지되는 결실을 맺었다. 보날드의 『19세기에 생각해 보는 이혼』은 프랑스 혁명정부의 급진적 정책에 대한 반론에 그치지 않았다. 그 또한 버크와 마찬가지로 국가, 사회, 역사, 계약에 관한 서구 보수주의의 사상적 틀을 제공했다.

사보이공국의 귀족인 메스트르는 사보이가 프랑스혁명군에 의해 함락되자 제네바로 망명했다. 1802년부터는 사보이 망명 왕조의 공사 자격으로 러시아의 페테르부르크에 15년간 머물렀다. 메스트르는 인간의 본성을 비관했다. 그래서 왕, 교황, 교수형 집행인 hangman. 즉 징벌이 삼위일체가 되어 인간의 야만적 본성을 통제해야 한다고 주장했다. 그가 보기에는 프랑스대혁명으로 인해 구체제가 전복된 것은 사회적·경제적 모순 때문이 아니라 무신론자, 프로테

---

29 Muller, Jerry Z.(ed.)(1997), 앞의 책, p.131에서 재인용.

스탄트, 프리메이슨, 일루미나티 같은 계몽주의자들의 비밀 조직 즉 '이성'을 앞세워 전통과 권위에 저항하는 계몽주의자philosophe들의 음모 때문이었다.

그는 프랑스대혁명이 야기한 혼란상을 오만한 계몽주의에 대한 신의 징벌로 보았다. 또 만국동포주의, 보편주의, 과학과 이성, 진보 등 계몽주의 사상이 인간, 사회, 자연에 대한 천진난만하고도 오도된 믿음에 빠져 있음을 입증하려고 했다. 메스트르는 계몽사상이 선험적이고 형이상학적인 추론에 빠져 있다고 보고 역사적 · 경험적 사실을 근거로 계몽주의를 비판했다. 인간세계와 동물세계를 슬쩍 보기만 해도 인간의 본성을 신뢰하고 역사의 진보를 믿는 계몽주의자들의 낙관론이 현실과는 전혀 다르다는 점을 알 수 있다는 것이다. 자신이 살기 위해 남을 잡아먹는 노골적 폭력이 판치는 세상에서 살아가야만 하는 인간을 계몽주의자들은 철저히 이성적인 존재로 착각하고 있다는 것이다.

인간에 대한 이런 비관론이 메스트르 보수주의의 근간이다. 계몽주의자들은 선한 인간과 악한 인간은 태어나기 전에 결정되는 것이 아니라 사회적 환경이 결정한다고 믿는다. 설사 본성에 문제가 있다 해도 사회적 제도가 이를 교정할 수 있으며, 이성을 통해 찾아낼 과학적 방법에 따라 사회를 꾸려 나가면 인간사회의 병폐도 해결할 수 있다고 보는 것이 계몽주의다. 메스트르는 이런 믿음을 신랄하게 비판했다.

그의 논리는 이렇다. 인간은 나약하고 죄악으로 덮인 피조물이며 자신의 분수를 모르는 오만한 존재다. 이런 인간을 통제할 수 있는 것은 함부로 대들 수 없는 준엄한 권위와 엄격한 지배자뿐이다.

이런 인간의 야만적 본성에 재갈을 채울 수 있는 궁극적 주체는 신 즉 신의 징벌이다. 모든 권력과 사회질서는 신의 징벌을 집행하는 집행인executioner이며, 세상의 질서는 이 집행인에게 달려 있다. 징벌 집행인이 사라지는 순간 세상은 혼돈으로 치닫고 사회는 무너진다.

메스트르에게 존 로크를 위시한 사회계약론자들의 이론은 어불성설이었다. 그가 보기에 권위는 이성에 기초한 제도 따위에서 나오는 게 아니었고 권력은 지배자와 피치자 간의 계약 따위에서 나오는 게 아니었다. 그는 인간의 이성에 의지하지 않는 제도가 오히려 더 오래 존속될 수 있다는 것을, 안정적으로 유지되어 온 프랑스의 '비이성적'인 세습왕정과 '이성적'이지만 불안한 폴란드의 선출 군주제를 비교함으로써 입증하였다. 또 전쟁에서 적을 죽이는 행위는 찬양하면서 죄진 자를 벌주는 사형 집행인을 혐오하고 꺼리는 기이한 세태도 그가 보기에는 인간이 이성적이지 않음을 보여 주는 증거였다. 오랜 세월에 걸쳐 존속해 온 모든 제도는 이성이 만든 것이 아니라 비이성적인 것이며 바로 이 비합리성 때문에 오래 지탱할 수 있었으며, 이성에 의지하여 만든 제도는 또 다른 이성에 의해 무너질 수밖에 없으므로 이성의 도전을 물리칠 수 있는 제도만 존속할 수 있다고 본 것이다.

메스트르는 신의 행위 자체가 이미 합리성의 범주를 벗어나는 것이라고 했다. 왜 착한 사람은 고생하고 악한 자는 잘사는가 하는 기독교의 오랜 화두에 그는 이렇게 답했다. "인간의 죄는 신에 대한 (인간 세상의) 집단적 부채다. 죄에 대한 신의 징벌은 전쟁터를 날아다니는 총알과 같아서 벌 받아야 할 사람과 안 받을 사람을 이성적으로 구별할 수 없다." 메스트르의 사상은 『프랑스에 대한 생각*Considérations* *sur la France*』1796에 집약되어 있다. 현대 파시즘의 기원으로 해석될 여지가 있다는 점[30]만 제외하면 『프랑스에 대한 생각』은 영국의 버크가 쓴 『프랑스혁명에 관한 성찰』의 대륙 버전이라고 볼 수 있다.

그러면 보날드와 메스트르로 시작된 프랑스 보수주의는 19세기 이후 어떻게 실현되어 왔는가?[31] 1789년의 대혁명 이후 프랑스에서는 좌우 구분이 뚜렷한 정치적 전통이 계속되어 왔다. 프랑스의 우익보수주의는 대체로 정통주의légitimiste 계열의 극우보수주의와 오를레앙주의 계열의 온건보수주의, 그리고 보나파르트주의로 나뉜다(Rémond 1954).

먼저 정통주의는 모든 정치적 변혁에 반대해 온 소위 극우, 수구적 보수주의다. 프랑스의 극우보수주의는 다음과 같이 전개되어 왔다.

첫째, 1815년 부르봉왕정이 복고된 후의 극우왕당파다.

둘째, 프랑스의 행동Action française이다. 이는 1871년의 파리코뮌으로 제2제정이 붕괴한 후 성립된 제3공화국에 염증을 느낀 샤를 모라스Charles Maurras가 왕정의 부활과 로마가톨릭의 국교 지정을 위해 결성한 단체다.

---

30 이런 관점을 대표하는 사람이 이사야 벌린이다. Berlin, Isaiah(2002), "Maistre," in Henry Hardy(ed.), *Freedom and Its Betrayal : Six Enemies of Human Liberty*, Princeton University Press ; Berlin, Isaiah(2013), "Joseph de Maistre and the Origins of Fascism," in Henry Hardy(ed.), *The Crooked Timber of Humanity : Chapters in the History of Ideas*, Random House ; Graeme, Garrard(2006), *Counter-Enlightenments : From the 18th Century to the Present*, Routledge.

31 프랑스 보수주의의 역사는 다음을 참조. Petitfils, Jean-Christian(1994), *La droite en France de 1789 à nos jours*, Presses Universitaires de France ; Atkin, Nicholas and Frank Tallett (eds.), *The Right in France : From Revolution to Le Pen*, I. B. Tauris ; Passmore, Kevin(2013), *The Right in France from the Third Republic to Vichy*, Oxford University Press.

셋째, 민족혁명Révolution nationale이다. 이것은 1940년 독일의 프랑스 점령 당시 필리프 페탱Philippe Pétain 장군이 비시정권하에서 창설한 것이다. 민족혁명은 군주제의 부활행정권과 입법권의 분리 배격, 반의회주의과 인종주의를 기치로 내걸었다. 또 페탱에 대한 개인숭배를 조장하고 개신교도, 유대인, 프리메이슨, 외국인, 집시, 동성애, 공산주의자를 프랑스의 적으로 규정했다. 극우적 반동인 동시에 유대인과 외국인에 대한 혐오를 조장한 것이다.

넷째, 비밀군사조직Organisation de l'armée secrète, OAS이다. 이것은 1954～1962년에 계속된 알제리전쟁 당시 알제리의 독립에 반대한 프랑스 우익의 비밀 군대다. 이들은 "알제리는 프랑스 것이며 앞으로도 그럴 것이다"라는 구호를 앞세워 알제리 독립을 군사적으로 방해했다. 드골 대통령이 알제리 독립을 허용하자, 이들은 독립 알제리정부가 프랑스와 유럽계 알제리인을 추방하는 것을 막기 위해 시위·파업 및 폭력 행위까지 자행했다. 알제리 독립을 지지한 장 폴 사르트르와 알제리 독립에 반대하다 허용하는 쪽으로 선회한 드골 대통령에 대한 암살을 시도하기도 했다.

다섯째, 국민전선Front national, FN이다. 국민전선은 1972년 장마리 르펜Jean-Marie Le Pen이 우파 민족주의자들을 규합해서 만든 정당이다. 보호무역, 사회적 보수주의, 법질서 문란에 대한 불관용주의, 반이

---

32 국민전선은 1984년 이후에는 우파 민족주의 진영을 주도했고 좌파 사회당(Parti Socialiste, PS)과 중도우파인 대중운동연합(L'Union pour un Mouvement Populaire, UMP)에 이어 제3당이 되었다. 르펜은 2002년 대통령선거에서 결선 투표까지 진출했지만 시라크에게 패배했다. 2011년 이후에는 장마리 르펜의 딸 마린 르펜(Marine Le Pen)이 이끌고 있다.

민주의가 이들의 이념이다.[32]

여섯째, 프랑스를 위한 운동Mouvement pour la France, MPF이다. 이것은 1994년에 설립된 정당이며, 유럽연합 결성과 그 미래에 대해 회의적이다. 영국의 독립당United Kingdom Independence Party처럼 유럽연합 즉각 탈퇴를 주장하지는 않지만 유럽헌법의 채택에 반대하는 등 유럽의 정치적 통합에는 반대한다. 터키를 비롯한 이슬람국가의 유럽연합 가입도 물론 반대한다.

종합해 보면 프랑스의 극우보수주의는 제국주의, 인종주의, 프랑스우월주의, 유럽 통합 반대, 정교합일주의다.

한편 오를레앙보수주의는 중도우파 또는 온건우파다. 1815년 부르봉왕정이 복고된 뒤 비교적 진보적 성향을 가진 인사들이 부르봉왕당파와 대립했는데, 이들의 상대적 진보 성향은 1830년 7월혁명 후 18년간 프랑스를 통치한 오를레앙 가문의 루이 필리프로 계승되었다. 다시 말해 1830년 7월혁명부터 1848년 2월혁명까지 프랑스를 통치한 루이 필리프의 소위 '7월왕국'이 보여 준 중도우파적 성향이 오를레앙보수주의의 본질이다. 오를레앙보수주의자들은 부르봉 가문 대신 프랑스 왕조의 시조인 위그 카페Hugh Capet의 직계인 오를레앙 가문에서 프랑스의 군주가 나와야 한다고 주장했다. 특히 루이 필리프의 아버지인 평등공平等公 필리프는 프랑스대혁명 당시 부르봉가의 루이 16세를 처형하는 데 찬성한 사람으로서, 극우부르봉보수파의 미움을 사고 있었다. 한마디로 말해 19세기 중반에 시작된 오를레앙보수주의는 프랑스의 자유주의적 지식인과 정치인을 중심으로 의회 권한을 강화하고 왕권을 제한하는 온건한 입헌군주제를 지향한 보수주의다. 따라서 부르봉가와 오를레앙가의 차이는 지금으로 치면 극우보수파와 온건보수파의 차이라고 할 수 있다.

　오를레앙보수주의 세력은 1848년 2월혁명 이후 정치적으로 쇠락했지만, 나폴레옹 3세의 제2제정시대1852~1870에도 부유층·문화예술계·학계를 세력 기반으로 삼고 입헌군주제의 전통을 이어 나갈 프랑스의 왕은 오를레앙가에서 옹립해야 한다는 주장을 계속했다. 오를레앙보수파는 제3공화국1870~1940 내내 신흥자본가들을 대변했다는 점에서 극우 부르봉왕당파보다는 진보적이었다. 다만 사회주의에 반대하고 자유시장주의를 신봉했다는 점에서 공화파보다는 보수적이었다. 20세기에 들어와서도 오를레앙보수주의자들은 우측의 드골주의와 좌측의 사회당 사이에서 자유주의적이고 온건한 보수주의 노선을 견지했다.

　20세기의 프랑스 정당정치에서 오를레앙보수주의는 다음과 같이 전개되었다. 1945년 비공산 계열의 레지스탕스 네트워크를 중심으로 한 프랑스노동당을 창설하기 위해 민주주의 및 사회주의 레지스탕스연합Union démocratique et socialiste de la Résistance, UDSR이 설립되었다.[33] 직전인 1944년에는 가톨릭 기반의 기독교 민주주의를 지향하는 인민공화주의운동Mouvement républicain populaire, MRP을 설립했다. 인민공화주의운동은 사회적·문화적 보수주의와 경제적 자유주의를 혼합하고 공동체주의와 연대의식에 입각하여 사회적 시장경제를 지향한 것이다. 1958년 드골의 집권으로 시작된 제5공화국 초기에 발레리 지스카르데스탱Valéry Giscard d'Estaing을 비롯한 온건보수주

---

33 후일 르네 플레뱅(René Pleven)의 레지스탕스연합 우파가 드골주의를 받아들임으로써 프랑수와
　미테랑(François Maurice Adrien Marie Mitterrand)의 좌파와 결별했다. 미테랑의 좌파는 1971년
　프랑스 사회당으로 흡수되었다.

의자들은 드골의 유럽혐오증과 대통령중심주의에 반기를 들었다. 이들은 드골연합과 결별하고 1962년 독립공화파Républicains indépendants를 만들었는데, 이를 기반으로 1966년 독립공화파전국연합Fédération nationale des républicains indépendants, FNRI이 출범했다. 이것이 1977년에 공화당Parti républicain, PR이 되었고 1978년에는 중도 성향인 프랑스민주연합Union pour la démocratie française, UDF에 진보적 보수주의 계파로 참여했다. 그리고 2002년에는 지금의 대중운동연합L'Union pour un Mouve-ment Populaire, UMP으로 흡수되었다.

지스카르데스탱은 자신의 정치 이념을 자유주의, 중도주의, 친유럽주의로 규정했다. 이렇게 볼 때 니콜라 사르코지Nicolas Sarkozy의 대중운동연합UMP은 결국 오를레앙보수주의다. 다시 정리해 보면 초기에 입헌군주제를 지향한 오를레앙보수주의는 극우주의와 전제군주정에 줄곧 반대해 왔고 20세기 이후에는 경제적 자유주의, 유럽연합에 대한 조건부 지지, 반사회주의, 온건개혁주의를 표방해 왔다. 오를레앙보수주의는 보나파르티슴bonapartisme · Bonapartism을 계승한 드골주의gaullisme · Gaullism와 더불어 오늘날 프랑스 우파의 양대 축을 이룬다.

마지막으로 보나파르티슴이다. 보나파르티슴은 나폴레옹 보나파르트 즉 나폴레옹 1세의 통치철학과 프랑스대혁명의 도전 정신을 절묘하게 혼합한 것으로서, 공공질서를 강조하는 한편 나폴레옹 시대 옛 프랑스의 영광을 꿈꾸는 이념이다. 드골 전 대통령의 드골주의가 20세기의 보나파르티슴이다. 드골은 1947년 프랑스인민연합Rassemblement du peuple français, RPF을 설립해 세력을 확장하기 시작했고 1958년 대통령이 된 후 특히 대외 관계에서 보나파르트보수주의를 구현했다. 미국과 소련 두 초강대국 중심의 냉전체제에서 프랑스의 정치적·군사적 독립을 확보하고 '위엄 갖춘 외교정책politique de grandeur'를 구사하여 프랑스를 세계적 강대국으로 유지하는 것이 드골의 비전이었다. 그는 미국의 군사력에 의존하지 않으려고 핵무기를 개발했고, 프랑스 군대의 지휘를 받지 않겠다는 미군 부대의 프랑스 주둔을 거부했다. 에너지 자립을 위해 환경에 해로운 원자력발전소를 집중 건설하고 나토연합군에서 프랑스 부대를 철수시키는가 하면, 두 번씩이나 거부권을 행사하여 영국의 유럽공동체 가입을 저지했다. 한편 드골의 국내정책은 국가 차원의 계획과 통제하에 운영되는 케인스식 수정자본주의와 사회적 보수주의를 지향했다.

드골의 보나파르티슴은 20세기 프랑스 정당정치에서 다음과 같이 이어져 왔다. 드골은 1947년 프랑스인민연합RPF을 창설하여 세력을 키웠고, 1958년에는 드골을 지지하기 위해 신공화국연합L'Union pour la nouvelle République, UNR이 창설되었다. 1968년에는 드골주의를 내건 공화국민주연합Union des Démocrates pour la République, UDR이 결성되었고 1976년에는 다시 자크 시라크Jacques Chirac의 주도하에 공화국연합Rassemblement pour la République, RPR으로 계승되었다. 공화국연합은 2002년에는 프랑스민주연합UDF과 합쳐 프랑스 우파를 대변하는 대중운동연합UMP으로 발전했다. 보나파르티슴을 계승한 드골주의는 대외적으로는 강력하고 위대한 프랑스를 과시하고 대내적으로는 온정적이되 엄격한 통제하에 프랑스 국민의 삶을 '굽어 보살피는' 가부장적 보수주의로서, 오늘날 오를레앙보수주의와 함께 프랑스의 보수세력을 이끌어 가고 있다.

4) 미국

미국에서는 보수와 진보라는 개념이 뒤늦게 등장했다. 미국에서 보수주의자conservative라는 말을 쓰기 시작한 것은 1930년대부터다. 프랑스에서 conservateur라는 말이 쓰인 지 1백 년이 지난 후다. 물론 오늘날의 보편적 보수 개념을 적용할 때 '보수'로 불릴 만한 사상가와 정치인은 18~19세기의 미국에도 있었다. 건국 초기 토머스 제퍼슨의 공화파반연방파와 대립한 존 애덤스를 비롯한 북부연방파의 중앙집권적인 통치 이념이 그렇고, 19세기 전반기에 연방을 구성하는 각 주의 주권을 앞세우면서 남부 보수주의를 이끈 존 칼훈이 그렇다. 19세기 후반에는 미국의 대표적 사회진화론자인 윌리엄 그레이엄 섬너와 존 피스크John Fiske가 있다. 그러나 이들의 보수주의는 급진적인 계몽주의나 혁명세력과 직접 맞부딪치면서 생긴 것이 아니기 때문에 보수나 진보liberal라는 말은 1930년대 이전의 미국에서 쓰이지 않았다. 앞에서 말했지만 20세기 초까지 미국 연방정치는 연방정부의 권력 확대를 경계하고 각 주의 권리를 우선시하는 공화파와 연방을 우선시하는 연방파의 초기 대립을 거쳐, 농업적 영토 제국을 꿈꾼 남부와 상공업적 시장 제국을 꿈꾼 북부의 대립 구도로 전개되어 왔다.

미국에서 보수주의와 진보자유주의liberalism라는 이름을 내건 양분 구도가 생긴 것은 1930년대다. 민주당의 프랭클린 루스벨트 대통령이 자신이 제창한 뉴딜정책의 본질을 '리버럴'로 규정하고, 뉴딜에 반대하는 공화당의 전통주의자들을 '컨서버티브'로 부르면서부터다. 시장과 경제에 대한 연방정부의 개입을 상상할 수 없던 나라에서 민주당 대통령이 갑자기 사회보장정책을 추진하고 시장 개입을

본격화하자 이러한 연방정부의 '횡포'에 저항한 공화당이 '보수'가
된 것이다. 연방정부가 주도한 복지정책과 시장 개입 때문에 미국
이 전체주의 또는 집체주의[34] 국가로 전락할 것이라는 우려가 미국
보수주의의 기원인 셈이다. 반뉴딜로 시작된 미국 보수주의는 두
번의 변화를 거쳐 오늘날 공화당이 주도하는 현대 미국 보수주의로
전개되어 왔다.

먼저 연방정부의 권력 증대에 대한 반대로 시작된 현대 미국 보
수주의는 처음에는 연방정부의 대외 개입에도 반대했다. 대외 개입
을 확대할 경우, 예산과 군사력의 규모가 커지면서 대통령이 자의
적으로 권력을 행사할 우려가 커지기 때문이다. 그러나 공산주의에
대한 공포심과 적대감이 극에 달한 냉전 초기에 보수주의자들은 공
산주의의 봉쇄를 위한 적극적 대외 개입과 국방 예산의 증대를 지
지하는 쪽으로 선회했다. 공산주의라는 악이 선한 미국을 위협한
다는 미국 특유의 양분법적 세계관도 작용했으나(Heale 1990 : 145~
166),[35] 1949년 중국이 공산화되고 1950년 한국전쟁이 발발한 후로
는 개입에 반대할 명분이 약해진 것이다.[36] 이후 미국 보수주의는
둘로 갈라졌다. 연방정부의 군사력 증강을 전제로 하는 적극적 개

---

34 뉴딜 반대자들은 뉴딜에 국가주의(statism), 집체주의(collectivism), 전체주의(totalitarianism) 등
   다양한 이름을 붙였다. Himmelstein, Jerome L.(1990), *To the Right : The Transformation of
   American Conservatism*, University of California Press, p.30.

35 아이젠하워 행정부 당시 미국 내 공산주의 세력에 대한 편집증적 강박감을 표출한 매카시즘
   현상이나 그후의 존 버치 소사이어티(John Birch Society)와 같은 강박적 반공주의도 그 시작은
   반뉴딜 이념이다.

36 불개입 보수주의가 개입 보수주의로 전환한 과정은 Himmelstein, Jerome L.(1990), 앞의 책,
   pp.31~45 참조. 또한 Nash, George H.(1976), *The Conservative Intellectual Movement in
   America : Since 1945*, Basic Books, ch.4 참조.

입주의로 전향한 냉전 보수주의자들이 미국 보수주의의 주류를 자처하고 나서자, 대외 개입에 반대해 온 전통적 보수주의자들은 리버테리언_{자유지상주의자}으로 이름을 바꾸었다. 이제 미국 보수주의의 주류는 작은 정부를 선호하지만 반공을 위해서는 큰 정부를 전폭적으로 지지하는 냉전적 보수주의가 차지하게 되었다.

전통적 보수주의와 결별한 냉전적 보수주의는 1960년대부터는 사회적 · 종교적 전통주의와 결합했다. 자본주의의 타락상과 미국의 종교적 · 도덕적 쇠퇴를 우려하는 도덕적 전통주의[37]와 냉전적 보수주의가 결합한 것이다. 이 양자를 결합시킨 것은 민주당이 1960년대부터 표방한 급진적 리버럴리즘이다. 다시 말해 흑인을 위한 민주당의 민권정책, 낙태와 동성애 허용 등이 보수적 사상이 특히 강한 남부의 백인사회를 자극한 것이다. 남북전쟁 이후 공화당과 북부에 대한 증오심으로 1백 년 동안 민주당의 공고한 아성으로 버텨 온 남부의 백인들이 공화당 지지로 선회하면서 남부가 공화당의 세력 기반으로 바뀌기 시작한 것은 이때부터다.

이상 두 번의 변화를 거치면서 현대 미국 보수주의의 골격은 다음과 같이 짜여졌다. 경제 이념으로서의 미국 보수주의는 조세 증대, 연방 예산 확대, 기업 규제와 같은 연방정부의 개입이 미국의 헌법 정신인 개인의 자유를 침해한다고 믿는다. 사회 이념으로서의 미국 보수주의는 자본주의의 지나친 상업성과 마약, 포르노, 도박, 동성애, 상업주의 미디어 등 도덕적 타락상을 개탄하면서 전통적인

---

37 양자가 접합되는 과정에서 리버테리어니즘을 대표한 인물이 프리드리히 하이에크라면 사회적 · 도덕적 전통주의를 대변한 사람은 리처드 위버다. Weaver, Richard M.(1948), *Ideas Have Consequences*, University of Chicago Press.

가족과 도덕관념이 붕괴되는 것을 막으려고 한다. 외교 이념으로서의 미국 보수주의는 공산주의라는 '악'에 대한 응징을 미국의 도덕적 책무로 여기는 전통을 이어 왔으며, 탈냉전시대에는 '자유의 세계화'를 미국의 책임인 동시에 이익으로 여기고 있다. 곧 경제적으로는 방임주의economic libertarianism, 사회적으로는 전통주의social traditionalism, 외교적으로는 개입주의militant anticommunism가 현대 미국 보수주의의 골격이라고 할 수 있다.

그런데 베트남전에서 패배하고 1970년대의 경기 침체를 겪으면서, 또 1980년대부터 확산된 제3세계의 반미주의 등 내외의 환경이 변화하면서 소위 신보수주의neo-conservatism가 대두했다. 신보수주의를 주도한 신우파New Right는 백인 개신교 노동자들, 보수적 미디어들,[38] 재계의 후원을 받는 보수적 싱크탱크, 민주당의 인종정책과 사회정책에 반발하여 공화당으로 전향한 지식인들이 미국의 전통적 보수세력에 가세하여 형성된 것이다. 그 바탕에는 레이건Ronald Reagan 대통령 이후 가속화된 재계와 공화당의 유착, 기독교 우익의 정치 세력화, 공화당 자체의 우경화, 남부 및 서부의 선벨트sunbelt 지대와 군수·항공산업의 새로운 중심지로 대두한 건벨트gunbelt 지대가 공화당의 지지 기반으로 바뀐 것 등 다양한 요인이 있다.

탈냉전을 전후한 1990년부터 2000년대 전반기까지 미국을 이끌어 온 신보수주의는 미국과 소련의 대결을 선과 악의 대결로 보고 미국의 도덕성과 우월성을 맹신한 냉전시대 미국 보수주의의 연장

---

38 미디어를 통한 기독교우파의 공세 및 정치 세력화 과정을 분석한 것으로는 Diamond, Sara (1989), *Spiritual Warfare : The Politics of the Christian Right*, South End Press를 참조.

선상에 있다. 다만 '반공'의 자리를 '미국 중심의 세계화'가 차지했다는 점만 새롭다. 현대 미국의 신보수주의는 사실상 민주당의 전통적인 외교 이념과 공화당의 전통적인 내정 이념을 결합한 하이브리드 보수주의다. 제1차 세계대전 이후 민주당의 외교적 신념처럼 굳어진 십자군적 메시아니즘crusades diplomacy과 공화당의 오랜 전통인 '작은 정부'의 이념이 결합된 것이기 때문이다. 2006년 중간선거 후 신보수주의의 기세가 일단 꺾였지만, 미국 외교의 태생적 속성인 선악 이분법적 세계관과 메시아니즘은 앞으로도 미국의 외교에 일종의 숙명처럼 작용할 것이다.[39]

　지금까지 정리한 서구 보수주의의 기원과 전개 과정을 보면 나라마다 시대마다 정치적 보수의 내용과 의미가 다르다는 것을 알 수 있다. 그러나 시공간의 차이를 초월한 보수 이념과 정치적 보수 개념의 보편적 특징 또한 발견할 수 있다. 그 특징이란 급격한 변혁에 대한 의구심이며 작위적 평등주의에 대한 반감이다. 이념으로 말하자면 자유시장주의와 반공·반사회주의다. 프랑스의 보나파르티슴처럼 과거의 영광을 재현하려는 낭만적 쇼비니즘 또한 보수주의의 한 단면이다. 그러면 유럽과 다른 길을 걷다가 유럽 중심의 세계사에 강제로 편입된 19세기 이후의 동아시아에서는 보수라는 개념이 어떻게 만들어지고 또 어떻게 전개되었는가?

---

39 미국 신보수주의의 역사적 배경과 전개 과정에 대해서는 다음을 참고. 남궁곤 편(2005), 『네오콘 프로젝트 : 미국 신보수주의의 이념과 실천』, 사회평론. 현대 미국 보수주의의 형성 과정과 신보수주의가 미국정치사에서 갖는 역사적 의미에 대해서는 권용립(2003), 앞의 책, pp.256~272 참조.

4. 동아시아의 보수와 수구

　정치적 · 사회적 개념은 현실에서 나온다. 그러나 일단 생겨난 다음에는 개념이 거꾸로 정치적 · 사회적 현실을 만들고 조종한다. 제3절에서 본 것처럼 서구에서는 정치적 현실 속에서 '보수'라는 철학과 개념이 생겼고, 그렇게 생겨난 보수가 '진보'라는 개념과 더불어 그 이후의 현실을 만들어 왔다. 그런데 19세기 말의 조선에서는 보수라는 개념이 정치적 현실 속에서 만들어지지 못했다. 그 대신 보수와 진보라는 번역어가 먼저 생겨났다. 현실에서 나오지 않은 개념이 현실을 설명하고 구성하기 시작한 것이다.

　지금부터는 19세기 말의 동아시아에서 번역어 보수가 생겨난 과정을 살펴본다.

번역어 保守와 守舊의 탄생

19세기 후반부터 동아시아로 유입된 근대 서구의 정치적·사회적 개념들은 이후 동아시아의 역사에 깊숙이 개입해 왔다. 대표적인 것이 민족·국민nation, 주권sovereignty, 자유freedom, 평등equality, 진보progress 등이다. conservative보수적·보수주의자라는 말도 비슷한 시기에 들어왔다. 그러나 국민, 주권, 자유처럼 단독 개념으로 들어온 것이 아니라 Conservative Party영국 보수당라는 고유명사에 묻어 들어왔다. 다시 말하면 보수는 처음에는 서양 고유명사의 번역어였다가 지금의 보수를 뜻하는 관형어와 개념으로 전환했다. 특히 조선은 일본과 중국의 번역 선례를 받아들이는 쪽이었다. 예컨대 중국과 일본을 거쳐 들어온 서구의 신개념을 조선의 지식계층에 확산시킨 초기 통로인 『한성순보』[40]는 외국 사정을 소개하는 코너인 「각국근사各國近事」에서 『상하이신보上海申報』를 비롯한 중국 신문들의 기사를 한문 그대로 전재했으며, 일본의 『관보官報』와 후쿠자와 유기치가 발행한 『시사신보時事新報』의 기사는 일본어를 한문으로 간추려 번역해서 실었다이한섭 2010 : 29~30). 따라서 우리말 보수가 conservative의 번역어로 정착한 과정은 동아시아 전체 관점에서 살펴보아야 한다.

당시 동아시아는 서구에서 들어오는 신개념을 번역할 때 새로운 신조어를 만들거나 기존 한자를 빌려 쓰는 차용의 방식을 썼는데, 보수는 차용 방식을 통해 생긴 개념이다. conservative, conservatism을

---

40 『한성순보』는 1883년 10월 31일부터 1884년 12월까지 열흘에 한 번씩 발행했고 발행 부수는 최대 1천 부 정도였다. 『한성순보』에서 중국, 일본, 동남아, 서양의 해외 정세를 소개한 「각국근사(各國近事)」가 전체 기사의 65.4퍼센트나 차지했다. 이한섭(2010), 「개화기 일본 신문명 어휘의 도입에 대하여 : 한성순보를 중심으로」, 『일본학연구』 제30집, p.26.

번역하기 위해 따로 신조어를 만들지 않은 것은 conservative와 뜻이 비슷한 한자어 守舊나 保守가 이미 있었기 때문이다. 그러나 더 큰 이유는 서유럽의 보수 개념이 프랑스대혁명 이후 좌와 우, 자유주의와 사회주의라는 두 이념이 충돌하는 과정에서 생긴 것이라는 역사적 사실을 처음에는 이해하지 못했기 때문이다. 서양에만 있는 개념처럼 보여야 신조어를 새로 만들 것인데 그럴 필요까지 못 느낀 것이다.

당시 동아시아의 진보적 지식인들이 서구의 보수 개념을 제대로 이해하지 못한 까닭을 더 구체적으로 보자. 첫째, 에드먼드 버크를 비롯한 초기 보수주의 사상가들은 자신의 사상에 conservatism이라는 이름을 붙이지 않았다. 우리가 '보수주의자'로 번역하는 프랑스어 conservateur가 처음 쓰인 것이 1818년이며, 이때부터 19세기 중반까지는 주로 고유명사 내지 고유명사의 일부로 쓰였다. 예를 들어 영어 conservative와 독일어 Konservative는 1830년대 이후 영국 토리당의 별칭이 된 보수당Conservative Party과 1948년의 프러시아 보수당Konservative Partei 및 1876년의 독일보수당Deutsch Konservative Partei 의 당명에나 쓰이는 정도였다. 이처럼 서구에서 conservative, conservatism은 19세기 중반까지 독자적인 개념으로 널리 쓰이지 않았다.

둘째, conservative를 서양에만 있는 낯선 개념으로 보지 않은 또 다른 이유는 19세기 후반 동아시아의 정치적 현실에서 찾을 수 있다. 전쟁을 겪어 보아야 평화라는 개념이 필요한 것처럼 정치적 대변혁을 겪고 나야 conservative라는 말의 정치적 의미를 체득할 수 있다. 그런데 당시의 동아시아는 프랑스대혁명과 같은 총체적 변혁을 경험하지 못했다. 지배층 내부의 개혁 / 반동과 권력층 내부의 정변만 난무하던 당시의 동아시아 지식인들로서는 급진적이고 총체적인 변혁을 혐오하면서 생겨난 conservative라는 개념을 역사적이고 정치적인 안목으로 보기 힘들었을 것이다. 동아시아가 겪지 못한 새로운 생각과 현상을 뜻하는 말로 여기지 않았기 때문에 영국 Conservative Party의 첫 번역어로 선택된 말은 '수구당'이었다. '옛 것을 따르다'라는 뜻으로 사용해 온 일상어 수구의 의미를 그대로 차용한 것이다. 다시 말해 Conservative를 소문자로 시작되는 con-servative로 받아들인 것이다. 얼마 지나지 않아 '지금 것을 지키다'라는 뜻으로 써온 보수가 수구를 제치고[41] conservative의 번역어가 되기는 했지만, 보수와 수구는 상당 기간 별다른 구별 없이 혼용되었다. conservative를 역사적 · 정치적 개념으로 이해하기에는 때가 일렀던 것이다.

19세기 동아시아의 이중어사전들을 찾아보아도 1870년대까지는 영어 conservative나 한자어 保守, 守舊 둘 다 개념은커녕 독립 어휘로도 대접받지 못했다. 영국 선교사 로버트 모리슨Robert Morrison · 馬禮遜, 1782~1834이 『강희자전康熙字典』을 토대로 편찬하여 1822년 동인도회사에서 출간한 『화영자전華英字典 · A Dictionary of the Chinese Language』[42]은 중국어 발음을 알파벳 순서에 따라 정리한 중국어 사전이다. 이것이

---

41 守舊와 마찬가지로 保守도 한자문화권에서 옛날부터 써온 말이다. '수구'가 이전부터 전해 내려오는 바를 따르고 지킨다는 뜻인 데 비해, '보수'는 현재 있는 것을 애써 지킨다는 뜻이다. 기원전 전한시대의 『전국책戰國策』에서 14세기 나관중이 쓴 『삼국지통속연의』에 이르기까지, 그리고 현대 중국에서도 保守는 보위保衛 · 수호守護 · 보호保護를 뜻하는 말로 계속 쓰이고 있다. 이처럼 保守, 守舊는 일상어로 이미 쓰여 왔기 때문에 민족, 주권, 자유, 진보처럼 19세기 후반에 번역을 위한 신조어를 만들면서 동아시아에 들어온 개념들과는 태생이 다르다.

42 Morrison, Robert(1865), A Dictionary of the Chinese Language, 2 vols., 3rd ed., Trübner & Co.

1865년 재출간되었는데 재출간본을 찾아보면, 守SHOW 항목에 守備·守節·守法만 수록되어 있고 守舊는 없다(Morrison 1865 vol.2 : 296). 保PAOU 항목에도 保全·保全身命·保護는 수록되었으나, 保守는 수록되지 않았다(Morrison 1865 vol.2 : 126). 아직 수구나 보수가 사전에 수록될 만한 독립 어휘로 쓰이지 않았다는 증거다.

1847년에 영국 선교사 메드허스트Walter Henry Medhurst · 麥都思, 1796~1857 가 편찬한 두 권짜리 영·중사전 *English and Chinese Dictionary*[43] 에는 한자어 保守가 영어의 뜻풀이에 나오는데, 개념이 아니라 동사로만 나와 있다. 즉 to conserve의 의미를 세분하여 to keep지키다 은 守藏·存守로 풀이했고, to preserve보존하다는 保存·保守로 풀이한 것이다(Medhurst 1847 vol.1 : 296). conservative는 물론 없다.

1872년 미국인 둘리틀Justus Doolittle · 盧公明, 1824~1880이 편찬한 영·중官話사전인 *Vocabulary and Handbook of the Chinese Language Romanized in the Mandarin Dialect*[44]에는 conserve만 保全이라는 뜻으로 수록되어 있을 뿐, conservative나 conservatism은 수록되지 않았다(Doolittle 1872 vol.1 : 94). 또 keep, protect, defend 등 한자어 保守에 가까운 영어 단어를 풀이할 때도 保守라는 말은 쓰지 않았다.

1887년 중국인 광치차오鄺其照가 펴낸 영·중사전 *An English and Chinese Dictionary*[45]에도 conservatory는 能保全者로, conserve는

43 Medhurst, Walter Henry(1847~1848), *English and Chinese Dictionary*, 2 vols., Mission Press.

44 Doolittle, Justus(1872), *Vocabulary and Handbook of the Chinese Language : Romanized in the Mandarin Dialect*, 2 vols., Rozario, Marcal and Co.

45 Kwong Ki Chiu(1887), *An English and Chinese Dictionary, Comp. from the Latest and*

保全(Kwong 1887 : 76)으로, 그리고 to defend는 保護(Kwong 1887 : 94)로, to protect는 保·保護(Kwong 1887 : 268)로, to keep은 守·看守·留下(Kwong 1887 : 188)로 풀이되어 있다. 여기에서는 保와 守가 떨어져 있고 conservative, conservatism은 단독 어휘로 수록되지 않았다. 뜻이 비슷한 다른 어휘의 뜻풀이에도 保守나 守舊라는 말은 쓰이지 않았는데, 중국에서는 20세기 초까지 이런 추세에 큰 변화가 없었다. 1905년 맥길리브레이D. MacGillivray가 편찬한 중국어사전 *A Mandarin-Romanized Dictionary of Chinese*[46]에 保守가 나오기는 하지만, to defend방어하다라는 한자어의 전통적 의미로 풀이되어 있다(MacGillivray 1905 : 568). 또 守護, 守節 등 守 자로 시작하는 웬만한 어휘는 나오지만 守舊는 보이지 않는다(MacGillivray 1905 : 676).

일본은 1854년 개항 이후 막부와 메이지정부가 서양에 시찰단, 사절단, 유학생을 대거 파견하여 이들의 기록물과 서양 서적 번역을 통해 서구의 보수 개념을 비교적 빨리 수용했다. 다만 일본에서도 1870년대 이전에는 보수나 수구가 번역을 거친 단독 어휘로 잘 쓰이지 않았다. 물론 '지금 것을 보존해서 지키다'라는 뜻을 가진 동사로서의 보수는 1867년에 나온 『게이오 재판 영화대역사서慶應再版英和對譯辭書』에서 영어 단어 espouse옹호하다의 뜻풀이에 쓰인 적이 있다.[47] 그렇지만 에도막부 말에 일본에 온 미국인 의사 헵번James C.

footnote: Best Authorities, and Containing All Words in Common Use, with Many Examples of Their Use, Wah Cheung.

46 MacGillivray, D.(1905), *A Mandarin-Romanized Dictionary of Chinese with Supplement of New Terms and Phrases, Now Current*, Presbyterian Mission Press.

47 佐藤亨(2007), 『幕末·明治初期 漢語辭典』, 明治書院, p.773.

Hepburn이 비슷한 시기에 편찬한 『화영어림집성A Japanese and English Dictionary · 和英語林集成』[48]의 1867년 초판에는 일본어의 어휘로 保守hoshu 나 守舊shukyu, shukiu가 수록되지 않았다(Helpburn 1867 : 125, 424). 이 사전에 수록된 모든 번역어를 색인한 『화영어림집성 초판 역어총색인 和英語林集成初版譯語總索引』[49]을 보아도 conserve만 나오고 conservatism, conservative는 없다.[50]

conservative, conservatism이 독립 어휘로 일본에 소개된 것은 1870년 무렵일 것이다. 1872년에 나온 영 · 일사전인 『영화대역사서英和對譯辭書』[51]에는 conservatism, conservative가 모두 수록되어 있기 때문이다. 다만 일상어로 소개되었기 때문에 conservatism과 conservation 둘 다 守護수호로 번역되었다. 오늘날 '보수적 · 보수주의자'를 뜻하는 conservative도 '守護하는'으로만 풀이되었다(荒井郁之助 1872 : 95).

일본에서 보수가 conservative의 번역어로 정착하고 또 번역어 보수에 서유럽의 정치적 보수 개념이 조금씩 스며들기 시작한 것은 1870년대 초 · 중반 이후다. 우선 영국의 Conservative Party를 보수

---

48 일본어를 영어 발음을 기준으로 하여 알파벳순으로 정리한 일 · 영사전이다. Hepburn, James C.(1867), *A Japanese and English Dictionary : With an English and Japanese Index*, American Presbyterian Mission Press.

49 飛田良文 · 菊地悟 編(1996), 『和英語林集成初版譯語總索引』, 笠間書院.

50 1873년판*A Japanese and English Dictionary : With an English and Japanese Index, Abridged by the Author*, A. D. F. Randolph & Co.)에도 保守(hoshu)나 守舊(shukyu 또는 shukiu)가 수록되지 않았다(p.77, pp.250~255).

51 荒井郁之助(1872), 『英和對譯辭書』, 小林新兵衛. 참고로 守護(Shugo)는 일본 가마쿠라막부(鎌倉幕府, 1185~1333)와 무로마치막부(室町幕府, 1337~1573) 시대 각 국(國)에 설치된 군사지휘관, 행정관의 직제명이기도 하다.

당으로 번역하기 시작했다. 1870년대 초 구메 구니타케久米邦武가 미국과 유럽을 시찰·여행하면서 쓴 『미구회람실기米歐回覽實記』에 영국의 Conservative Party가 보수당으로 번역된 것이다.[52]

일본에서 보수·수구와 개진·개화가 영어와 독일어 개념의 번역어로 정착한 것은 독일 법학자 블룬칠리Johann Casper Bluntschli가 1869년에 쓴 『정당의 특징과 정신Charakter und Geist der Politischen Parteien』이 『국정당론國政黨論』이라는 제목으로 번역된 1877년 이후다.[53] 독일어 Liberalismus자유주의와 Konservatismus보수주의가 각각 개진改進과 보수로 번역된 것이다.

이후 일본에서 간행된 이중어사전들은 보수와 수구를 독립 어휘로 다루기 시작했고 그 뜻도 오늘날의 보수와 수구에 근접하기 시작했다. 롭샤이트William Lobscheid 또는 Wilhelm Lobscheid · 羅布存德, 1822~1890가 1866~1869년 홍콩의 데일리프레스에서 네 권으로 간행한 영·중 사전 『영화자전英華字典』을 이노우에 데쓰지로井上哲次郎가 개정하여 도쿄에서 출간한 것이 1883년판 『정증 영화자전訂增 英華字典』[54]인데, 여기를 보면 conservative와 conservatism이 1870년대 말부터 1880년대 초반에 걸쳐 일본에 들어왔다는 것을 알 수 있다. 『정증 영화자전』에는 conservatism 즉 보수주의가 "desire and effort to preserve

---

52 구메 구니타케(久米邦武)가 쓴 『미구회람실기(米歐回覽實記)』의 「런던의 기록(倫敦府ノ記)」(1872. 8. 2)을 보면 "보수당의 디즈레일리 씨가(保守黨ノヂスレリー氏ガ)"라는 말이 있다. 佐藤亨(2007), 앞의 책, p.773에서 인용.

53 山田央子(1999), 『明治政黨論史』, 創文社, p.20 ; 이태진(2003), 「한국 근대의 수구·개화 구분과 일본 침략주의」, 『한국사 시민강좌』 제33집, 일조각, p.54.

54 羅布存德(原著) · 井上哲次郎(訂增)(1883), 『訂增 英華字典』(An English and Chinese Dictionary), by the Rev. W. Lobscheid as Revised and Enlarged by Tetsujiro Inouye, Fujimoto.

what is established, 存舊之理, 守舊之理(기존의 것을 보존하려는 욕구와 노력, 예부터 있는 것을 보존하는 도리, 예부터 있는 것을 지키고 따르는 도리)"로 풀이되어 있다. 또 conservative는 "preservative, 可保存的보존하는·보존 가능한"으로, conservative principle은 "泥今政嘅道理(현재의 정치를 고집하는 도리),[55] 守舊之理"로 번역되어 있다. 명사 conservative보수주의자는 "one who wishes to maintain an institution, or form of government in its present state, 守舊法者, 泥今政者(제도나 정부 형태를 지금 있는 그대로 유지하고 싶은 자, 옛 법도를 지켜 따르는 자, 현 정치를 고집하는 자)"로 번역되어 있다(Lobsheid 1883 : 301). 역시 이노우에 데쓰지로가 편찬한 『철학자휘哲學字彙』를 아리가 나가오有賀長雄가 증보하여 1884년 출판한 『개정증보 철학자휘』를 보면 conservatism이 오늘날의 번역어인 보수주의 또는 '구습을 따르면서 고치려 들지 않는 방침'을 뜻하는 인순론因循論으로 번역되어 있다(佐藤亨 2007 : 773). 이처럼 『정증 영화자전』과 『철학자휘』의 뜻풀이와 번역으로 보건대 1880년대에 접어들면서 일본에 서구의 정치적 보수 개념이 처음 유입되었다고 짐작할 수 있다. 다만 보수와 수구를 한동안 같은 말로 쓴 것으로 미루어 볼 때 두 개념의 의미나 가치를 본격적으로 구별하지는 않았다.

1880년대 중반 이후 일본에서 출판된 이중어사전들은 conservative, conservatism을 번역할 경우 『정증 영화자전』과 『철학자휘』가 제시한 기준을 따랐다. 1886년에 탈고하여 1888년 출판한 헵번의 『화

---

55 泥今政嘅道理의 '嘅'는 중국 일부 지역에서 '的' 대신 쓰여 왔다. 이 사전도 원래 홍콩에서 출판되었기 때문에 泥今政嘅道理는 泥今政的道理로 읽어야 한다. 그러면 '지금의 정치에 빠져 있는 도리' 또는 '지금의 정치를 고집하는 도리'가 된다.

영 · 영화어림집성和英英和語林集成 · *A Japanese-English and English-Japanese Dictionary*』[56]을 보면 보수Hōshu, 보수당Hōshuto, 보수가保守家 : 보수주의자, Hōshuka가 모두 수록되어 있다. Hōshu보수는 "변화나 진보에 반대하는 conservative, opposed to change or progress"으로 풀이했고, Hōshuto보수당는 "conservative party"라고 되어 있다. 그리고 Hōshuka保守家는 "a conservative"로 옮겼다(Hepburn 1888 : 180). conservative는 이 사전의 전반 부인 화영사전에도 나오지만 후반부인 영화사전에서는 Shukyu守舊로 번역되었다. 보수주의자를 뜻하는 conservative가 일본어 발음의 영어 표기대로 "Injun naru hito因循なる人(인순하는 사람 즉 구습을 따르는 사람), shukyuka守舊家, hoshuka保守家"로 풀이된 것이다. 또 conservative party는 "shukyuto守舊黨, hoshuto保守黨, gwankoto頑固黨"로 다양하게 번역했다(Hepburn 1888 : 809).

일본에서 보수와 수구의 뜻 차이가 사전에 나타날 만큼 보편화된 것은 1880년대 말에서 1890년대 초 · 중반 무렵이다. 1896년에 출간된 브링클리Frank Brinkley의 『화영대사전和英大辭典 · *An Unabridged Japanese-English Dictionary*』[57]에 이르면 Hōshu保守, Shukyū守舊, Shukyūto守舊黨는 물론이고 Hoshushugi保守主義까지 독립 어휘로 함께 수록되었다. 이 사전은 Hōshu保守를 "The disposition to preserve what is established ; opposition to change or progress ; conservatism(기존에 수립된 바를 지키려는 성향 : 변화나 진보에 대한 반대 : 보수주의)"으로 풀이했다. Hoshushugi

---

56 Hepburn, J. C.(1888), *A Japanese-English and English-Japanese Dictionary*, 4th ed., Z. P. Maruya and Co.

57 Brinkley, Frank(1896), *An Unabridged Japanese-English Dictionary, with Copious Illustrations*, Sanseidō.

保守主義는 "conservative principle ; conservatism(보수적 원칙 ; 보수주의)"으로 풀이했다(Brinkley 1896 : 389). Shukyū守舊는 "adhering to old customs ; conservative(낡은 관습에 애착하는 것 ; 보수적)"로 풀이했고, Shukyūto守舊黨는 "conservative party"로, Shukyūka守舊家 : 수구주의자는 "one adheres to old customs ; a conservative(낡은 관습에 집착하는 사람 ; 보수주의자)"로 풀이되었다(Brinkley 1896 : 1340). 수구당을 보수적 정당으로 풀이하고 수구주의자를 보수주의자로 풀이하기는 했지만 Hōshu保守와 Shukyū守舊의 뜻과 가치를 구별한 것이다. 이로써 1890년대의 일본에서는 일상적으로 두 개념을 혼용하면서도 정치적 담론에서는 서구의 보수와 동아시아의 수구를 구별하고 있었다는 것을 알 수 있다.

이상의 조사를 종합해 보면 일본에서 보수당이라는 번역어가 처음 쓰인 것은 1870년대다. 일본에 conservative · conservatism이 독립 어휘로 유입된 것 또한 1860년대 말에서 1870년대 초반일 것이며, conservative · conservatism의 번역어가 보수主義로 굳어지면서 서구의 정치적 보수 개념이 초보적으로 수용된 것은 1880년대로 추정된다. 특히 보수, 수구, 완고는 동아시아 전역에서 conservative, conservatism의 번역어로 혼용되었다. 일본이 서유럽과 동아시아의 보수를 각각 보수와 수구로 구별한 1880년대 이후에도 이것들을 conservative의 번역어로 같이 쓰는 관행이 계속된 것이다.

중국과 마찬가지로 조선도 일본에 비해 늦었다. 프랑스 신부 리델Felix-Clair Ridel이 1880년 파리외방선교회 조선지회의 이름으로 펴낸 『한불ᄌ뎐』[58]은 '보슈保守ᄒ다'라는 항목을 수록했지만 보수의 동사

---

58 Les Missionaires de Corée de la Société des Missions étrangères de Paris(1880),

뜻 그대로 "Conserver et garder(보존하고 수호하다)"로 풀이했다(Les Missionaires de Corée de la Société des Missions étrangères de Paris 1880 : 337). 영한사전으로는 호러스 그랜트 언더우드의 영한사전[59]과 제임스 스콧의 영한사전[60]에 이어 1897년 제임스 스카스 게일이 펴낸 『한영ㅈ뎐』[61]이 있는데, 『한영ㅈ뎐』에는 保a Security, a guarantee, 保ㅎ다to guarantee, to go security만 나올 뿐 이 둘을 합친 保守는 단독 어휘로 나오지 않는다. 保守와 비슷한 말로 '保護ㅎ다'가 수록되었지만 글자 그대로 "to defend, to protect, to preserve"로 풀이했다(Gale 1897 : 428). 다만 '슈구守舊'는 "standing by old custom, conservatism"으로 풀이하고 '슈구하다'는 "to hold to ancient customs, to be conservative(옛 관습에 집착하다, 보수적, 수구적인 것)"로 풀이했다(Gale 1897 : 612). 이렇게 보면 1890년대 중반까지 조선에서는 보수가 conservative와 conservatism의 번역어로 대중화되지 못했다. 일본의 영향 때문에 보수와 수구의 의미를 구별하면서도 당시의 『한성순보』나 『황성신문』에서는 수구를 conservative의 번역어로 보수와 함께 쓰고 있었던 것이다.

지금까지 19세기 동아시아 삼국의 이중어사전들을 살펴보았는데 이를 토대로 다음과 같은 추론이 가능하다. 첫째, 영어 conservative, conservatism은 1870년대를 전후하여 동아시아에 들어왔다.

Dictionnaire Coréen-Francais, C. Lévy Imprimeur Libraire.
59 Underwood, Horace Grant(1890), *A Concise Dictionary of the Korean Language : In Two Parts, Korean-English & English-Korean*, Yokohama : Kelly & Walsh ; London : Trübner ; New York : A.D.F. Randolph.
60 Scott, James(1891), *English-Corean Dictionary : Being a Vocabulary of Corean Colloquial Words in Common Use*, Church of England Mission Press.
61 Gale, James S.(1897), *A Korean-English Dictionary*, Yokohama ; Shanghai ; Hongkong ; Singapore : Kelly & Walsh Limited, pp.426~427.

1870년대 이전에는 conservative, conservatism과 같은 말이 동아시아의 이중어사전에 나오지 않는다. 이것은 19세기 중반까지는 서구에서도 conservative, conservatism이 독립 개념으로 완전히 정착하지 못했다는 간접 증거가 된다. 둘째, 이 영어 어휘들이 처음에는 일상어로 수용되었기 때문에 보존, 수호, 수구와 같은 기존 한자어를 그대로 이용하여 번역했다. 셋째, 보수와 수구는 1870년대 말부터 1880년대에 걸쳐 일본을 필두로 동아시아에서 conservative의 번역어로 쓰기 시작했다. 중요한 것은 보수와 수구가 conservative의 공동번역어로 대두한 것과 동시에 일본에서 양자에 구별이 시작되었다는 점이다. 보수와 수구라는 번역어의 혼용과 차별화가 동시에 진행된 것이다.

다시 말하지만 1870년대만 해도 일본에서 보수와 수구는 딱히 구분되지 않아 conservatism을 수구주의로 번역했다. 예를 들어 1877년 7월 28일자 『도쿄니치니치신문東京日日新聞』에는 "우리나라 금일의 정론가로서 1인이라도 스스로 수구주의라고 하는 자를 조야에서 보지 못한다"라는 내용의 논설이 있다. 여기에서 "수구라고 하면 하나같이 이를 저기詆譏(꾸짖고 비웃다)하여 자유의 원적怨敵으로 여기고 이를 배척하여 민권의 원수"[62]로 여긴다고 쓴 것을 보면, 당시 일본에서 수구라는 말이 이미 정치적으로 부정적으로 쓰이고 있었다는 것을 엿볼 수 있다. 보수와 수구를 conservative의 번역어로 혼용하면서도 '수구'는 버려야 할 과거에 대한 어리석은 집착을 뜻하는 말로, '보수'는 지켜야 할 훌륭한 유산의 수호를 뜻하는 말로

---

62 이태진(2003), 앞의 논문, p.55.

쓴 것이다. 1879년 1월 22일자 『도쿄니치니치신문』 사설도 "유신의 혁명은 개진주의로서 수구주의를 타파하는 데에서 나오고, 그 세력은 본래 보수를 원할 겨를이 없었으며, 만약 이를 뒤돌아보면 개진改進의 예봉이 둔화되어 수구에 빠지기 때문에 보수의 옳음을 알아도 이를 파훼하지 않을 수 없는 기운"(이태진 2003 : 56에서 재인용) 속에 있다고 하여 보수와 수구를 혼용하면서도 구별하기 시작한 당시 일본의 정황을 엿볼 수 있게 한다.

　이처럼 1870년대 말부터 일본은 수구를 시대착오 · 퇴영 · 완고 · 무능 · 무지를 두루 표상하는 말로 전락시켰고, 이를 조선과 중국의 보수파에게 곧바로 갖다 붙였다. 조선과 중국의 외세배격파를 수구로 매도하고 나선 것이다. 일본은 조선 조정을 개화파와 수구파로 나누었고, 1882년 임오군란이 일어나자 대원군 일파를 수구파로 지칭하면서 비난했다. 갑신정변 직후에는 대원군의 앙숙인 명성황후를 수구로 지칭했다. 수구를 조선과 중국의 척사파와 반일 세력을 매도하는 수사로 쓴 것이다. 이처럼 수구가 가치중립적인 일상어에서 경멸적인 정치적 수사로 변질되면서 한때 수구당으로 번역하던 영국의 Conservative Party도 보수당으로 번역하기 시작했다. 앞에서 말한 구메 구니타케의 『미구회람실기』가 영국의 Conservative Party를 보수당으로 번역한 것은 이런 추세를 예고한 것이다.

　서구의 보수파는 보수로, 조선과 중국의 보수파는 수구로 구별하는 일본의 차등적 세계관은 1880년대부터 동아시아 전체로 확산되었다. 이때부터 영국의 Conservative Party와 Liberal Party는 동아시아 전역에서 각각 보수당과 개진당 나중에 자유당으로 번역되기 시작했으며, 조선과 중국의 보수세력은 수구로 전락했다. 서구의 보수는 '보수'로, 동아시아의 보수는 '수구'로 차별하는 일본의 선례를 주도적으로 받아들인 것은 조선의 개화파와 중국의 개혁파였다. 조선에서는 1880년대 중반의 『한성순보』가 영국 정세를 소개하는 기사들에서 Conservative Party와 Liberal Party를 각각 보수당과 개진당으로 번역하기 시작했다. 1890년대의 『독립신문』은 조선과 중국의 정세는 완고당·수구당과 개화당·개진당의 대결 구도로 기술했지만, 서구의 정세는 보수당과 개진당, 보수당과 급진당 또는 보수당과 진보당의 대결 구도로 서술했다. 1895년에 나온 유길준의 『서유견문西遊見聞』역시 이 점에서는 마찬가지다.

중국에서 보수와 수구를 구별하는 관행은 1880년대 중반부터 정착한 것으로 보인다. 량치차오梁啓超 등 청조 말의 변법개혁파는 서태후를 비롯한 보수파를 수구로 지칭함으로써 서구의 보수와 구별했다. 『시무보時務報』의 주필을 지내면서 변법자강 즉 서구 문물의 수용과 정치 개혁을 주도적으로 계몽한 량치차오는 서태후가 광서제를 폐위하고 개혁파를 처단한 1898년의 무술정변 이후 일본에 망명했는데, 그가 일본에서 발행한 『청의보淸議報』와 『신민총보新民叢報』를 보면 광서제를 따른 개혁파는 유신당維新黨으로, 서태후를 둘러싼 반동 세력은 수구당으로 구별했다. 개혁적인 지식층이 앞장서서 수구를 부정적인 관형어 내지 개념으로 썼다는 점에서는 조선이나 중국이나 마찬가지였다.[63]

---

63 19세기 말부터 20세기 초에 걸쳐 중국 개혁파의 담론에서 개혁과 서구 과학기술의 수용을 뜻하는 유신(維新)의 대척 개념이 '수구'로 정착한 과정은 다음 글을 순서대로 참조. 湘鄉 曾廣銓 (1897), 「日本維新守舊兩黨論兵備(일본 유신, 수구 양당의 군비론)」, 『時務報』 제49책(1897. 12. 24), p.16 ; 錢塘 汪大鈞(1899), 「論變法當務爲難(변법 시행의 어려움을 논함)」, 『時務報』 제66책

이들은 서구 정세를 소개할 때는 개진당, 유신당의 반대말로 보수당을 썼다.[64] 다만 이런 경향이 처음부터 확고한 것은 아니라서 때에 따라서는 중국의 보수세력을 보수로 지칭하기도 했다.[65] 보수주의가 서양에서 어떤 정치철학이며 어떤 정치적 내용을 갖고 있는지 잘 몰랐기 때문인지 보수주의를 구화주의歐化主義(서구화를 중국의 구국 방책으로 삼는 것)의 반대말로 쓰기도 했다.[66] 량치차오는 보수주의를 진화주의 즉 진보주의의 반대말로 쓰는가 하면,[67] 보수를 진화·진취의 일상적 반대말로 쓰기도 했다.[68] 유신과 수구를 한 쌍의 대립 개념으로 사용하던 량치차오가 "세상만사는 두 가지 주의를 벗어나지 않는다. 하나는 보수고 다른 하나는 진취다世界上萬事之現象 不外兩大主義 一曰保守 二曰進就"라고 말했을 때에는[69] 보수를 일상어 진취의 반대말로

(1898. 7. 9), pp.1~3 ; 「匯紀立嗣事及京內外近日情形與外人議論(후계자를 세우는 일과 수도 안 팎의 근황 및 이에 대한 외국인의 의논을 모아 기록함)」, 『淸議報』 제38책(1900. 3. 11), pp.9~12 ; 天下健者(1900), 「書湖北大獄(호북지방의 큰 옥사에 대해)」, 『淸議報』 제60책(1900. 10. 14), pp.1~4 ; 無住(1906), 「爲富貴人計到底不如專制 // 守舊維新總以不害其富貴功名爲原則(부귀한 자들을 위한 계책으로는 전제만 한 것이 없다 // 수구와 유신은 항상 부귀와 공명을 해치지 않는 것을 원칙으로 한다)」, 『新民叢報』 제76호(1906. 3. 9), pp.99~110. https://www.sinology.org/(2014. 6. 22 검색).

64 예를 들면 古城貞吉(1897), 「列國去年情形(지난해 각국의 형세)」, 『時務報』 제19책(1897. 3. 3), pp.21~23 ; 秋桐(1914), 「政力向背論(정치 세력의 향배를 논함)」, 『甲寅』 제1권 제3호(1914. 7. 10), pp.1~23.

65 湘鄕 曾廣銓(1897), 「中國時務論(중국의 당면 과제를 논함)」, 『時務報』 제48책(1897. 12. 14), pp.12~14.

66 匪石(1903), 「浙風篇(續完)」, 『浙江潮』 제5기(1903. 6. 15), pp.13~22.

67 梁啓超(1899), 「論支那宗敎改革(중국의 종교개혁을 논함)」, 『淸議報』 제19책(1899. 6. 28) ; 이혜경(2002), 『천하관과 근대화론 : 양계초를 중심으로』, 문학과지성사, p.239 참조..

68 예컨대 公奴隸力山(1901), 「說奴隸(노예 문제를 설함)」, 『淸議報』 제80책(1901. 5. 28), pp.1~4. 이 글은 자유의식을 지닌 국민을 진취로, 노예의식에 얽매인 국민을 보수로 빗대면서 중국인의 노예의식이 삼강론(三綱論)에서 비롯된 것이라고 비판하는 내용이다.

69 이혜경(2007), 『량치차오 : 문명과 유학에 얽힌 애증의 서사』, 태학사, p.117에서 인용. 량치차

쓴 것이다. 물론 보수는 '지금 것을 지키다'라는 뜻의 전통적 동사의 용법으로도 계속 쓰였다.[70]

간략하게 살펴본 것처럼 보수와 수구라는 말이 동사에서 관형어와 개념으로 바뀐 추세는 동아시아 내에서도 균일하지 않았다. 보수와 수구의 뜻 구별도 처음부터 확고하지는 않았다. 분명한 것은 19세기 말의 동아시아에서 보수와 수구가 번역어로 정착하는 과정과 이 둘을 구별하는 경향을, 서구화를 부국강병의 유일한 방책으로 삼은 당시 동아시아의 진보적 지식인들이 주도했다는 점이다. 동아시아에서 애초부터 수구가 보수보다 퇴영적인 말로 전락한 것은 '구舊', 즉 동아시아의 옛것을 준거로 삼는 한자 말 수구의 뜻 자체가 보수보다 더 고루하게 보인 탓도 있었을 것이다. 조선의 개화파나 중국의 개혁파가 일본의 선례를 선뜻 받아들여 동아시아의 보수를 수구로, 서유럽의 보수를 보수로 표상한 것은 이 때문일지 모른다. 부강한 서양에 대한 동경과 열등의식이 보수라는 개념을 서유럽에게만 허락한 것이다. 이렇게 따져 보면 서유럽의 보수주의를 오늘날 한국 보수의 건강 수준과 한국 보수주의의 존재 여부를 판단하는 기준으로 삼게 만든 첫 장본인은 서구화를 유일한 자강의 방책으로 신봉한 19세기 말 동아시아 및 조선의 진보적 지식인 그리고 그들의 차등적 세계관이었다.

오는 정치 담론에서는 수구를 유신의 대립 개념으로 썼지만, 일상적으로는 보수를 진취의 대립 개념으로 반복하여 썼다. 梁啓超(1913), 「中國道德之大原(중국 도덕의 큰 원류)」, 『庸言』 제1권 제4호(1913. 1. 16), pp.1~8.

70 예컨대 「論保守土地主權及路礦利權爲國民惟一之天職(토지주권과 철도, 광산의 이권을 지키는 것이 국민의 유일한 천직임을 논함)」, 『東方雜誌』 제4년 제11기(1907. 12. 29).

동아시아 삼국의 보수와 수구

주권, 자유, 국가, 만국공법과 같은 서구의 여타 개념과 달리 보수와 수구는 동아시아의 정치적 · 사회적 개념으로 정착하는 데 긴 세월이 필요했다. 일상에서 쓰는 한자어에 지나지 않던 보수가 conservatism, conservative처럼 서유럽의 혁명과 이념적 갈등을 겪으면서 단련된 정치적 개념으로 변하려면, 동아시아의 지배 세력 또한 '계몽과 진보'의 도전을 겪어야 했으나 현실은 그렇지 못했기 때문이다. 물론 19세기 말 동아시아의 진보적 인사들은 진보, 개혁, 개진, 유신과 같은 서구의 신개념 앞에서 스스로 돌아보고 변혁의 필요성을 절감했다. 그러나 서양의 기술과 힘을 보고 받은 충격만 컸을 뿐, 자생적 변혁과 아래로부터의 내부 도전에 직면해 보지 못했으므로 대중의 도전에 직면하여 생겨난 서유럽의 보수 개념을 몸으로 이해하기는 힘들었을 것이다.

그래서인지 보수는 처음부터 단독 개념이 아니라 영국 Conservative Party라는 고유명사의 번역어로 시작했으며, 이 번역이 계기가 되어 동아시아 각국의 개화파와 개혁파가 보수 · 수구라는 동사를 동아시아의 타성과 무능, 안일과 정체를 표상하는 관형어와 명사로 바꾸어 쓰기 시작했다. 서구 정세를 소개한 계몽적 논설과 기사에서 보수, 수구를 개진, 유신, 진보와 대비하기 시작한 것이다.

처음에는 보수와 수구를 같은 말로 혼용했지만, 앞에서 본 것처럼 얼마 있지 않아 각각 서유럽 보수주의와 동아시아의 완고한 수구세력을 가리키는 말로 구별하여 썼다. 그러나 크게 보면 19세기 말부터 20세기 중반까지 동아시아 삼국에서 보수 · 수구는 중화사상과 유교적 구습에 젖어 개화와 개혁을 배척하는 고루한 태도를 가리키는 관형어나 표상으로 쓰였으며, 서구에서처럼 진보·혁신과 맞설 철학과 정책을 가진 정치적 개념으로는 진화하지 못했다.

먼저 한국을 보자. 20세기 벽두에 국권을 상실한 조선에서는 정치적 보수와 진보 개념을 싹 틔울 토양이 없었다. 보수라는 말은 일제 강점기 내내 개화 초기의 일상어 수준으로 오히려 퇴보했다. 1917년 러시아혁명 이후 항일독립운동 내부에서 좌우 대립이 시작되기는 했으나 보수와 진보, 보수와 혁신을 한 쌍의 대등한 대립 개념으로 대중화시켜 줄 자생적 변혁의 담론이 원천적으로 불가능했기 때문이다.

보수라는 말이 정치적 개념으로 전환될 기회는 해방 이후에야 생겼다. 일제가 미 군정으로 대체된 해방 직후의 정치적 공백기에 개혁, 혁신, 진보의 담론이 쏟아질 가능성이 생긴 것이다. 하지만 미국과 소련 사이에 끼어 버린 좌우투쟁시대의 격렬한 담론이 필요로한 것은 보수나 진보와 같은 한가한 개념이 아니라 절박한 선동의 무기로 이용할 공격적인 수사였다. 좌익은 우익을 반동·파쇼·친일로 매도했고, 우익은 좌익을 반역·매국으로 서로 비난만 한 것이다.

보수가 정치적 개념으로 전환될 기회는 분단과 한국전쟁 이후에 다시 찾아왔다. 그러나 1950년대와 1960년대의 정치적 보수 개념은 원시적이었다. 한국 민주주의 자체의 보수적 기원 때문에(최장집 2012 : 49~81) 구태여 보수라는 정치적 개념이 필요하지 않았다. 보수 단색의 정치 지형 속에서 보수는 공산 독재를 배격하는 자유민주주의를 뜻하는 초보적 개념으로 동결되었다. 게다가 한국전쟁과 1958년의 진보당사건 이후에는 혁신·진보가 좌익과 같은 말이 되었으며,

5·16군사정변으로 반공·보수체제가 확립된 이후에는 일본에서 들여온 보수야당·보수합동·보수신당과 같은 합성어만 유행했을 뿐 보수라는 말을 정치적 개념으로 만들어 줄 진보·혁신의 담론은 소멸되었다.

한국에서 보수라는 말이 진보의 정치적 대척어 즉 정치적 개념이 된 것은 개화 이후 1백 년이 지난 1980년대다(양승태 1995 : 8). 1980년대 중반부터 보수적 제도정치권과 연대하여 반독재민주화투쟁을 전개한 재야운동권이 1980년대 말부터 급진적 통일론을 앞세워 진보로 분화해 나가자 보수라는 개념은 그 대척점에 마련되었고, 그때부터 보수/진보의 대결 구도가 한국인의 정치적 인식의 기본 틀이 되었다. 1950년대 이후 30년간 금기시되던 진보라는 말이 민주화라는 흐름 속에서 하나의 표상으로 부활함과 동시에 보수는 제거해야 할 정치적 구악을 총체적으로 표상하게 된 것이다. 1980년대 후반 이후의 한국정치사는 사실 이 두 개념의 역사라고 해도 지나친 말이 아니다.

다만 일제강점 이후 분단과 전쟁을 거쳐 독재와 저항으로 이어진 한국 근현대사의 어두운 그늘 때문에 보수라는 말은 오욕의 과거에 안주해 온 무능과 태만을 표상하는 말로 그 뜻이 이미 정해져 있었다. 개화기부터 일상어 보수에 축적되어 온 퇴영적 이미지와 한국 근현대사의 어두운 기억이 겹친 것이다. 그 결과 1980년대 이후 진보라는 말은 민주·대화·평화를 표상한 반면, 보수라는 말은 그 대척점 즉 독재·대결·냉전을 표상하게 되었다.

1990년대 초까지는 보수의 정치적 개념을 변혁 헤게모니를 장악한 진보 담론이 주로 설정했다. 자주·민주·통일을 삼위일체로 내건 변혁 담론은 보수를 통일과 과거사 청산에 미온적인 친미기득권으로 규정했으며, 처음에는 보수와 수구를 구분조차 하지 않았다. 보수라는 말이 한국현대사의 거악巨惡을 표상하는 말이 될수록 진보는 이 거악을 타파할 세력과 이념을 자동적으로 표상하게 되는 방식이었다(홍진표·이광백·신주현 2010 : 27~31). 냉전 종식 이후 김대중정부와 노무현정부를 거치면서 보수는 진보와 함께 한국의 정치·외교의 핵심 현안을 진단하고 처방하는 키워드가 되었고, 1990년대 이후 한국의 정치와 큰 선거들은 모두 보수 대 진보의 틀에 끼워진 채 전개되었다

한국의 보수와 진보는 서구처럼 세금·정부 규모·노동·분배 문제보다는 미국과 북한을 둘러싸고 더 격렬하게 충돌해 왔다. 나라 안의 보수와 진보를 나라 바깥의 국제정치가 결정해 온 것이다. 대북정책, 북핵 문제, 주한 미군, 국가보안법과 같은 정치적·외교적 현안은 물론이고 맥아더 동상 철거 논란, 한미자유무역 협상, 미국산 쇠고기 수입과 같은 사회적·경제적 현안이 미국이나 북한과 연계되기만 하면, 보수와 진보가 대결하는 정치적 현안으로 바뀌었다. 한국 정치의 이런 특성은 1980년대 이후 보수와 진보의 대결이 한편으로는 좌우 대결의 기억과 다른 한편으로는 남북의 대결과 공고하게 맞물려 있는 현실에서 비롯된 것이다.[71] 냉전이 끝난 지 20년이 넘도록 유독 한국에서만 보수=친미=반북, 진보=반미=친북

---

71 좌와 우, 보수와 진보를 가르는 대북관에 대해서는 김경미(2009), 「진보와 보수, 좌파와 우파에 대한 이론적 좌표설정 모색」, 『정치정보연구』 제12권 제1호, pp.45~60 ; 한관수·장윤수(2012), 「한국의 보수와 진보의 대북관에 대한 연구」, 『한국정치학회보』 제46집 제1호, pp.63~88 참조.

이라는 거친 공식이 별다른 비판도 성찰도 없이 유통되는 현실을 달리 설명할 길이 없다.

중국에서도 보수, 수구, 반동은 19세기 말부터 정치와 문화 분야에서 개념 또는 수사로 쓰여 왔다. 변법자강을 앞세운 19세기 말 중국의 개혁파는 서태후를 위시한 반동 세력을 수구로 보았고, 신해혁명을 주도한 쑨원孫文의 공화주의혁명파는 위안스카이遠世凱를 수구보다 더한 반동으로 보았다. 초점을 보수로 좁혀 보수라는 개념이 20세기의 중국에서 걸어온 궤적을 살펴보자.

혁명파가 주도한 신해혁명이 위안스카이의 반동 때문에 실패로 돌아간 후 1915년에 『청년잡지』가 창간되었다. 그리고 1916년에는 그 제호가 『신청년』으로 바뀌었다. 『신청년』을 중심으로 모인 천두슈陳獨秀 · 후스胡適 · 루쉰魯迅은 사대부의 산림山林문학을 일반 백성과 구어 중심의 사회民衆문학으로 바꾸자고 나섰는데, 이때 우푸吳宓의 학형파學衡派, 경학과 서구사상을 결합한 량수밍梁漱溟의 신유학파新儒學派는 전통문화를 깡그리 부정하는 신청년파의 급진주의에 반대하고 나섰다. 이들이 20세기 초 중국의 보수다.[72] 또 베이징의 경파京派와 상하이의 해파海派가 총체적 문화논쟁을 벌인 1930년대에는 모험적이고 상업적인 남방문화를 대변한 해파에 비해 전통적이고 현실 도피적인 경파가 보수로 분류되었다.[73]

극좌계급투쟁의 광기 속에서 1966년부터 10년이나 계속된 문화혁명기에는 자본주의 성향을 띤 덩샤오핑鄧小平을 위시한 주자파走資派

---

72 조경란(2009), 「5 · 4 신지식인 집단의 출현과 보수주의 : 신문화운동에 대한 보수주의의 초기적 대응」, 『중국근현대사연구』 제44집, pp.61~89.
73 김명석(2001), 「문화 영역에서 본 경파와 해파의 거리」, 『중국현대문학』 제20호, pp.57~76.

가 보수로 매도되었다. 그러나 마오쩌둥毛澤東 사후 복귀한 덩샤오핑이 개혁 · 개방을 추진한 1970년대 말부터는 서구화 및 서구 민주주의의 도입이 급진, 즉 중국의 진보였다. 마오쩌둥주의를 외치는 반개혁파가 이제 보수로 몰리게 되었다.[74] 그러나 서구식 민주화와 대중적 저항의 위협을 체감한 1989년의 텐안먼민주화운동을 겪고 나서는, 그리고 급속한 경제성장에 힘입어 중국의 위상이 강화되면서부터는 급진적 서구화를 비판하는 한편 신유학의 이름으로 중국의 전통과 가치관을 계승하려는 국가주의 사조가 중국의 정치권과 학계에 대두했다. 신권위주의, 문화보수주의, 신유가, 신유학 등 다양한 이름으로 불리는 이 사조는 흔히 중국의 신보수주의neo-conservatism로 알려져 있다.[75] 중국 신보수주의는 중국 민족주의와 국가주의를 바탕에 깔고 조건부 개혁, 개방을 주장하는 것이다. 다시 말해 좌파 공산주의를 고집하는 구 보수주의와 서구식 민주화를 주장하는 급진적 개혁주의의 중간이다.

1988년에 위잉스余英時가 강연록 『중국 근대사상사의 격진과 보수中國近代思想史的 激進與保守』를 발표한 후 중국 학계에서는 보수/ 격진진보 논쟁이 벌어져 중국의 전통을 전면 부정했던 5 · 4운동을 비롯한 20세기 중국의 진보적 이념들을 비판적으로 재평가하기 시작했다. 또 유교와 공자의 가치를 재발견하고 그 부활을 추진하는 한편 민주주의보다 민족을 우선시해야 한다는 국가주의 사조가 드세졌다.

---

74 조경란(2008), 「현대 중국의 보수주의 문화 : 신보수주의의 출현과 유학의 재조명」, 『중국근현대사연구』 제40집, pp.159~184.
75 연재흠(2009), 「철학부 : 중국 대륙의 당대문화 보수주의에 대한 연구」, 『중국학보』 제60권, pp.441~463 참조.

이 중에서도 왕후이汪暉의 중국모델론은 중화제국의 부활을 꿈꾸는 중국 신보수주의와 신좌파의 이념을 대변한 것으로서 권위주의와 유교, 사회주의적 일당체제와 민주주의를 배합한 중국 고유의 발전 모델을 서구식 발전 모델의 대안으로 제시하고 있다.[76]

서방의 중국 전문가들도 사회주의체제와 시장경제 이념을 혼합한 장쩌민江澤民의 삼개대표론三個代表論에 신보수주의라는 이름을 붙였다.[77] 자유시장주의를 내걸면서도 서구식 의회민주제, 다당제, 삼권분립에 입각한 개혁은 배격한다는 점에서 중국형 신보수주의라고 한 것이다. 이처럼 중국 안팎의 중국 연구자들은 보수주의라는 개념을 중국의 정치와 문화에 꾸준히 적용해 왔다.[78] 중요한 것은 오늘날 중국에서 보수주의라는 개념이 주로 학술 논쟁과 학술 담론 영역에 국한하여 쓰인다는 점이다. 급진, 격진이 정치적으로 허용되지 않기에 고작해야 개혁, 개방에 대한 반발을 보수로 지칭하거

76 왕후이의 중국모델론에 관해서는 조경란(2013), 「중국에서 신좌파와 비판적 지식인의 조건 : 왕후이의 '중국모델론'과 지식 지형의 변화」, 『시대와 철학』 제24권 제1호, pp.241~275 참조.
77 '삼개대표론'은 2000년에 장쩌민(江澤民) 중국공산당 총서기가 제창한 것이다. 중국공산당은 선진사회의 생산력 발전(자본가), 선진문화 창달(지식인), 인민의 근본 이익(노동자)을 대표해야 한다는 3대 주장을 담고 있다. 그 이론에 따라 자본가의 공산당 입당을 허용하려고 하자 공산당의 정체성 문제를 둘러싸고 당 내 좌파와의 노선투쟁이 벌어졌다. 삼개대표론은 현대 중국에 출현하고 있는 다양한 이해관계를 정책 결정에 적극적으로 수렴하여 사회적 갈등을 누그러뜨리려는 것으로서, 사회주의적 시장경제의 발전을 위한 메커니즘일 뿐이며 다당제나 정치적 다원주의를 수용하자는 것은 아니다. 다시 말해 국가권력의 강화를 요구하면서도 독재가 중국을 약화시킨다는 주장에 기초하고 있으며, 공산당의 문호를 자본가들에게도 개방하여 지지 기반을 확대하는 한편 중국공산당의 체질 변화를 통해 정당성을 확보하려는 것이다. Moody, Peter (2007), *Conservative Thought in Contemporary China*, Lexington Books, pp.151~188.
78 미국과 중국의 데탕트가 시작된 1972년 '현대 중국의 보수주의'라는 타이틀을 내걸고 양국의 중국 연구자들이 공동 개최한 학술회의가 하버드대학교에서 열렸고, 그 결과물로 책이 나왔다. Furth, Charlotte(ed.)(1976), *The Limits of Change : Essays on Conservative Alternatives in Republican China*, Harvard University Press.

나 철지난 마오쩌둥주의자들을 보수좌파로 분류하는 정도다.

중국에서 보수가 혁신과 창의가 결여되어 구태에 집착하는 태도 死守老一套, 缺乏創新的精神를 뜻하는 일상어로 쓰이거나 학술 담론에서 쓰이는 까닭, 특히 한국처럼 지배 세력과 기존 체제를 정면 비판하는 데 쓰이지 않는 것은 정치적 담론의 자유가 제약된 탓이다. 그러나 보다 결정적인 이유는 한국의 민주화와 탈냉전처럼 정치적 인식의 변화를 총체적으로 야기할 만한 대내외적 충격이 현대 중국에 별로 없었다는 것이다. 더욱이 톈안먼민주화운동이 좌절한 이후로는 '체제'를 둘러싼 보수와 격진의 대결이 대중적으로 전개될 여지가 사라져 버렸다.[79]

일본에서는 일찍부터 보수가 혁신의 반대말로 쓰여 왔다. 1955년의 보수대합동保守大合同(자유민주당 즉 자민당 창당) 이후 일본 정계의 구도는 자민당의 보수와 사회당, 공산당의 혁신으로 나뉘어 왔다. 특히 20세기 초부터 좌우 구도가 작동해 온 일본에서는 자민당이 보수우익, 사회당이 혁신좌익, 공명당과 민사당 즉 민주사회당이 중도로 분류된다.

그런데 일본에서 보수와 우익, 혁신과 좌익이 겹치는 것은 여기까지다. 보수정당 내에 우익만 있는 것이 아니기 때문이다. 일본의 보수를 대변하는 자유민주당자민당은 우파와 리버럴좌파로 갈라져 있

---

79 현대의 한국과 중국이 다른 점은 또 있다. 당연한 말이지만 保守가 한글 '보수'로 바뀌면서 동사로서의 쓰임새가 사라진 한국과 달리 중국에서는 保守가 보호하고 지킨다는 뜻의 동사로 여전히 쓰인다. 예를 들면 중국공산당 입당 원서에 나오는 "保守黨的秘密(당의 비밀을 지키고)"이라는 문구나 1980년에 시행된 中華人民共和國保守國家秘密法(중화인민공화국 국가기밀보호법) 등과 같은 것들이다.

다. 후쿠다파福田派, 나카소네파中曾根派가 보수우파라면 오히라파大平派, 미키파三木派는 보수리버럴을 대표해 왔다. 보수우파는 미·일동맹을 중시하고 과거사 문제에 강성이라는 점에서 분명히 우익이지만, 자민당 내 리버럴은 과거사 문제에 대해 일본의 양심적 반성을 촉구한다는 점에서 통념상 우익이 아니다. 보수이면서도 우익은 아닌 이런 현상[80]은 일본 우익의 독특한 역사적 성격 때문이다. 서구에서는 우익right이 공산주의와 사회주의에 반대하는 부르주아자유주의를 뜻하는 말이지만, 일본에서 우익은 천황과 천황제를 신성시하는 일종의 쇼비니즘이다. 에도막부 말기의 존왕양이尊王洋夷·존왕도막尊王倒幕운동과 메이지유신의 부국강병사상에 뿌리내린 일본 우익의 정신은 한마디로 반신반인의 천황을 국가적 위신과 존엄의 상징으로 떠받드는 국가지상주의(한상일 2014 : 21~22), 곧 일본지상주의다.

보수가 우익과 다르고 혁신과 좌익이 겹치지 않는 것은 20세기 일본정치사의 특징이다. 예를 들어 1945년 11월에 창당된 일본진보당은 진보라는 간판을 내걸고 우익반공주의와 천황제의 수호를 표방했다. 일본진보당은 1947년에는 수정자본주의를 내걸고 구 일본민주당의 창당 주체가 되었지만, 일본민주당은 1955년 보수세력을 대표하는 일본자유당과 합당하여 전후 일본 보수의 본산이 될 자민당을 창당했다. 이렇듯 정당의 이름과 이념 계보를 동시에 따져 보면 진보가 곧 보수라는 결론이 나온다. 그런가 하면 1945년에 창당한 혁신계 일본사회당도 좌익 마르크스주의자들이 반공주의

---

80 이에 대해서는 박철희(2014), 「일본 정치 보수화의 삼중구조」, 『일본비평』 제10호, 서울대학교 일본문제연구소, pp.70~97 참조 ; 若宮啓文(1995), 『戰後保守のアジア觀』, 朝日新聞社 참조.

자들과 동거한 정당이다. 1955년 좌우파가 통합했으나 그후에도 내분이 계속되어, 결국 1960년 우파 일부가 민주사회당을 만들어 나갔다. 이처럼 현대 일본 정치에서는 보수/혁신의 경계선과 좌/우의 경계선이 반드시 일치하지 않았다. 혁신이 우익의 반공을 껴안은 사정[81]에서 볼 수 있듯이 반공이냐 아니냐가 우익과 좌익을 가를 수는 있어도 보수와 혁신을 가르지는 못한 것이다.

오늘날 일본에서 보수와 혁신보다 좌와 우의 구별이 더 뚜렷한 데에는 그 나름의 이유가 있다. 첫째, 러시아혁명 직후인 1922년에 벌써 좌익혁명 정당인 일본공산당이 창당되어 지금까지 1백 년 가까이 좌익과 우익이 제도적으로 공존해 왔다. 보수와 혁신의 이분법은 제2차 세계대전 이후에야 작동했지만 좌우의 이분법은 20세기 초부터 작동한 것이다. 둘째, 일본에서는 분배·노동·복지 문제와 관련해서는 보수와 혁신의 이분법을 이용하고 국체나 역사 문제를 다룰 때는 좌와 우의 이분법을 주로 이용한다. 그런데 좌익이 혁신의 모델로 삼았던 소련의 계획경제체제가 무너지자, 경제체제나 노동·분배 문제보다는 국체나 헌법 문제가 더 뚜렷한 정치적 쟁점이 되었다. 셋째, 평화헌법을 비롯한 전후체제를 비판하면서 1970년대부터 등장한 신우익이 냉전 종식 이후 전통적인 보수세력에 침투하여 보수의 우경화를 심화시켰다. 현대 일본의 정치 담론이 보수/혁신의 이분법보다 좌/우의 이분법에 더 기대게 된 데에는 이런 사정들이 있다.

---

81 山田敬男(2009), 『戰後日本史』, 學習の友社 ; 石川眞澄·山口二郎(2004), 『戰後政治史』(新版), 岩波新書 ; 이시카와 마쓰미(2006), 『일본전후정치사』, 박정진 옮김, 후마니타스.

오늘날 일본에서 보수보다 우익·우경·극우라는 말을 더 많이 쓰는 것은 과거사 문제, 평화헌법 개정 문제 등이 외교 현안으로 부각된 탓도 있다. 그러나 1955년의 보수대합동 이후 보수가 자민당 지배체제를 뜻하는 협소한 개념으로 정체된 탓이 크다. 우익·극우는 군국주의와 제국주의적 비전, 천황제 고수, 영토적 야심과 역사적 쇼비니즘, 평화헌법 개정을 표상하는 말로 정치적 외연을 확장해 왔지만 보수라는 개념은 그렇지 못했다. 특히 공산권 붕괴 이후 혁신세력이 약화되면서 보수라는 개념의 용도가 줄었다. 한국과 달리 일본에서 보수라는 말이 우익의 보조 개념처럼 쓰이게 된 것은 이 때문이다. 결국 제2차 세계대전 이후의 일본에서 보수 개념이 정치적 역동성을 띠고 변해 오지 않은 것은 일찍부터 좌우 대결이 제도정치권에 흡수된 데다가 보수적 자민당 지배체제에 대한 대중적 변혁운동이 특별히 없었기 때문이다. 이런 까닭에 민주화와 탈냉전의 이중 충격 속에서 보수진보라는 정치적 개념의 내용이 역동적으로 변해 온 한국과는 사정이 많이 다르다.

지난 1백 년간 동아시아 삼국에서 보수라는 말 또는 개념이 거쳐 온 궤적을 간략하게 훑어보면, 비록 짧은 기간이지만 보수가 진보의 대척 개념으로 대두하여 정치적·사회적 변동을 고스란히 반영해 온 나라는 한국뿐이라는 것을 알 수 있다. 그러면 한국 근현대사에서 보수와 수구라는 말과 개념이 거쳐 온 궤적과 그 구체적 행로는 어떤가? 지금부터 한국의 보수, 수구 개념이 걸어온 궤적을 시대순으로 살펴볼 것이다.

근대 한국의
보수 개념

5. 개항 이전

보수의 전통적 쓰임새

conservative의 번역어로 쓰이기 전, 보수는 글자 그대로 '지금 있는 것'을 보전하고 지킨다는 뜻의 동사에 불과했다. 조선왕조의 공식 기록물인 『조선왕조실록』을 보면 보수를 이렇게 쓴 예가 자주 나온다총 185회.[82] 조선시대에 편찬된 『고려사』나 1927년부터 조선총독부가 펴낸 『고종실록』과 『순종실록』도 마찬가지다.

보수라는 말이 동사로 어떻게 쓰였는지 몇 가지 사례를 보자.

첫째, 개인적 차원에서 무언가를 애써 보전한다는 뜻으로 쓰었다. 예를 들면 다음과 같다.

---

82 『선조실록』(42회), 『중종실록』(18회), 『인조실록』(16회)의 순이다.

쇠약함이 더욱 깊어 가 불의에 넘어질까 두려워하였는데, 요사이 무거운 짐을 벗어남으로 인하여 비로소 여생을 보전(보수)하려고 합니다.[83]

둘째, 나라를 보전한다는 뜻으로서 주로 보수소국保守小國, 보수소방保守小邦의 형태로 쓰였다.

임금이 최호崔浩가 싸가지고 온 글에 의하여 통사通事 곽해룡郭海龍을 보내어 계본을 쓴 사람 예조전서禮曹典書 조서曹庶를 관송管送하여 경사京師에 이르게 하고, 인하여 예부상서禮部尚書 정기鄭沂에게 회답하였다.

"타각부打角夫 최호가 경사에서 돌아오는 편에 유서諭書를 받들어 받아 두세 번 읽었으니 놀랍고 황공하여 몸 둘 바를 모르겠습니다. 홍무洪武 25년부터 나라를 관장管掌한 이래, 무릇 천추절千秋節(청나라 황후의 생일)을 만나면 다만 예전의 자양字樣에 의하였는데, 성은聖恩을 입어 작은 나라를 보전하여 지켰으니, 위를 공경하는 마음을 조금이라도 게을리하겠습니까?[84]

조선 국왕은 엄숙히 예부 시랑 균시鈞侍에게 회답합니다. 5월 28일에 조서曹庶의 종인從人 최녹崔祿이 경사京師로부터 돌아와서 서유書諭와 덧붙인 조서曹庶 등의 초장招狀을 받아 보고, 삼가 이미 상세히 알았으므로 놀라고

---

83 『고려사』, 권19 「세가」 권제19 명종 즉위년(1170) 10월 미상(음) 「금에 새 왕의 이름으로 전말을 알리는 표문을 올리다」 : 沈綿浸深, 頓仆是懼, 頃因脫釋於重負, 始欲保守於餘年.
84 『조선왕조실록』 태조 12권, 6년(1397 정축 / 명 홍무 30년) 12월 28일(병오) 1번째 기사 : 上以崔浩齎來書, 遣通事郭海龍, 管送寫啓本人禮曹典書曹庶赴京, 仍復書于禮部尚書鄭沂曰 : 打角夫崔浩回自京師奉承書諭, 讀之再三, 驚惶無措. 自洪武二十五年管國以來, 凡遇千秋節, 只依舊時字樣, 欽蒙聖恩, 保守小國, 敬上之心, 不敢小怠. 예조가 중국의 예부상서에게 회답한 글의 일부이다.

두려워하여 몸 둘 바가 없습니다. 모某는 삼가 황제의 은혜를 입어 신臣에게, '하늘의 뜻을 본받아 백성을 다스려 후사後嗣를 영구히 번성하게 하고, 항상 충성을 다하여 임금을 받들고 소방小邦(작은 나라)을 보전해 지켜서 자손에 전하여 은혜를 갚기 위해 힘을 다하라'고 개유하였으니, 어찌 감히 흔단釁端(틈새의 실마리)을 만들어 스스로 허물을 초래招來하겠습니까?[85]

셋째, 백성을 지키고 성과 국경을 수호한다는 뜻으로 썼다.

경상 감사가 좌도左道 절제사의 관문과 울산군蔚山郡 인민들의 등장等狀에 의거하여 계하기를,

"병사兵使는 말하기를, '내상內廂의 새 성城이 이미 크게 수축修築되었으니 반드시 울산군을 합쳐 넣어야 하겠으며 그래야만 관리와 백성들을 보호해 지킬 수 있겠다. 더구나 본군의 군수물자 창고도 이미 새 성안으로 옮겼는데 관리와 백성들은 〈지금까지〉 편히 살던 곳을 옮기기 어려워서 아직도 구성舊城에 머물고 있다. 이러다가 만약 뜻밖의 사변이라도 일어나게 되면 두 성을 수호하기 어려울 것이니…'."[86]

---

85 『조선왕조실록』 태조 14권, 7년(1398 무인/ 명 홍무 31년) 6월 3일(정미) 1번째 기사 : 朝鮮國王, 端肅奉復禮部侍郎鈞侍. 五月二十八日, 書庶從人崔祿, 回自京師, 特蒙書諭及粘連書庶等招狀, 謹已知審, 驚懼無措. 某欽蒙聖恩, 諭臣 : "體天牧民, 永昌後嗣." 常想盡忠奉上, 保守小邦, 傳子傳孫, 以期報效. 何敢造生釁端, 自招愆尤. 공부 등 세 명을 경사로 압송하며 중국 에부시랑에게 회답한 서신이다.

86 『조선왕조실록』 세종 30권, 7년(1425 을사/ 명 홍희 1년) 10월 18일(계미) 3번째 기사 : 慶尙道監司據左道節制使關及蔚山郡人民等狀啓 : "兵使以爲 : '內廂新城旣大, 必合入蔚山郡吏民, 可以保守. 況本郡軍資, 義倉, 亦已移設於新城之內, 而吏民安土重遷, 追今仍住舊城, 萬有不虞, 兩城守護爲難…'." 울산 읍성 문제에 관한 기록이다.

이처럼 개화 이전에는 보수를 개인이든 나라든 '지금 갖고 있는 것'을 애써 지킨다는 뜻의 일상 동사로 썼다.

수구의 전통적 쓰임새

앞에서도 말했지만 한자문화권이 '예부터 내려오는 제도와 인습을 따르다'는 뜻으로 써온 말은 보수가 아니라 수구다. 당시의 수구가 지금의 보수에 가까운 말이었다. 서구 문물이 유입되기 이전에는 옛것을 따르고 지키는 행위가 도덕적 당위였으므로 수구는 곧 옳고 바른 일이었다. 또 수구는 단독 어휘가 아니라 법수구장法守舊章, 준수구규遵守舊規(옛 규율을 따르다)나 준수구법遵守舊法(옛 법을 따르다), 엄수구전嚴守舊典(옛 전범을 엄수하다), 존수구제遵守舊制(옛 제도를 받들어 지키다)처럼 규범적 성격이 짙은 성어의 일부로 자주 쓰이거나 수구자守舊者(수구하는 자, 수구하는 것)와 같은 형식으로 쓰이기도 했다.

> 사람은 자기 집에서는 방종을 즐기고 조정에 나와서는 규범을 꺼려 하여 조정의 의식과 경연의 사체가 엄중하지 못하게까지 되었으니, 식견이 있는 자가 어찌 한탄하지 않겠는가. 내 일찍이 주의를 기울여 <u>기어코 옛 법을 따르고 지키려 한 것</u>은 그 뜻이 어찌 하찮은 것이었다고 할 수 있겠는가. 경의 해박하고 정밀한 식견은 오늘날 조정 신하들 사이에 칭찬이 자자하고 더구나 시원試院의 의식은 법전法殿과 똑같은 경우가 아닌가.[87]

---

87 『조선왕조실록』 정조 54권, 24년(1800 경신 / 청 가경 5년) 4월 6일(무자) 1번째 기사 : 而今人在家樂放縱, 在公憚繩檢, 以至朝儀筵體之不嚴, 而有識豈無竊歎 予嘗兢兢, <u>必欲遵古而守舊者</u>, 意豈淺淺? 卿之博洽綜密, 著譽於今日廷臣, 況試院之儀, 與法殿等.

    그런데 수구는 기본적으로 가치중립적 일상어였으며 때에 따라서는 부정적 뉘앙스로 쓰였다. 중종 12년 부제학 이언호의 상소문이 그 예다.

    지금 조정의 정사가 날로 쇠미해져서 기강紀綱이 바로 서지 못하고 정령政令이 한결같지 못하므로, 사습士習이 비루하여 염치가 없어지고 인륜이 무너져 풍속이 퇴패된 데다가, 전에 없이 변괴가 겹쳐 생깁니다. 온 나라가 황황遑遑(허둥지둥)하여 그 연유를 알 수 없는데, 재상宰相이라는 자들이 늘상 하던 대로 옛 법도만 따라 우선 평소처럼 한가로이 움츠리고 앉아, 도道를 논하고 나라를 경륜經綸하기를 엉뚱한 일로 여기고, 음양섭리陰陽燮理하기를(음양을 고르게 다스리기를) 고원高遠한 일로 여기면서, 한갓 자질구레한 사무나 일삼으면서 성상께서 위임하신 뜻을 저버리고 있습니다. 오직 평소에 성심으로 나라를 근심하는 실지가 없었기에 시행과 조치에 어두워 호도糊塗하는 염려가 있게 된 것이니, 이러고서 하늘을 감동시켜 재변을 해소하고 나라가 안정되기 바람은 또한 요원한 일이 아니겠습니까?[88]

    1927년부터 조선총독부가 편찬한 『고종실록』에는 수구가 시종 일관 부정적인 말로 사용되고 있다. 1880년대부터 일본이 조선과 중국의 보수파를 수구당으로 비하한 후로는 수구가 경멸적이고 퇴

---

88 『조선왕조실록』 중종 27권, 12년[1517 정축 / 명 정덕(正德) 12년] 4월 21일(병인) 1번째 기사 : 今朝廷之事, 日就委靡, 紀綱不立, 政令不一, 士習汚而廉恥喪; 彝倫斁而風俗敗, 加之以變怪層出, 振古所無, 一國遑遑, 莫知端倪. 爲宰相者, 方且循常守舊, 蓄縮低徊, 論道經邦, 視爲何事; 燮理陰陽, 付之高遠, 徒以簿書期會, 爲其職業, 以負聖上委任之意. 惟其平居, 無誠心憂國之實, 所以施措, 有眩瞀糊塗之患也, 如是而望其格天弭災, 以安邦國, 不亦遠乎.

영적인 관형어로 전락했기 때문이다. 『고종실록』에서 수구는 다음과 같이 쓰였다.

의정부議政府에서 칙유勅諭를 받들어 중앙과 지방, 각 도의 지방 관리와 높고 낮은 백성들에게 포고하기를, "우리나라는 오랫동안 태평하여 평상의 것만 편안히 여겨 옛것을 지켜 왔는데, 문관文官이나 무관武官이나 안일에 파묻혀 점차 위축되고 떨쳐 일어나지 못하는 형편에 처하게 되었다."[89]

법부 대신法部大臣 신기선申箕善이 아뢰기를,

"평리원 재판장平理院裁判長 이근택李根澤의 질품서質稟書를 보니, '피고 하원홍河元泓 등의 안건을 검사檢事의 공소에 의하여 심리審理한 결과, 피고들은 간혹 일본에 왕래하기도 하고 우리나라의 동래東萊, 울산蔚山 등지에 홀연히 나타나서 국사범國事犯으로 망명자인 박영효朴泳孝 등과 통모通謀하여 대가大駕를 배봉陪奉하고(임금의 수레를 모시고) 북궐北闕로 환어還御하는 한편 외국 군대와 비밀리에 내통하고는 좌우로 협공하여 정부를 전복하고 수구당守舊黨을 살육하려는 일을 상의하였습니다."[90]

오늘날 우리가 '과거를 어리석게 고집하는 완고와 무지'를 표상

---

89 『조선왕조실록』 고종 32권, 31년(1894 갑오 / 청 광서 20년) 11월 4일(병자) 1번째 기사 : 議政府奉勅諭, 布告中外各道地方官吏大小民人曰 : "我國家昇平日久, 安常守舊, 文武恬嬉, 浸浸然有委靡不振之勢."

90 『조선왕조실록』 고종 41권, 38년(1901 신축 / 대한 광무 5년) 10월 9일(양력) 2번째 기사 : 法部大臣申箕善奏 : 接準平理院裁判長李根澤質稟書, 則 "被告河元泓等案件, 由檢事公訴審理, 被告等, 或往來於日本, 閃忽於本國東萊, 蔚山等地, 通謀國事犯亡命人朴泳孝等, 相忍鷰讓唆樓, 還御北闕, 秘通外兵, 左右挾勢, 顚覆政府, 屠殺守舊黨之事."

하는 말로 자주 쓰는 수구가 1880년대 이전의 조선에서는 긍정적이든 부정적이든 다양한 맥락에서 쓰인 가치중립적 일상어였음을 확인했다. 그런데 개화 이후 보수와 수구의 뜻과 쓰임새가 변한다.

6. 개화기 : 1880〜1910년

　　강화도조약1876과 조미수호통상조약1882으로 시작되는 1880년대와 1890년대를 거치면서 보수는 '지금 것을 애써 지키다'라는 동사인 동시에 '옛것을 지키는 것'을 뜻하는 관형어 내지 명사로 바뀌기시작한다. 오늘날의 '수구'에 따라붙는 부정적 함의가 보수에 스며들기 시작한 것이다. 그래서 한동안 보수를 수구와 혼용했다. 개화로기운 진보적 지식인 가운데 급진개화파는 보수, 수구, 완고를 아예구별하지 않았다. 이에 비해 온건개혁파는 유연한 보수와 완고한 수구를 애써 구별했다. 전반적으로 볼 때, 개화파는 개명진보한 서양의보수세력에는 '보수'라는 이름을 붙이고 완고무지한 조선과 동아시아의 보수세력은 '수구'로 구별했다.

동사에서 관형어로

1895년 도쿄에서 출간된 유길준의 『서유견문』은 보수라는 말을 "保守케, 保守ᄒ고, 保守ᄒ기, 保守ᄒ기에, 保守ᄒ니, 保守ᄒᄂ, 保守ᄒ야"와 같이 동사로만 썼다.[91] 1880년대와 1890년대의 신문 논설도 보수를 주로 동사로 썼다. 다음은 1880년대부터 1890년대 말까지 『한성순보』와 『한성주보』에서 추려 본 동사의 대표적 용례들이다.

또한 우리 중국에서는 이미 월남을 藩邦으로 삼아 온 터이라 월남에 대한 보호책을 날마다 획책하는 사이에 이같이 智勇을 겸한 將材(장수의 재목)를 발견하였으니, 그를 의당 권장하고 격려하여 일방을 맡겨 北圻 북기(북쪽의 영토, 국경)를 保守하도록 전담시켰다가, 중국의 각 처 海口의 關防(요새)이 튼튼해진 뒤에 군사를 동원하게 하여 후에를 수복, 사사로이 체결된 조약을 깨뜨리고 主權을 신장하였다면, 北圻와 南圻에 신경을 곤두세워야 할 프랑스 군사가 아무리 우리 중국을 침범하려 한들 兵力이 분산될 것이니 무엇이 두렵겠는가.[92]

이로 인하여 城을 保守하게 되었고 수호하던 군사도 살아서 돌아오게 되었다. 이 싸움에서 성을 지키던 월남 군사 4명이 죽고, 프랑스 水師兵 8명이 다쳤으며, 黑旗의 군사는 死傷者의 다소를 알 수 없다 하였다.[93]

美國 백성들은 개인의 자주적인 이익을 지키는 것을 중히 여기기 때문

---

91 이한섭 · 최경옥 · 정영숙 · 강성아 편(2000), 『서유견문 : 어휘색인』, 도서출판 박이정 참조.
92 「黑旗軍이 프랑스 군사를 승리한 데 대한 論評」, 『한성순보』 1883. 11. 20, pp.11~12.
93 「하이퐁信息」, 『한성순보』 1884. 1. 8, p.12.

에 일례를 세워 지나치게 가혹한 것을 막아 위법을 방지하며 엄격하게 辦
理하지만 간간이 사건의 실정이 의당 급급히 懲治해야 할 것이라도 미국
백성들은 역시 마음대로 加重하는 단서를 열어 지켜 오던 자주적인 다스림
을 저해시키기를 원치 않습니다. 이는 굳건한 保守와 자주적인 이익에 바
탕을 둔 것이므로 변천시키기 어렵습니다.[94]

　지난 8월 3일 러시아 서리공사 드미트레브스키가 外部大臣 박제순에게
조회하여 러시아人에게 벌채를 허가한 울릉도와 두만강, 압록강변의 森林
을 日本人과 淸國人으로부터 保護하여 줄 것을 요청하여 온바 이날 외부대
신이 조복하여 森林 所在의 各 地方官에게 轉飭전칙(단단히 타이름)하여 保守
케 하였음을 회답하다.[95]

　그런데 1880년대 중반부터 보수를 영어 conservative의 번역어로
쓰기 시작했다. 그리고 관형어 내지 명사로도 쓰기 시작했다. 관형
어나 명사로 쓸 때는 완고하고 고집스런 수구를 뜻하는 말로 사용
했다. 유길준의 『서유견문』이 보수를 동사로 쓰면서도 영국 보수당
과 개진당자유당 · Liberal Party을 소개하는 대목에서는 "보수라고 하나
완고한 고집을 내세우는 것이 아니며 개진이라고 하나 경거망동을
일삼는 것이 아니다"(유길준 2005 : 93)라는 말로 영국 보수당의 정치적
유연성을 애써 강조한 것을 보면 유길준 자신도 보수라는 말에 수
구의 퇴영적 함의가 스며들고 있던 당시의 추세를 의식한 것으로

---

94 「美外部拜亞照覆張欽憲文」, 『한성주보』 1887. 3. 21, pp.10~12.
95 『舊韓國外交文書』第18卷, 「俄案」 1434號, 光武 3年 8月 17日.

보인다. 유길준은 "(미국의)공화당은 개진주의를 내세우고 민정당民政黨(지금의 미국 민주당)은 보수주의를 각기 내세우고 있어"(유길준 2005 : 94)라고 하여 미국 정세를 설명하는 대목에서 '보수주의'라는 말을 썼다. 보수가 관형어 내지 명사로 바뀌는 과정에서 일본이 부정적인 말로 쓰기 시작한 수구의 함의가 덧붙은 정황은 다음의 기사를 통해 엿볼 수 있다.

> 그러나 만약 그 國家의 文明이 번창하지 못하면, 아무리 하루 동안에 백 가지의 신보新報를 발간한다 해도 백성들이 구독하려 하지 않아 마치 짐승이 음악을 듣는 것과 같아 싫증을 느끼기에 알맞을 것이다. 그러므로 서양 사람들은 新報의 盛衰로써 그 나라의 발전과 뒤떨어진 것을 징험한다고 한다. 만약 또 政府에서 俊秀한 인재를 뽑아 쓰지 못하거나 人民들이 保守에 젖어 있다면 역시 新報를 간행한다 해도 한갓 정부의 과오와 인민의 어리석음만 드러내는 것이라 여겨 구독하려 하지 않고 오히려 비방만 할 것은 時勢와 人情으로 보아 당연한 일이다.[96]

그렇다고 해서 보수와 수구를 더 이상 동사로 쓰지 않은 것은 아니다. 보수는 동사로도 계속 쓰였다. 예컨대 '중립을 보수함'과 같은 것이다.

> 미국에서 동양함대 사령관 에반스 장군에게 전보로 훈령하기를, 러·일 간 전쟁이 벌어지면 미국의 방침은 조약상의 권리가 침해받지 않는 한 엄

---

96 「新報論」, 『한성주보』 1886. 8. 16, p.10.

정중립을 지키는 것이라고 하였다.[97]

보수를 conservative의 번역어로 쓰기 시작한 지도 한참 지난 1909년의 『황성신문』 논설은 보수를 아예 保와 守를 합쳐 놓은 단순 합성어로 사용했다. 뜻만 통하면 되기에 保守 대신 守保를 쓴 것이다. 여기에서는 수구도 개화 이전과 마찬가지로 가치중립적이거나 긍정적 함의를 지닌 말로 썼다. 20세기 초에도 보수와 수구의 함의와 용례가 완전히 바뀌지는 않았다는 증거다.

> 한심하도다. 선조의 유물을 수보守保치(지켜 보존하지) 못하면 열등 민족으로 아랫것 대접을 받나니 우리 대한동포는 이 또한 기억할지어다. 어떤 인사들은 입만 열면 '수구'를 외치니 그들이 그토록 지키려는 것이 무엇인지 알 수가 없도다. 월나라의 상투와 명나라의 망중과 승가의 도포만 보존하면 수구가 되는 줄 아는가? 세계를 둘러볼 때 진정한 수구란 선조가 물려준 영토와 선조의 유물과 선조의 업적을 보호하고 지켜야 진정한 수구라. 서양인들의 이런 공론을 듣지도 못하였는가? 한국의 고려청자로써 옛 문명을 증거하겠다니 우리 선조시대의 유적을 말하자면 어디 고려청자뿐이겠는가? 우리가 선조의 유물을 보호해서 지켰다면 당시의 문명 발달을 말해 주는 유물과 유적 중에 세계적으로 빛날 것들이 한둘이 아닐 것인데 이렇게 하지 못한 것은 누구의 죄라 할 것인가? 우리 2천만 동포 모두에게 책임

---

97 「美國의 嚴正中立」, 『황성신문』 1904. 1. 19, p.1 : 美國에셔 同國 東洋艦■(마지막 글자는 '隊' 자로 추정되며 동양함대를 말하는 것 같다) 司令長官 에반스 將軍에게 電報로 訓令ᄒ야 曰日 俄開戰될 境遇에 美國이 取홀 方針은 條約上의 權利가 侵害되지아니ᄒ는 間은 嚴正中立을 保守홈에 在ᄒ다 ᄒ얏더라.

이 있다는 것을 각기 스스로 깨달아 행할지라.[98]

이렇게 살펴보면 개화기는 보수와 수구가 동사에서 관형어, 명사로 변한 과도기라고 볼 수 있다. 보수와 수구를 가치중립적이거나 오히려 긍정적 함의를 지닌 동사로 계속 쓰면서도 번역어, 즉 관형어나 명사로 썼기 때문이다. 지금부터는 관형어와 명사로서의 보수와 수구를 혼용하면서 양자를 구별하기 시작한 사정을 살펴본다.

보수와 수구를 차별하다

조선에서는 1880년대 중반부터 보수와 수구를 conservative의 번역어로 쓰기 시작했지만,[99] 시간이 지나면서 일본이나 중국처럼 영국의 Conservative Party는 보수당으로, 프랑스나 조선 및 중국의 보수파는 수구당수구파으로 번역하기 시작했다. 1884년 3월 18일자

---

98 「撫順等地에 高句麗器發現」, 『황성신문』 1909. 6. 22, p.2 : 噫라 先祖의 遺物을 守保치 못ᄒ면 劣民等族으로 下等待遇를 受ᄒ느니 我韓同胞는 其亦念之어다 一種人士가 開口則 曰 守舊守舊라 ᄒ니 未知커라 君等 所守者가 何物고 越人의 椎髻와 明人의 網巾과 僧家의 道袍만 保守ᄒ면 守舊가 되ᄂᆞᆫ줄노 認ᄒᆞᆫ가 世界上眞守舊는 祖先의 版圖와 祖先의 古物과 祖先의 基業을 保守ᄒ여야 眞守舊이라 彼西洋人의 公論을 不聞하乎아 韓國의 高麗磁器로 足히 古代의 文明을 證據ᄒᆞᆺᄂᆞ니 我先祖時代의 發明훈 遺蹟으로 言ᄒ면 何特高麗磁器뿐인가 吾儕가 能히 先祖의 舊物을 保守ᄒᆞᆺ스면 當時 文明發達의 遺蹟이 光于世界者가 不一而足이어늘 此를 不能훈 것은 誰의 罪라 謂ᄒ리오 我二千萬同胞가 均壹훈 負擔이 有훈 것을 各其 自覺自修홀지어다.

99 1870년대까지는 보수가 conservative의 번역어로 사용된 증거가 없다. 김기수(金綺秀)의 『일동기유(日東記遊)』(1876년에 작성, 1877년에 정리)도 '보수'라는 말은 쓰지 않았다. 당시 일본에서 서양의 번역어가 정착한 과정을 조사한 柳父章(1982), 『飜譯語成立事情』, 岩波書店(야나부 아키라(2003), 『번역어성립사정』, 서혜영 옮김, 일빛)에도 사회, 개인, 근대, 존재, 자연, 권리, 자유 등의 번역어 항목은 있지만 '보수'는 없다.

『한성순보』를 보면 영국의 conservative는 보수로 번역하고 있지만, 여타 국가를 소개할 때는 개진파改進派·liberal의 반대 개념으로 보수당 아닌 수구파·수구당을 썼다. 1880년대 초·중반부터 『한성순보』가 수구를 부정적인 말로 사용했다는 것은 일본이 1880년을 전후하여 변질시킨 수구의 새로운 뜻이 동아시아 전체로 확산되었다는 뜻이다.

이 과정은 1880년대와 1890년대에 걸쳐 계속되었다. 1884년 『한성순보』가 폐간된 후 1886년부터 간행된 『한성주보』에서는 명사 내지 관형어가 된 보수와 수구가 진보, 개진, 개혁, 급진, 자유liberal·liberalism의 공동 대척 개념으로 자리 잡았다. 영국 개진당Liberal Party의 대립 개념으로는 보수당이라는 번역어가 자리 잡았다. Conservative Party의 번역어가 보수당으로 굳어진 것이다.

영국에서는 1884년에서 85년 사이에 保守黨이 政權을 잡고 海軍을 확장하여 國威增强을 의논, 정부로부터 委員會를 열어 水軍提督 路桃荷密頓(로드 해밀턴·Lord Hamilton)을 議長으로 추대하고 방법을 강구하여 一大製作을 의결하였는데, 그 이듬해에 改進黨에서 內閣으로 들어와 그 의결이 무산되었고….[100]

영국에 정당이 둘이 있는데 保守黨은 士利時培利里솔즈베리·Salisbury를 추대하여 영수로 삼았고, 개진당은 俱蘭陶施道音글래드스턴·Gladstone이 영수이다. 두 당의 의견이 같지 않아 각각 주장을 달리하고 있다. 그 당은 여

100 「영국의 海軍」, 『한성주보』 1887. 7. 4, p.15.

러 사람들이 혹은 民會議員이 되기도 하고 혹은 內閣大臣이 되어 이집트에 用兵한 일 때문에 국민의 신망을 크게 잃어 마침내 솔즈베리가 새로 大臣이 되었다. 글래드스턴은 대신의 자리에서 물러나고 권세 잃은 것을 분하게 여겨 암암리에 自治黨首 파넬에게 同心協力하여 改進黨이 다시 정권을 잡게 하여 준다면 아일랜드의 自治를 승인해 주겠다고 약속하였다. 같은 민족인 保守黨과는 分黨을 하고 원수인 自治黨과 손을 잡고 保守黨을 물리치어 글래드스턴이 다시 內閣大臣이 되었다. 이리하여 保守, 改進 두 黨이 비록 서로 미워하지는 않았으나 모두 그레이트브리튼의 土民이므로 평소 아일랜드의 自治를 좋아하지 않는 처지여서 "自治黨이 비록 도와준 힘은 있으나 약속한 일은 중대한 것이니 쉽게 허락할 수 없다"고 하면서 衆論이 비등하여 새 大臣의 처사를 주시하였다.[101]

영국 각 당파의 서로 겨루는 중에 보수와 자유 두 당파가 있어서 세력을 가장 크게 가졌는데….[102]

중국과 조선 문제를 다룰 때나 유럽 내 전제정의 전통이 강한 나라의 정세를 소개할 때는 개진당, 유신당의 반대말로 보수당 대신 수구당, 완고당을 주로 썼다.

오늘날 유럽 각국의 소위 정당이란 둘로 나눌 수 있는데, 하나는 개진파로 내정 개혁에 전심하는 당이요, 하는 수구파로 구정舊政을 고수하는 당이

101 「英國近事」,『한성주보』1886. 6. 31, p.12.
102 「영국당」,『독립신문』1899. 9. 12, p.3.

다. 그래서 전국의 사민士民들이 입당하는데, 혹은 의원직을 맡고 재상에 오르려는 의도이다. 그들은 반드시 연설을 저술하여 자기의 주장을 여러 대중에게 보여 동지들의 추천을 받아 의원이나 재상이 된다. 그렇기 때문에 늘 그 주장의 의론이 같으면 서로 합하고 의론이 다르면 서로 갈라선다. 대개 이 두 당은 모두 국시에 정한 바여서 나라를 좀먹는 간당奸黨이라 할 수 없다. 그러나 프랑스는 예로부터 당이 있어 사람이 결합하기도 하고 한 집안이 결합하기도 한다. 지금의 소위 사회당 및 호국당은 모두 사람이 결합한 것이다. 이른바 왕실당과 제실당帝室黨은 집안이 결합한 것이다. 이 밖에도 공화당 · 보수당 · 개진당이 있는데, 모두 사리를 꾀해 항상 지력을 기울이고 있어서 하루아침에 뜻을 얻으면 나라의 정치가 모두 그들 손에 넘어간다.[103]

청국 정부에서는 개혁파는 아무리 반대를 하나 <u>수구파</u>가 또 운동을 시<u>작하는데</u> 이는 서태후가 종종….[104]

러시아 정부 안에 <u>수구당</u>과 <u>진보당</u>이 있어 정부 안에서 일할 때에 싸움이 많이 있고….[105]

예외는 있다. 독일 재상 비스마르크가 영국 정세에 대해 언급한 바를 인용한 1898년 『독립신문』의 한 기사는 영국의 Conservative

---

103 「法國誌略」, 『한성순보』 1884. 3. 18, pp.23~24.
104 당시 중국 조정의 정세를 개혁파 대 수구파의 대립으로 설명한 것이다. 「개혁파 수구파」, 『독립신문』 1899. 9. 4, p.4.
105 「덕국 신문에 말후기를(독일 신문에 말하기를)」, 『독립신문』 1897. 4. 8, p.2. 러시아 황제가 고생을 한다고 보도한 독일의 신문기사를 번역 · 인용한 것이다.

Party와 Liberal Party를 각각 수구당과 급진당으로 번역하고 있다.

급진당은 온전히 신용할 것 같으면 무슨 일에 차서가 없이 앞으로 나아가는 것으로만 주장을 삼아 이전 법률은 좋은 것이라도 폐지하고 새 장정은 불합리한 것이 있을지라도 채용하여 선왕의 아름다운 법도를 모두 버리는 폐단이 있을 듯하나 만약 수구당 속에 정치상 학문이 탁월하고 개명진보에 주의하는 재덕을 겸비한 현인군자를 택용할 지경이면….[106]

보수당이 영국 Conservative Party의 번역어로 정착했음에도 불구하고 1870년대의 일본처럼 영국 보수당을 수구당으로 번역한 까닭을 추정할 수 있다. 첫째, 보수라는 말이 conservative의 번역어가 된 후에도 수구와 보수는 혼용되었기 때문이다. 둘째, 영국 보수당에 관한 언급이기는 하지만 비스마르크, 즉 독일인의 발언이라는 점을 고려했을 가능성이다. 독일의 보수당은 영국의 보수당과 구별하여 수구당으로 번역하고 있었기 때문이다. 셋째, 1897년 이후 친러·수구파와 대립각을 세운 『독립신문』이 자신의 개화 논조를 부각하기 위해 일부러 보수당 대신 수구당으로 번역했을 가능성이다. 넷째, 당시의 관행대로 중국과 일본 신문의 기사 내용을 그대로 따왔을 가능성이다. 이처럼 예외는 있었지만, 개화파와 개혁파는 서구의 보수는 '보수'로, 동아시아의 보수는 '수구'로 구별하여 번역하는 관행은 대세로 자리 잡아 가고 있었다.

---

106 비스마르크의 발언이다. 「논설」, 『독립신문』 1899. 11. 3, p.4.

급진개화파

守舊라는 한자어가 서양의 신법과 신제도에 대한 완고한 반발을 뜻하는 퇴영적 관형어로 전락하는 추세는 1890년대부터 완연해진다. 수구를 고루 · 경직 · 퇴영적인 삶과 태도를 뜻하는 '완고'와 같은 뜻으로 쓰는 경우도 늘어났다. 개혁 · 개진 · 급진 · 진보 · 개화의 공동 반대말로서, 수구와 완고를 구별하지 않고 쓰는 추세를 주도한 것은 물론 급진개화파다. 1890년대의 『독립신문』을 보면 '수구당'을 쓸 자리에 아예 '완고당'이라는 말을 쓴 기사가 많다.[107]

외국 신문들에 말하기를 지금 조선 내각이 <u>개화 내각인지 완고당 내각인지</u> 문제가 많이 있기로…[108]

우리는 <u>완고당이나 개화당이나 충등이 없게 대접을 하고</u>…[109]

대개 청국에 당파 둘이 있으니 일은(하나는) 완고당이요 일은 개진당이라. 완고당은 만주 종자인데 근본 성품이 완악하고 문견이 고루하며… 새 학문을 싫어하며 다만 교만한 구습으로 외국 사람을 다 오랑캐라 칭하고… 개

---

107 '수구'와 '완고'를 한데 묶어서 경멸적 함의를 강조하는 언어 관습은 1950년대까지 지속되었다. 1956년 강승규 의원과 김상현 의원의 자유당 탈당 성명서에서는 19세기 말 급진개화파가 쓴 '수구완고배' 대신 '수구완고 분자'라는 말을 썼다. "당의 소위 지도층은 당 강령보다 1인의 권위와 자신의 영달만을 도모하고 수구완고 분자의 무지몽매로 인하여 대공당으로서 국민에게 약속한 것을 저버리고 말았다"(「더 방관할 수 없다」, 『경향신문』 1956. 7. 1, p.1).

108 「논설」, 『독립신문』, 1896. 7. 2, p.1.

109 「조선이 외국들과 교제하기 전에는 아무 일을 하여도 조선 사람만 아는 것이라」, 『독립신문』 1896. 8. 22, p.1.

진당은 강남 사람들인데 근본 심지가 순량하고 행위가 점잖은 중에… 썩은 학문을 버리고 앞으로 나아가기를 힘써서 시세를 따라 법률을 변혁하고 형편을 보아 풍속을 고치며 인재를 교육하고 백성을 보호하여 무슨 일이든지 이국편민利國便民케 하기를 바라나니 이른바 개진당이라.[110]

당시 일본과 서구에 유학 중인 조선의 지식인들도 보수는 동사로 계속 쓰고, 수구만 부정적 뉘앙스가 짙은 동사나 관형어로 쓰기 시작했다.

나이 많은 사람들의 생각을 한번 보라. 의타심과 요행심이 뇌수에 굳어 이 참담한 풍운 가운데에서도 문득 말하기를 우리나라가 4천 년 지켜 온 나라이니 언젠가 하늘이 진인을 내려 보내 우리를 살릴 것이라고 하니 어찌 이런 생각을 하게 되었는가? 5천 년 역사의 이집트 민족도 수구불변하다가 오늘날 영국이라는 호랑이의 아가리를 벗어나지 못했고 4700년의 역사를 지닌 월남 민족도 늘상 하던 대로 편하게만 살다가 오늘날 프랑스와 같은 수리의 발톱에 채였으니….[111]

---

110 「논설」, 『독립신문』 1899. 10. 2, p.1.
111 松南(1908), 「舊染汚俗與維新(묵은 때를 모두 유신하자)」, 『태극학보』 제24호 (1908. 9. 24) : 父老의 思想界를 試觀ᄒ라. 依賴心과 僥倖心이 腦髓에 凝結ᄒ야 慘澹한 風雲中의서 輒曰 我國이 四千年 保守之邦이니 某年某日이라도 天生眞人ᄒ야 活我生靈이라 ᄒ니 何其習見之迂也오. 五千年 歷史를 有ᄒ 埃及도 民族이 守舊不變ᄒ다가 今日 英人의 虎口를 未脫ᄒ얏고 四千七百餘年 歷史를 有ᄒ 越南도 其 民族이 循常恬嬉ᄒ다가 今日 法人의 鷙攫을 奄遭ᄒ엿스니…. 松南은 김원극(金源極)이다.

온건개혁파

급진개화파와 달리 온건개혁파는 보수와 수구를 단칼에 구별하지 않았다. 이들은 온건한 보수와 완고한 보수를 구별하려고 했고 유연한 수구와 완고한 수구도 구별하려고 했다. 보수와 수구를 선험적으로 구별하기보다는 완고한 보수, 완고한 수구와 유연한 보수, 유연한 수구의 경험적 구별을 중시한 것이다. 따라서 온건개혁파 지식인들은 경박한 진보와 진정한 진보도 구별했다. 진정한 보수는 완고하지 않으며 진정한 진보는 경박하지 않아야 한다는 이들의 신조는 보수, 수구, 완고를 아예 구별하지 않는 급진개화파와는 사뭇 달랐다.

온건개혁파는 수구라는 말도 급진개화파처럼 부정적인 뜻으로만 쓰지 않았다. 당시 가장 개명진보한 나라로 비친 영국에 대해 말하면서 "영국처럼 제대로 된 수구를 해야 한다"고 썼을 정도다. 맹목적인 조선의 수구와 유연한 영국의 수구를 구분한 아래의 논설에서 당시 조선의 온건개혁파가 영국의 유연한 수구와 조선·동아시아의 완고한 수구를 구별하려고 애쓴 흔적을 엿볼 수 있다.

무릇 수구란 것은 옛 법을 지켜 고치지 말자는 주장이라. 이 수구론자들은 우리나라에도 좋은 법규가 있어 수백 년 문명 통치를 해왔거늘 왜 하필 외국의 신법을 받아들여 정강을 문란케 할 것이냐라고 말하고 있다. 하지만 누가 우리나라에 좋은 법규가 없다 했는가? 다만 예전에는 있었으나 지금에 없을 뿐이니, 이야말로 혹시 수구론자들의 과실이 아닐까? …(수구론자들은) 이런 제반 악습을 저지르면서 입으로는 수구를 떠드니, 이 수구는 어떤 법전과 어떤 장정을 지키려는 수구인가? 나 또한 수구를 원하지만 수구를 하려거든 영국처럼 제대로 하라. 무릇 영국은 세계적으로 유명한 수구국가라. 영국의 수구는 자기 나라의 오랜 법규를 준수하되 외국에 새로운 법이 나오면 자기네 구법과 철저히 비교한 연후에 국법을 폐하고 신법을 행해 오늘날 세계의 강대국 중에 첫손가락에 들지 않았는가. 오늘날의 세계는 옛날과 달라서 문명국가들의 정치와 법령이 세세한 부분에서는 서로 다를 수 있지만, 공명정대라는 큰 틀에서는 서로 같은 나라들이 있으며 단점은 버리고 장점은 취하는 나라들도 있으니, 만일 아직 깨어나지 못한 나라가 세계의 널리 통하는 법을 따르지 않고 전일의 폐정만 일삼으면 그들이 우리에 대한 우의를 저버리고 우리를 압제하리니 그런 지경에 이르러서도 능히 수구를 계속 자처할 것인가.[112]

온건하고 점진적인 개혁을 원한 지식인들은 보수·수구를 '완고'와 구별했고 진보를 '경박'과 구별했다. 완고한 보수, 수구와 경박한 진보를 싸잡아 비판한 온건개혁파는 진보를 뜻하는 개진, 자유, 구

112 「大凡 守舊란 것은 國家에 舊規를 膠守ᄒ야 搖改치 勿ᄒ자는 主論이라」, 『황성신문』 1899. 6. 28, p.1 : 大凡 守舊란 것은 國家에 舊規를 膠守ᄒ야 搖改치 勿ᄒ자는 主論이라 此主論을 執한 者ㅣ 必曰 我國에도 美法良規가 自在ᄒ야 幾百年文明之治를 開ᄒ얏스니 何必外國의 新法을 採用ᄒ야 政綱을 紛雜케 ᄒ리오 ᄒ느니 善哉라 此言이어 誰가 謂ᄒ되 我國에 美法良規가 無ᄒ던가 美法良規가 古에는 有ᄒ다가 今에는 無ᄒ니 此或守舊者의 過失이 아니런가… 如此호 諸般惡習을 行ᄒ면서 口로만 動稱曰守舊라 ᄒ니 此守舊는 何法典何章程을 據홈인고 我도 쏘호 守舊를 甚好ᄒ는 者이니 守舊(이때는 '보수'를 의미)를 ᄒ랴거던 英國과 굿치 홀지어다 夫英國은 世界에 有名호 守舊라 此守舊는 何如ᄒ고 ᄒ니 自國의 舊來ᄒ는 規法을 一遵守去ᄒ는되 或外國에 新法이 有ᄒ면 守來ᄒ던 法과 比較ᄒ야 透徹호 力을 量度호 然後에 舊法을 廢ᄒ고 新法을 行ᄒ느니 今에 世界强國을 數할진되 英國이 一指를 先屈할지니라 今日天下는 古日天下와 異ᄒ야 文明國의 政治와 法令이 或些少節目에는 異同이 有ᄒ나 其公平正大호 綱領에 至ᄒ야는 謀치 안코 相同호 國도 有ᄒ며 或棄短從長ᄒ는 國도 有ᄒ니 만일 未明호 國이 世界平行規法을 從行치 아니ᄒ고 前日弊政만 行ᄒ면 彼가 我에 對ᄒ야 友誼를 變ᄒ고 壓制力을 施ᄒ리니 此에 至ᄒ야도 能히 守舊ᄒ다 稱홀는지.

신求新(새것을 추구함), 유신[113]을 완고한 보수뿐만 아니라 경박한 진보의 반대말로도 썼다. 19세기 말부터 20세기 초까지 이런 온건진보, 온건보수를 대변한 것이 『황성신문』과 『대한매일신보』다. 『황성신문』의 다음 논설은 급진적이고 경박한 진보와 수구적이고 완고한 보수를 둘 다 배격한 글로서 진정한 진보와 진정한 보수의 기준을 서양에서 찾고 있다.

완고한 보수는 진보의 장애만이 아니라 보수가 응당 없애야 할 근심거리이며 경박한 진보는 보수의 적만이 아니라 진보가 응당 없애야 할 악이니. 오호라, 보수파에서 완고한 사람이 나오지 않고 진보의 유업이 경박한 사람에게 맡겨지지만 않는다면 장차 세계열방에게 망국을 당하는 화가 일어나지 않을 것이며…….

같은 보수로되 두 가지 종류가 있고 같은 진보로되 두 가지 길이 있으니 어찌해야 진짜 보수이며 어찌해야 진짜 진보인가…….

완고한 보수는 결코 보수가 아니니 완고한 보수 때문에 청국이 망하는 것이며, 경박한 진보는 결코 진보가 아니니 그래서 이집트가 망하는 것이라…….

오호라, 보수가 완고하지 아니해야 보수라 일컬을 수 있고 진보가 경박하지 아니해야 진보라 말할 수 있으니.[114]

---

113 한자 말 자체의 뜻으로 볼 때 오래전부터 그랬겠지만 '維新'은 조선 중기에도 진보와 혁신을 뜻하는 말로 쓰인 적이 있다. 선조가 초기(1570년대)에 퇴계 이황과 남명 조식 등 거물 성리학자를 중용하는 새로운 정책을 펴자, 사림파는 이것을 유신(維新)·경화(更化)로 일컬으면서 칭송한 바 있다. 김성우(2003), 「16세기의 사림파, 진보세력이었던가?」, 『한국사 시민강좌』 제33집(2003. 8), 일조각, p.4.

114 「保守와 改進(續)」, 『황성신문』 1907. 4. 25, p.2 : 頑固之保守는 不唯改進者之魔障이라 即

이들은 무조건 귀 막고 눈감는 게 보수가 아니라 나라와 정신을 제대로 지키는 일이 보수라고 역설한다. 고유한 정신과 전통을 내팽개친 채 고치고 바꾸는 일에만 매달리는 진보는 경박하고 공허한 짓이라고 개탄한다. 마치 1백 년 뒤의 한국을 미리 내다보고 쓴 글인 듯하다. 다소 길게 인용한다.

무릇 사회를 변함없이 지키려면 영국, 프랑스, 독일, 미국이 웅비하는 현상을 듣고 다만 '한나라시대 흉노의 왕 묵특冒頓과 노상老上의 후손들이 이처럼 따로따로 나라들을 만들었구나'라고 생각할 뿐이며, 전신과 기차가 빠른 것을 보고는 '송나라의 요사한 홍건, 백련 마술이 이런 기이한 환술을 부리는구나'라고 인식할 뿐이며, 서양의 정치를 말하면 냇가에서 귀를 씻은 소부巢父처럼 본말을 따지지도 않고 편하게 귀를 닫을 뿐이며, 나라의 운명이 위급하다고 타이르면 슬픈 기운을 빌려 웃음을 감추고 가생賈生[115]처럼 통곡을 하나니, 이로써 수구를 책망하면 수구 측 인사들은 반드시 '나는 옛것은 알아도 지금 것은 모른다'고 할 것이니… 오호라! 수구적 보수들이여! 오로지 보수하는 일에만 기대면 허다한 악습만 지킬 뿐이요 그로써

亦保守者의 所當痛鋤之孼業이오 輕薄之改進은 不唯保守者之仇賊이라 卽亦改進者의 所當深誅之元惡이니 嗚乎라 保守流派에 不生頑固之子孫호고 改進遺業을 不任輕薄之 兄弟호면 卽將六洲列邦에 長無亡國之禍호고… // 同是保守로디 有此兩種호고 同是改進 이로디 有此兩路하니 如何而後에 爲眞保守며 如何而後에 爲眞改進고… // 頑固之保守는 終非保守 故로 有淸國之蓻靡호며 輕薄之改進은 終非改進 故로 有埃及之滅亡하니… // 嗚乎라 保守者ㅣ 不爲頑固之保守면 可以言保守오 改進者ㅣ 不爲輕薄之改進이면 可以言改進 이라.

115 가생은 한나라 문제(文帝)시대 사람으로, 문제가 좋아하여 공경대부로 삼고자 했지만 대신들의 반대에 야만인이 사는 곳에 벼슬을 보냈다. 그러나 가생은 이를 원망하는 대신 나라와 백성을 위한 일념으로 눈물을 흘리고 통곡하며 긴 한숨을 쉬면서 상소문을 썼다고 한다. '가생의 통곡'이라는 말은 이 일화에서 비롯되었다.

망국의 재앙만 만들 터이니….

또 유신(진보) 쪽 인사들을 보면 영문과 일어를 몇 자 배우면 오만해서 유아독존이고, 자유평등 몇 글자만 이해하면 방자해져 어렵게 여기는 마음이 다시는 없어지고, 전통으로 내려온 정치와 종교에 대해서는 좋고 나쁨과 선악을 따지지 않은 채 오로지 비판하기만을 즐기고… 오호라! 우리나라의 유신자(진보주의자)들이여, 그처럼 개진(개혁)하다가는 다만 우리나라 정신을 파괴하여 멸망의 열매를 거둘 씨앗만 뿌리는 것이니.

나는 바라노라. 보수주의자들의 완고한 뇌수는 하夏 우왕의 신령스런 도끼로 일거에 찍고 개진(진보)주의자들의 경박하고 텅 빈 뱃속은 화타편작의 신령스런 칼로 휘둘러 갈라 삼천리강산의 맑은 기운으로 강직하고 씩씩한 사람, 순수하고 성실한 사람, 모험심이 있는 사람을 낳고 3천만 민족의 정신으로 우리나라를 상공업의 나라, 군사력을 갖춘 나라, 문명의 나라, 부강한 나라로 만들기를. 보수는 우리 강토와 나라와 정신을 지키는 것이지 다른 것이 아니며, 개진(진보)은 우리 사회와 정치와 교육·학술을 뜯어고치는 것이지 딴 것이 아니다. 귀 막고 눈감는 보수를 되풀이하지 않고 실성하고 정신을 내팽개친 개진을 되풀이하지만 않는다면 우리 대한이 제대로 되었다고 말할 수 있으리라.[116]

---

116 「保守와 改進(續)」, 『황성신문』 1907. 4. 26, p.2 : 觀諸守舊社會커던 聞英德法米等 雄飛之現狀ᄒ면 只信以漢代凶奴에 冒頓, 老上之子孫이 如是其分立ᄒ고 覩電信 輪車 等 通行之神速ᄒ면 只認以宋時妖人에 紅巾 白蓮之魔術이 如是其奇幻ᄒ며 語之以泰西政治ᄒ면 不究本末에 便效巢父之洗耳ᄒ고 諭之以國勢危急ᄒ면 委諸氣運에 反笑賈生之痛哭ᄒᄂ니 噫라 若以此로 責守舊者ᄒ면 守舊者ㅣ 必自鮮曰 我ᄂ 知古而不知今ᄒ리니… 嗚乎라 守舊者之保守여 任爾保守ᄒ면 但 保守其許多惡習ᄒ야 以造亡國之孼而已니… ∥ 又觀於維新人物컨디 學得幾字之英文 日語ᄒ면 傲然四顧에 唯我獨尊ᄒ고 鮮得幾句之自由平等ᄒ면 肆然自恣에 無復忌憚ᄒ야 古來政敎ᄂ 勿論善惡良否ᄒ고 只好一口罵盡ᄒ며… 嗚乎라 我國之維新者여 如此改進ᄒ다가는 但 壞損其自國之精神ᄒ야 以種滅亡之果而已니 可不愼

1908년 8월에 실린 『대한매일신보』의 아래 논설도 마찬가지다. 외국문명을 들여오는 것은 좋지만 관습과 정신을 지켜 가면서 필요한 것만 지혜롭게 수용해야 한다고 주장한 이 글은, 무조건 서양을 닮으려고 개혁만 부르짖는 일각의 풍조에 경고를 보낸 것이다. 현대문으로 고쳐서 인용한다.

저 완고배의 수구하는 생각으로 석양에 긴 담뱃대나 물고 사석편론의 썩은 자취나 준론하며 때 묻은 관이나 쓰고 당년에 교만하던 이야기나 하는 비루한 태도를 보면 지사의 피가 끓어서 잘 드는 큰 도끼로 한 번 벽파劈破하여 없애고자 함이 괴이치 아니하다. 그러나 나는 벽파하는 도끼에 나라의 정신까지 상할까 우려하노라. 나라의 정신이라고 하는 것은 무엇인가? 그 나라의 역사상 전래되는 풍속과 관습과 법률과 제도 중에서 선량하고 아름다운 것이니라. 무릇 이 풍속과 관습과 법률과 제도는 이전 성현의 심혈이 모인 바이며 옛 선비들의 정신이 맺힌바….

그중에는 나쁜 것도 있고 추한 것도 있어서 부득이 벽파하는 수단을 쓸지라도, 손으로는 날랜 칼을 날리지만 눈으로는 눈물 흘리며 차마 못하는 마음을 품어야 어진 사람의 마음 씀씀이라 할 것이요. 또한 나라의 앞날에도 위태한 일이 없을지니, 만약 벽파(개혁)라는 두 글자를 잘못 알아 역사적 관습 중에서 선악을 분별하지 않고 한 번에 모두 쓰러뜨리면, 장래 무엇으

哉아 // 願我全國之保守者의 頑固腦髓는 以夏禹神斧로 一擧盡劈ᄒ며 願我全國之改進者의 輕薄腔子는 以華佗神刀로 一揮盡割ᄒ고 三千里江山之淑氣로 産出我剛毅人, 純實人, 熱誠人, 冒險人ᄒ며 二千萬民族之精神으로 做造我商工國, 武備國, 文明國, 富强國호디 保守者는 非他라 保守我疆土ᄒ며 保守我家國ᄒ며 保守我國精國粹而已오 改進者는 無他라 改進我社會ᄒ며 改進我政治ᄒ며 改進我敎育學術而已라 無復掩耳閉目之保守者ᄒ며 無復喪心失性之改進者ᄒ면 我韓이 於是乎 庶幾라 ᄒ노라.

로 기초를 삼아 국민의 정신을 유지하며 무엇으로 근거를 삼아 국민의 애국심을 일어나게 하리오. 외국문명을 불가불 수입할 것이지만 그것만 믿다가는 '날 닮아라' 하는 식의 교육이 됨을 면치 못할 것이며, 시세형편에 불가불 수응酬應(따름)할 것이나 다만 그것만 추향趨向(따라감)하다가는 마귀의 시험에 빠질 것이니 나라의 정신을 보전함이 이같이 중하고 급하도다. 옛적에 블룬칠리伯倫知理 씨가 말하되, 무릇 선대로부터 전래되는 풍속·관습·법률·제도가 그 국가를 발전시키는 데 방해됨이 없는 것은 보전함이 좋다 하였으니, 오호라 벽파만 주장하는 자는 배울 만한 말이로다. 한국 사람의 성품을 볼진대 진취적 성질이 적은 것이 아니라 오랫동안 지키는 성질이 적으며, 한국의 전도를 살피건대 <u>개혁 같은 것이 어려운 것이 아니라 보수하는 것이 어렵다 하리로다.</u>[117]

앞에서 인용한 기사들을 보면 당시 온건개혁파의 비전과 이념이 유럽의 강대국 특히 영국의 정치적 보수주의에 대한 기초적 이해를 밑에 깔고 있었다는 것을 알 수 있다. 프랑스식 혁명보다는 의회민주주의적 절차를 거친 영국식 개혁을 조선이 취해야 할 부국강병의 방책으로 본 다음의 논설도 영국 보수주의를 개량적 보수 또는 개혁적 보수로 제대로 이해하고 있다.

인류의 사상이 변천하고 세계의 풍조가 흔들려 국가와 사회에 대하여 <u>개량과 유신을 희망하는 자들이 종종 파괴주의를 부르짖고 파괴 수단을 이리저리 시험하는데 세상물정 또한 그쪽에 기울어 부화뇌동하여 말하기를</u>

117 「國粹保全說」, 『대한매일신보』 1908. 8. 12, p.1.

개혁시대에는 부득불 파괴를 맹렬히 실천해야 부패한 국가와 사회를 개량하리라 하니, 우리네야 이에 선뜻 맹종할 수도 없고 결단코 반대할 수도 없기 때문에 각국의 혁신 역사를 보고 그들의 경험을 연구해 본즉 실로 파괴주의는 이익이 없고 보수주의를 바탕으로 진보함이 가장 좋은 방침이 되는 것으로 생각하노라.

　유럽의 강대국들을 보면 영국은 보수주의가 가장 강해서 2천 년 역사의 규율과 모습을 지금까지 준수하되 이를 토대로 해서 시대가 변하면 맞게 고쳐서 진보 발전을 이루어 왔으니 영국은 그 문명 사업과 발달한 정신이 가장 완벽히 굳건한 나라다. 동양의 일본도 메이지유신의 실상을 보면 겉만 개혁한 부분이 없지는 않으나 보수주의를 근저로 하여 그 발달의 효력이 제법 완전하다. (그러나) 프랑스 국민은 그 파괴의 행동이 심히 극렬했던 탓에 지금까지 큰 피해를 입은 영향이 있다 하겠다.

　오늘날 우리 대한의 정황을 보면 보수와 파괴를 막론하고 자유의 능력은 없으나 모든 사회적 사업에 대해 신진의 날선 기운으로 파괴주의를 부르짖는 것은 결코 완전한 이익을 얻지 못할 것이다. 현재 국내 사정을 논하건대 수구파가 대부분이요 구신求新파는 소수에 머물고 백성의 신임과 자체 능력도 수구파가 구신파보다 더 나은지라…. 그런즉 어떤 방법으로 두 파의 융화를 이루어 차질 없이 진보를 이룰 것인가. 반드시 구신파는 수구파에게 충격을 주지 말고 화합과 협조를 도모하며, 보수주의를 타파하기보다는 그것을 이용하는 방법을 택해 모든 사업에 개량 진보를 시도함이 완전한 방침인가 하노라.[118]

---

118 「論說 保守主義로 進步홈이 佳良혼 方針(보수주의로 진보함이 좋은 방식이다)」, 『황성신문』
　　1909. 11. 17, p.2 : 人類의 思想이 變遷호고 世界의 風潮가 震盪홈으로 國家와 社會에 對

정리하자. 19세기 말 조선의 온건개혁파는 무조건 서구문물을 수입하고 제도를 개혁하고 보자는 경박한 진보를 배격하면서 영국식의 '온건한 보수와 신중한 개진'을 최상의 구국 방책으로 여겼다. 이처럼 온건하고 개혁적인 보수주의를 진정한 보수로 보고 신중한 개진주의liberalism를 진정한 진보로 받아들인 1백 년 전 조선의 개혁파는 21세기 한국의 보수와 진보가 나아갈 바를 이미 가리키고 있었다.

일상의 보수주의

20세기에 접어들면서 조선에서도 보수주의라는 말이 conservatism의 번역어로 사전에 수록되었다. 그런데 당시 조선의 식자들은

ᄒᆞ야 改良維新을 希圖ᄒᆞᄂᆞᆫ 者가 往往히 破壞主義를 主倡ᄒᆞ고 破壞手段을 嘗試ᄒᆞᄂᆞᆫ디 一般 物情이 ᄯᅩᄒᆞᆫ 此에 傾向ᄒᆞ며 此에 附和ᄒᆞ야 曰 改革時代에는 不得不 破壞方法을 猛着實行ᄒᆞ여야 腐敗ᄒᆞᆫ 國家와 腐敗ᄒᆞᆫ 社會를 改良ᄒᆞ리라 ᄒᆞ니 吾儕於此에 遽然히 盲從키 不可ᄒᆞ고 截然히 反對키도 不可ᄒᆞᆫ 故로 各國 革新史에 對ᄒᆞ야 其經驗의 實地를 硏究ᄒᆞᆫ즉 實로 破壞主義ᄂᆞᆫ 完全히 利益이 無ᄒᆞ고 保守主義로 進步홈이 極히 佳良ᄒᆞᆫ 方針이 되는 줄노 思惟ᄒᆞ노라. ∥ 歐洲列强으로 觀ᄒᆞ면 英國은 保守主義가 最勝ᄒᆞ야 二千年歷史上規模를 至今ᄭᅡ지 遵守ᄒᆞᄂᆞᆫ基礎로ᄡᅥ 因時制宜ᄒᆞ야 進步發展을 勵行홈으로 同國의 文明事業과 發達精神이 最히 完全鞏固ᄒᆞ고 東洋의 日本도 其維新의 實相을 觀察ᄒᆞ면 表面的改革은 不無ᄒᆞ나 ᄯᅩᄒᆞᆫ 保守主義의 根抵로 其發達의 效力이 如彼其完全ᄒᆞᆫ 바라 法國人民은 破壞行動이 甚히 劇烈ᄒᆞᆫ 結果로 至于今日ᄭᅡ지 多大ᄒᆞᆫ 損害를 被ᄒᆞᆫ 影響이 有ᄒᆞ도다. ∥ 目今 我韓의 情況으로 言ᄒᆞ면 保守와 破壞를 莫論ᄒᆞ고 均히 自由의 能力은 無ᄒᆞ나 社會上 一切 事業에 對ᄒᆞ야 新進銳氣로 徒히 破壞主義를 提倡홈은 決코 完全ᄒᆞᆫ 利益을 不得홀지로다 何以言之오 現在國內物情으로 論斷ᄒᆞ건디 猶是守舊派가 多部分이오 求新派ᄂᆞᆫ 少數에 居ᄒᆞ고 人民의 信用과 自家의 能力도 守舊派가 求新派보다 優勝ᄒᆞᆫ지라… 然則 如何ᄒᆞᆫ 方法으로 兩派의 融和를 奏ᄒᆞ야 進步의 無碍홈을 得홀가 必也 求新派들이 守舊派에게 衝激을 勿加ᄒᆞ고 和協을 是圖ᄒᆞ며 保守主義를 打破치 勿ᄒᆞ고 利用方法을 取ᄒᆞ야 一般 事業에 改良進步를 企圖홈이 完全ᄒᆞᆫ 方針이라 ᄒᆞ노라.

보수주의를 단순히 '보수'와 '주의'가 합쳐진 말로 썼다. 해오던 대로 따르는 대의와 방침을 뜻하는 일상어로 쓴 것이다.

외국에서는 부자가 아무쪼록 자기의 실력을 과장하여 신용을 널리 얻는 일에 힘쓰며 상점에서는 화려한 물건을 맨 앞줄에 진열하여 손님들의 이목을 끌거늘, 우리나라는 이와 반대로 부자는 아무쪼록 실력을 숨기고 상점에서는 물품을 아무쪼록 창고에 숨겨 놓아 종로 대로변에서도 적막하다는 탄식을 금할 수 없으니 이는 어디까지나 보수주의라 할 것이다.

우리나라가 지금까지 한문만 숭상한 결과로 오늘날 정신의 부패를 초래하였는데 근래에 이에 대한 반발로 한문사상을 전폐하는 지경에 이르렀지만, 신학문 또한 발흥하지 못하여 앞으로 청년들이 어떤 학식을 닦아 얻는다 해도 자기 사상을 글로 충분히 표현하기 불가능할뿐더러 통상적 서신마저 혼자 쓰지 못하게 되리니 어찌 한심하지 않으리오.[119]

관행과 관습을 따르는 방침을 보수주의라고 했기 때문에 다음 글에서 보는 것처럼 19세기 미국의 전통인 고립주의아메리카 대륙 바깥의 문제, 즉 유럽 문제에 개입하지 않는 외교 방침도 보수주의로 여겼다. 19세기 말의 서구에서는 보수주의라는 말이 제국주의를 뜻하고 있었지만, 보수주

---

119 孫榮國(1906), 「隨感錄」, 『태극학보』 제3호(1906. 10. 24) : 外國에서는 富者가 아모쪼록 自己의 實力을 誇張ᄒ야 信用을 廣得홈에 是務ᄒ며 商廛에서는 華麗ᄒ 物品을 廛頭에 陳列ᄒ야 아모쪼록 華客의 注目을 惹起ᄒ거늘 我國은 此에 反ᄒ야 富者는 아모쪼록 實力을 隱匿ᄒ고 商廛에서는 物品을 아모쪼록 倉庫에 隱置ᄒ야 鐘路大街上에도 寂寞의 歎을 不禁ᄒ니 어듸까지 保守主義(라). // 我國이 以來 漢文만 崇尙ᄒ 結果로 今日 精神의 腐敗를 招致ᄒ엿는데 近來에는 此의 反動으로 漢文思想은 全廢ᄒ 境에 至ᄒ고 新文學은 發興치 못ᄒ야 今後 靑年은 如何ᄒ 學識을 修得홀지라도 自己의 思想을 十分 文章으로 表示키 不能홀 쑨 아니라 通常 書信을 自書치 못ᄒ게 되리니 엇지 寒心치 아니리오.

의를 일상어로 받아들인 조선의 식자들에게는 미국 외교의 고립주의와 반제국주의anti-imperialism가 오히려 보수주의로 비친 것이다.

다행인지 불행인지 모르겠으나 우리는 신시대에 출생한 민족이로다….
오호라, 우리는 이 신시대를 맞아 어떤 이상을 지녀야 하고 어떤 방책을
세워야 하는가? 이는 실로 우리 민족의 생존과 멸망에 관한 큰 문제로다.
세계열강의 문명사를 관찰해 보면 대세를 잘 읽어 자국의 국시를 대세와
조화시킨 나라는 흥하고 완고하고 고집스러워서 이익과 손해, 선과 악을
구별하지 못한 채 보수주의를 도모하고 지켜 나가 천하의 흐름에 뒤떨어진
나라는 망하였도다…. 잘 보라. 지난 1백 년간 보수주의를 확고히 고집하
던 미국이 근래에 무슨 까닭으로 제국주의를 주창하면서 세력 확장에 열중
하는가? 이는 다름이 아니라 천하만방이 모두 제국주의를 주창하는데 도
저히 자기 나라만 먼로주의(고립주의)를 고집해서는 나라를 보전할 수 없는
까닭이라.[120]

이로써 살피건대 실제로는 양국의 청나라정책에 이해가 상반되는 큰 관
계 문제가 있는 까닭이라. 미국의 현 대통령 루스벨트(Theodore Roosevelt) 씨

---

120 一歲生(1907), 「新時代의 思潮」, 『태극학보』 제14호(1907. 10. 24) : 幸耶아 不幸耶아 不知
커니와 吾人은 新時代에 出生ᄒᆞᆫ 民族이로다…. ∥ 嗚呼라. 吾人이 此 新時代에 處ᄒᆞ야 如何
ᄒᆞᆫ 理想을 有홈이 可乎아. 如何ᄒᆞᆫ 方針을 立홈이 可乎아. 此實 我民族의 生滅存亡에 關ᄒᆞᄂᆞᆫ
大問題라. 世界列强의 文明史를 觀察ᄒᆞ니 大勢를 善察ᄒᆞ야 自國의 國是를 大勢와 調和ᄒᆞᆫ
者ᄂᆞᆫ 興ᄒᆞ고 한갓 頑冥固執ᄒᆞ야 利害善惡을 不分ᄒᆞ고 唯一 保守主義를 劃守ᄒᆞ야 天下時
勢에 落後ᄒᆞᆫ 者ᄂᆞᆫ 亡ᄒᆞ얏도다…. 請看ᄒᆞ라. 百餘年 以來로 保守主義를 確執ᄒᆞ던 北米合衆
國이 近時를 當ᄒᆞ야 何故로 帝國主義를 主唱ᄒᆞ야 版圖擴張에 熱中ᄒᆞᄂᆞ뇨. 是ᄂᆞᆫ 非他라. 天
下萬邦이 皆是 帝國主義를 主唱홈에 自己一國이 到底히 몬로主義로써 國家를 保存홀 슈
無ᄒᆞᆫ 故ᅵ 라.

는 패권욕이 넘치는 제국주의자라, 천하대세가 미국으로 하여금 <u>보수주의</u>를 도모하고 지켜 나감이 불리하다는 것을 깨닫게 만든 이후 국시를 일변하여 제국주의를 행함에 이르렀는데 (미국이) 제국주의를 실행할 만한 곳은 중국대륙 말고는 다시 없는지라.[121]

보수주의를 일상어와 일상 개념으로 쓰는 관습은 다음 장에서 다루게 될 일제강점기에도 변하지 않았다. 일제강점기 후반까지 보수주의는 일상의 개념으로 쓰였다. 예를 들면 1930년대 중반의 아래 논설은 타성에 젖어 있는 서울 종로 일대의 상인들이 상가의 외관을 개량하지 않는 보수주의에 빠져 있다고 논평하고 있다.

보라! 京城 鍾路商街의 陳容이 어떠한가? 거트로는 상당한 발전을 보고 잇는 것이 사실이다. 화신백화점을 비롯한 신식 대건물의 상포가 날로 늘어 감을 볼 때에 만흔 기쁨을 가지는 것도 무리가 아니다. 아닌 게 아니라 京城에서 화려한 상가를 말한다면 본정통(진고개)을 들든 것이 오늘에 이르러는 <u>보수주의</u>에 억매여 시대에 뒤떨어진 상가의 진용 아래 잇든 鍾路 일대도 날로 화려한 상가의 미관을 갖추어 가고 잇다.[122]

사회주의자에서 친일파로 전향해서 내선일체를 주장한 다음의

<hr/>

121 崔錫夏(1909),「日本文明觀(前 大韓學報 第九號 續)」, 『대한흥학보』 제1호(『대한학보』 제9호의 다음 호. 1909. 3. 20) : 由是觀之컨디 其 實은 兩國의 對淸政策에 利害相反ᄒᆞᄂᆞ 大關係가 有ᄒᆞ 故라 何를 謂홈이노. 米國 現 大統領로즈벨트 氏는 覇心勃勃ᄒᆞᄂᆞ 帝國主義者ㅣ라. 天下大勢가 米國으로ᄒᆞ여금 保守主義를 劃守홈이 不利益됨을 覺醒케 ᄒᆞ 以來로 國是를 一變ᄒᆞ아 帝國主義를 行홈에 至ᄒᆞ얏는데 帝國主義를 行홀 만흔 곳은 支那大陸 外에 更無ᄒᆞ지라….

122 耕山學人(1936),「京城鍾路商街大觀」, 『삼천리』 제8권 제2호(1936. 2. 1).

글도 보수주의를 일상의 개념으로 쓴 사례다. '속 좁은 보수주의자들'이 내선일체를 아무리 배격해도 일본의 발전이 이를 용서치 않을 것이라는 내용의 글인데, 내선일체를 조선 민족의 진보 방책이라고 강변한 그의 눈에는 내선일체를 가로막는 항일투쟁이 민족의 진보를 방해하는 고루한 보수주의로 비친 것이다.

> 內鮮一體는 결코 일개의 위대한 정치가의 국책적 표어가 아니다. 內鮮 양 민족의 공동의 운명의 결합이오, 환원이다. 朝鮮의 민족적 전통 의식이 아모리 이것을 거부할지라도 생동하는 역사적 현실은 부정할 수 없을 것이며 大和(일본)민족의 島國的 근성을 고집하는 모든 狹隘保守主義者들의 견해가 아모리 이것을 擯斥빈척(배척)할지라도 大和 국가의 생명적 발전은 결코 이것을 용서치 않을 것이다.[123]

이처럼 보수주의라는 말은 개화기부터 일제강점기까지 서구의 정치적 개념으로 수용되지 못하고 그 뜻과 내용이 맥락에 따라 요동치는 일상의 개념으로 쓰였다.

또 하나의 수구 : 한말 유학의 세계관

일본과 개화파가 수구를 부정적이고 퇴영적인 말로 만들었지만, 척화와 양이를 내건 조선의 유생들은 수구를 선비가 받들어 마땅한 윤리로 여겼다.

---

123 金漢卿(1940), 「共同運命에의 結合과 그 還元論」, 『삼천리』 제12권 제3호(1940. 3. 1).

수구, 즉 '舊'를 소중히 여긴 성리학적 역사관과 세계관은 1896년 전라도 선비인 고광순이 고종에게 올린 상소문에 생생하게 드러나 있다. 이 상소문은 고종이 내린 의병해산조칙에 반대한 글로서, 개화파를 처단하고 명성황후를 시해한 일본에게 복수하자는 내용이다. 고광순의 상소문은 수구를 단순히 '개화'의 반대말로 쓴 게 아니라 '서양 오랑캐'의 침략을 물리치고 종묘사직을 수호하는 적극적 가치를 가진 개념으로 썼다. 이 상소문을 읽어 보면 풍전등화와 같은 안팎의 정세를 초래한 '역적 개화파'의 불충과 이기심을 질타하는 전통 유학의 세계관과 역사관을 엿볼 수 있다. 한글로 바꾸어 그 일부를 다소 길게 인용한다.

그때 서울의 광경을 바라보니 천주당에서 배운 사람은 누구이며 창성하게 조직하여 외국 물건을 사고팔기를 바라는 사람은 누구인지요. 기묘하고 음탕한 기교를 부려 남의 나라를 혼란에 빠뜨리고 전화로 빨리 아뢰고 화륜선을 타고 달려온 손님이 주인 노릇을 하니 마치 석양에 저무는 저자(시장)처럼 쓸쓸하기만 합니다. 향리에 돌아와서 인심을 살펴보니 견디기 힘든 요역은 살을 깎고 뼈를 내리치는 것 같으니 고단한 백성의 한탄은 날로 극심해 갑니다.

…요즈음 전하의 뜻대로 헌장을 고쳐 때에 따라 사용하시는 중에 오히려 혼란만 불러일으키는 것은 어떤 연유인지요. …병인양요 후 각 도와 여러 읍에 비(척화비)를 세웠는데, 그 비문에 이르기를 양이가 침범할 때 싸우지 아니하면 화친하는 것이며 화친을 주장하는 것은 매국을 의미하는 것이라 하니 1866년 병인에 시작하여 1871년 신미에 세워 천만 년 뒤 우리 자손을 경계하자는 뜻이었습니다. 이때 전하께서 영단을 내려 전국에 포고하신

것은 참으로 잘하신 일이며 최근에 개화를 새긴 비를 무너뜨리라 하시니 이 또한 어찌나 통쾌한지요. 무릇 개화라는 두 글자의 뜻은 오랑캐가 되자는 것이고 인간을 금수로 만들자는 것에 지나지 않으니 국가적 존망과 안위가 코앞에 닥쳤다는 것은 설명할 필요 없이 자명합니다. 살며시 들어 보니 타국인이 서울 시내에 도사리고 있다니 실로 세계 어느 나라 헌법 가운데에도 없는 조약인데 우리나라만 유독 그러하다고 합니다. 같은 방 안에서 음탕하고 짐승 같은 다른 족속을 보듬어 키워 침범을 당할 걱정을 모면하고자 바라는 이치는 없으니, 자신이 모욕을 당하는 한탄은 이미 논할 바 없을 것이며 개화 후에는 겹겹이 쌓인 변괴가 고기비늘처럼 일어날 것입니다. 연줄만 붙잡고 벼슬을 얻을까 잃을까 걱정하는 무리가 이민족에게 아부하여 밖으로는 외세에 호응하고 안으로는 협박을 일삼으며 권위와 복록을 제 마음대로 하며 전하의 계획하신 것들 중 이로운 것은 자기에게 돌리고 해로운 것은 나라에 돌리고 있습니다. 그러나 인심은 천심이기에 필경 스스로 곤란을 겪을 것이고 하늘이 반드시 죽일 것이니 (김)홍집, (정)병하 등이 이들입니다. 이전 날 홍집, 병하의 무리가 입시하였을 때 그들이 과연 곧은 말을 하였습니까. 과연 기쁜 얼굴을 보였습니까. 주상처럼 신하를 잘 아시는 분이 없으니 주상께서 그들의 말을 듣고 모습을 보면 어찌 그들이 감히 숨길 것입니까. 요즈음 나라의 형세가 큰병을 앓고 있는 사람이 다시 큰병을 보탠 것과 같으니 평순한 약제로는 이야기할 바가 못 되고 모름지기 대승기탕과 십전대보탕이나 쓴 뒤에야 가히 회복할 것입니다. 큰 간신이 충신처럼 생각되는 것이니 한마디로 아뢰어 엎드려 바라건대 전하께서는 사랑을 주시는 가운데 그들의 흉악함을 아서서 개화를 주장해서 나랏일을 그르치려 한 두목의 머리를 베어 대중을 깨우쳐 주시오소서. 신이 아쉬워하는 바는 효적孝賊(박영효)이 살아 입국하던 날 바로 성토문을 쓰고 그놈의 살을 씹지 못한 것이며, 모후(민비)가 변을 당하신 날 즉시 달려가서 되갚지 못한 것입니다. 단발령을 내렸을 때 전하의 상투를 그대로 보존하지 못하였고 신의 상투는 보존하였습니다. 그러나 군신과 부자는 한 몸이요 천륜이라고 해서 신의 상투는 비록 지켰지만 지킨 것이 아니니 만 번 죽고 싶습니다. 아관俄館(러시아 공사관)이 모습을 드러냈고 임금님은 아직까지 경복궁에 돌아오시지 못한 이때, 충량지과忠良之果(충신)가 과연 누구인지 상세히 알 수 없습니다. 이와 같은 변란이 많은즉 외세 때문에 장차 국가는 국가답지 못할 것이고 임금은 임금답지 못할 것이며 신하는 신하답지 못하여 국운은 멈추어 버릴 것입니다. 엎드려 생각하니 열성列聖(역대 임금)의 국은이 망극하였으므로 한 조각 양맥陽脈(인체의 정기를 유지해 주는 맥, 국운을 지탱해 줄 맥)이 이 의거(의병)에 있는 듯합니다. 전국의 거리에서는 의거를 외치는 목소리가 날로 높아만 가고 있습니다. …신 또한 선비이기 때문에 서로 호응하여 국가를 함께 붙들 것을 약속하고 여러 고을에 통문을 발송하고 민심을 수습해서 대동단결하여 억만심이 오직 일심으로 되었으니 이 어찌 임금님의 덕화德化에 젖어 가만 둘 수 없는 떳떳한 인간성이 아니겠습니까. 그러나 아직까지 단결이 부족한 상태이니 임금을 호위하는 일이 늦어질까 두렵습니다. 군사를 이끌고 출정하는 날 전국 의병이 서로 호응할 것이며 즉시 대궐에 달려가 임금의 고통을 부채질하는 무리를 깨끗이 소탕할 것이며 이류異類(이민족)는 마땅히 알아서 죽일 것이며 태원太原(중국)의 경우 이해를 예측하기 어렵습니다. 그러나 모두가 의에서 출발한 것이요 의롭게 죽는다면 죽음도 오히려 영광스러울 것이니, 이는 실로 하늘도 알고 땅도 아는 것입니다. 이때 전하께서 의병을 해산하라는 어명을 누차 내리시니 이는 임금님 좌우에 있는 신하 모두가 개화를 주장하는 주변 인물로서 거리낌 없이 법제를 고쳐 명령한 것인 까닭에 신은 사실상 믿지 않았습니다. 전하께서 본궁에 돌아오시고 나라의 법이 옛날처럼 다시 밝아 교활한 무리를 제거하고 섬나라 오랑캐가 물러간 뒤 윤음綸音(왕명)을 내리시면 신 등은 내일을 기다리지 않고 스스로 해산할 것입니다. 들으니 각 도에 수령들이 난민적자亂民賊子(백성을 어지럽히는 개화파)에 의해 살해되었으므로 백성 모두가 그들을 죽여야 한다고 하니 밝은 하늘의 이치가 그림자와 소리처럼 빨라 왕께서 명령하지 아니하여도 다시 밝아진다는 것이 이와 같이 분명합니다.

신이 조용히 생각해 보니 일이란 재빠르게 수습해야 합니다. 대체로 요즈음 고을에는 동비東匪(동학당)와 상인常人(상사람)들이라 사와 정이 이미 판가름났고 묘당廟堂(조정)에는 수구파와 개화파라 사와 정이 스스로 구별되니 모름지기 대대로 벼슬해 온 수구파에서 나이와 학덕이 많은 인물을 택하여 고을 수령에 발령하시어 불안한 민심을 위로하여야 할 것입니다. …상국上國(중국)을 예우하는 도를 언급하자면 1636년 병자호란 이후에는 존주尊周(주자학 숭상)의 정신과 대보단大報壇(명의 은혜에 보답하기 위해 설치된 단)을 설치하자는 것은 당당히 의논되어야 할 것이며, 이제 청국 역시 심복하지 않을 수 없다는 의론이 분분하니 백세인 뒷날에 결정한 것이 가하다고 할 것인데, 최근에 전하께서 자주독립을 언급하시니 어찌 마땅하다고 하겠습니까. 한마디로 말하여 전하로 하여금 자주독립을 설득한 자는 누구입니까.[124]

성리학의 천하관과 사대질서 속에서 살아온 유생의 눈으로 볼 때, 일본의 자객이 민비를 시해하고 국왕 고종은 일개 외국 공사관으로 피신한 당시 조선의 정세는 수백 년 내려온 종묘사직이 탐욕

---

124 고광순(1989), 「상소문」[숭정 기원 5년 병신년(1896) 2월], 한국독립운동사연구소, 『한국독립운동사 자료총서 제3집 한말의병자료집』.

스런 외세와 '반역적인 개화파'의 이기적 책동 때문에 무너져 내리는 그야말로 풍전등화의 말세였다. 19세기 조선의 척화사상을 대표하는 것으로는 일찍이 자신의 목을 치라는 뜻으로 도끼를 짊어지고 대궐 앞에 엎드려 일본과의 개항조약 강화도조약, 1876 체결에 반대한 면암 최익현의 상소문 「지부복궐척화의소持斧伏闕斥和議疏」가 널리 알려졌지만, 그보다 20여 년 후에 유생 고광순이 쓴 위의 상소문은 오랑캐의 침탈이 돌이킬 수 없이 깊고 외세에 의탁한 개화파의 책동이 극에 달한 망국의 현실을 목전에 두고 쓴 것이다. 수구에 대한 역사적 판단을 잠시 접어 두고 이 상소문을 읽어 보면 척사파 유생들이 양이를 부르짖던 심경의 일단을 엿볼 수 있다. 또 이들이 왜 수구파와 개화파를 정과 사, 선과 악으로 철저히 갈랐는지 그 심판의 명분도 엿볼 수 있다.

예로 맺은 중국과 조선의 사대질서가 독립이니 주권이니 떠드는 개화파의 책동과 외세 때문에 허물어져 사직과 백성이 위태롭다고 본 이 경직된 세계관과 강고한 역사관은 지금의 눈으로 보면 분명히 고루한 수구다. 그러나 '화륜선을 타고 온 음탕하고 짐승 같은 이민족'이 주인 행세를 하면서 서울 한복판을 활보하는 것이 다른 나라의 헌법 조문에는 없는 망국의 증세라고 개탄할 만큼 그들은 중화의 담장 바깥과 차단된 세계에서 평생을 살았다. 그들이 보기에는 '일신의 영달을 위해 날뛰는 개화파'를 처단하고, 국모가 시해당한 변고를 되갚고, 흔들리는 종묘와 사직을 위해 목숨을 던지는 것은 삼강오륜을 배우고 가르치는 선비라면 회피해서는 안 될 지상의 도덕적 책무였다.

이 상소문을 쓴 전라도의 유생 고광순은 나중에 전라도 일원에서

의병장으로 활동하다가 순국했지만,[125] 이런 세계관을 지닌 당시 조선의 유생들에게는 수구가 주권이니 독립이니 떠들면서 '오랑캐 족속이 되려는 개화'를 배척하기만 하는 소극적 방어 자세가 아니었다. 이들에게는 수구야말로 탐욕스런 외세와 일신의 영달을 위해 외세에 빌붙어 매국매족하는 '개화 잡배'로부터 조선의 정신과 중화의 세계를 수호하는 충정이었다. 또 일본과 개화파가 경멸하는 고루한 수구가 아니라 성리학적 선善과 정正을 수호하는 수구였고, 예에 바탕을 둔 동아시아문명이 기독교문명이 구축한 '힘'의 세계 질서에 편입되고 있던 19세기 말의 세계화를 절체절명의 위기로 받아들인 전통적 지식인들의 저항을 표상하는 '또 하나의 수구'였다.

---

125 고광순이 1907년(융희 원년) 전라도 동복(同福)에서 일본군과 싸우다가 패했다는 기록은 『매천야록』에도 나온다. 黃玹(1907), 『梅泉野錄』 제5권 光武 11년.

7. 일본 강점기 : 1910~1945년

1917년의 볼세비키혁명 이후 국내외 일각의 항일운동가들은 소련을 민족 해방의 후원자로 보고 의지하기 시작했다. 그리고 코민테른 노선에 따라 민족 해방과 노농혁명을 하나로 보았다. 1918년에는 연해주에서 한인사회당이 결성되었고, 1921년에는 상해 임시정부 내의 좌파가 고려공산당을 결성했다. 국내에 있던 사회주의자들도 공산당 설립에 나섰다. 상해 고려공산당과 이르쿠츠크 고려공산당을 비롯한 다양한 좌익 정당이 해외에서 결성되자, 1925년에는 코민테른의 지시를 받는 국내의 조선공산당이 비밀리에 결성되었다. 이런 변화 속에서 좌익의 이념을 거부한 민족주의 우파는 서구에서 만들어진 이념 좌표에 따라 '보수'가 되었고, 항일민족주의는 좌파와 우파로 분화하기 시작했다. 일제 치하에서의 조선자치론을 내세운 춘원 이광수의 『동아일보』 논설1922과 김윤식의 사회장 문제를 둘러싼 논쟁1923은 민족주의우파가 민족주의좌파 및 사회주의자들과 대립한 첫 사건이었다(남시욱 2011 : 133~151).

이처럼 1920년대부터 좌우의 분열은 시작되었지만, 자생적 공화주의를 실험할 새도 없이 주권을 빼앗긴 현실에서는 보수와 진보를 표방한 정치 세력이 형성되고 또 서로 대립할 기회가 차단되었다. 그 결과 일제강점기 내내 보수는 일상의 담론과 담화 속에 갇힐 수밖에 없었다. 1920년 조선총독부가 편찬한 『조선어사전』에는 '보수'나 '수구'라는 항목이 아예 빠져 있고, 1922년에 출간된 최록동의 『현대신어석의現代新語釋義』[126]도 '보수'나 '보수주의'는 별도의 항목으로 수록하지 않고 엉뚱하게도 '보수적 사회개량주의'만 수록하고 있다.[127] 1934년에 나온 『신어사전』에는 '보수주의'라는 항목이 있지만 "낡은 것, 옛날 것을 그대로 지켜 나가는 주의"[128]로만 되어 있다. 일상 개념으로서의 보수주의만 풀이한 것이다. 보수라는 말이 정치적 내용을 담은 말로 쓰일 수 없는 상황 때문에 과거처럼 '지키다'라는 뜻을 가진 동사로 쓰이거나 일상적인 보수 개념으로 쓰인 것이다. 이처럼 개화기의 보수 개념에서 한 발짝도 나가지 못한 일제강점기에는 개화기와 마찬가지로 보수가 수구, 완고와 혼용되는 경우가 대부분이었다.

---

126 최록동(1922), 『현대신어석의』, 문창사.
127 보수적 사회개량주의는 "사회주의자나 공산주의자처럼 현재 사회를 근본적으로 전복한 연후에 이상적 사회로 가려 함에 반하여, 현재의 조직 질서 등을 문란하게 하지 않고 개량이 가능한 방면으로부터 가능한 정도에 따라 점차 개량의 길을 가고자 하는 주의"로 풀이되어 있다. 한림과학원 편, 『한국근대신어사전 : 현대신어석의 · 신어사전』, 선인, p.45.
128 『신어사전』, 1934, 청년조선사, p.121.

보수, 동사로 계속 쓰다

일본강점기에도 보수는 동사로 계속 썼다.[129] 신채호의 「조선혁명선언의열단선언」이나 1919~1926년 임시정부 기관지 역할을 한 상해의 『독립신문』에서 보수가 전통적 용례로 쓰인 사례는 쉽게 찾아볼 수 있다. 별다른 해설이 필요 없기 때문에 차례로 인용만 한다.

고금을 샅샅이 돌아보고 동서를 두루 살펴보니 우리보다 먼저 세운 나라가 없고 우리 강토의 크기도 주변에 비할 바 없고 문화가 우리보다 나은 자도 없고 인민의 부강함도 다른 민족에 뒤질 바 없었지만, 후대 자손들이 점점 어리석고 불초하여 훌륭한 문화를 떨치지 못하며 튼튼한 강토를 지켜 내지 못하여 도리어 유사 이래 없었던 경술국치(한일합병)를 당하여 금수강산은 타민족의 영토에 귀속되고 신성한 민족은 타민족의 노예가 되었도다.[130]

일본 강도의 치하에서 문화운동을 부르짖는 자는 누구냐? …쇠망한 인도족, 유대족도 문화가 있다. 그러나 유대인들은 돈의 힘으로 선조의 종교

---

129 大垣丈夫(1906),「偉大한 國民에난 三個特性이 有함을 見함」,『대한자강회월보』 제2호 (1906. 8. 25) : 美風俗善制度를 保守ᄒ고 ; 金貞植氏 演說 · 金洛泳 筆記(1906),「去驕說」, 『태극학보』 제5호(1906. 12. 24) : 若得此 二者 中에 謙遜홈으로 保守치 아니ᄒ연 魔鬼가 必驕驕傲로 誘入ᄒ리니 ; 朴達成(1921),「東西文化史上에 現하는 古今의 思想을 一瞥하고」, 『개벽』 제9호(1921. 3. 1) : 吾人은 고전에 의하야 그를 保守함으로써 現世를 유지할 것이라… 하는 擬古主義, 또는 吾人은 어대까지 개성의 權能을 발휘할 것이다. 由來의 법칙을 棄할 것이며 인습의 도덕을 타파할 것이다… 하는 낭만주의.

130 「祝賀新年」,『독립신문』(상해 임시정부 기관지) 1923. 1. 1 : 古今을 瞥窮하고 東西를 橫看하니 開國이 我보다 先한 者 업고 疆域의 廣大가 隣에 比할 데 업스며 文化가 我보다 優한 者 업고 人民의 富强이 人에 讓할 것이 업더니 後屬이 漸迷하고 來裔가 不肖하야 玉蘊의 文化를 發揮치 못하며 金甌의 疆土를 保守치 못하고 도로허 有史以來 未曾有의 庚戌恥辱을 當하야 錦繡江山은 人의 版圖에 歸하고 神聖民族은 人의 奴隷에 率하엿도다.

적 유업을 ○○함이며, 인도인들은 그 땅의 광대함과 인구의 수로 상고의 자유 발달한 ○○을 지키고 있으니 어디 ○○같이 승냥이와 이리같이 인혈을 빨고 골수까지 깨무는 강도 일본의 입에 물린 조선 같은 데에서 문화를 발전 보수한 전례가 있더냐? …갑신(정변) 이래 유신당과 수구당의 성쇠가 거의 외국의 지원의 유무에서 판가름나며….[131]

임시정부에서 의정원에 제출한 임시헌법 개정안의 전문은 본보 별항에 기재한 바와 如하다 吾人은 금회 國老 朴白岩先生 이하 국무원 제군이 多年 현안이던 헌법 개정의 대사명을 완성키 위하야 성충을 다하고 혈한(피와 땀)을 흘려 6장 38조의 대헌을 기초한 사업에 대하야 만강의 열정을 기우려 경의를 표하기를 마지아니하노라

…금일 시국은 독립운동의 생사관두(생사의 관문)요 헌법 개정 초안은 대체로 보아 민의의 표현이라 할지라 실패된 覆轍(전철)을 누라서 다시 밝기(밟기) 원하리오만은 기왕의 殷鑑(귀감 또는 타산지석)이 잇슴에도 불구하고 오히려 "만일 국령(영도자)의 추천으로 국무원을 선임하게 되면 국령된 자 반다시 자기의 신임하난 可堪之材(인재)의 동지를 추천할지니 그러케 되면 우리 지방의 某 首領과 우리 단체의 某 先進은 국무원 당선이 위태할 듯하니 고로 차라리 지방별이나 단체별로 하야 각 지방 각 단체의 수령들을 다 임시정

131 신채호(1923), 「조선혁명선언」(http://search.i815.or.kr/ImageViewer/ImageViewer.jsp?tid=co&id=3-003861-178) : 日本强盜治下에서 文化運動을 부르는 者— 누구이냐? …衰亡한 印度族, 猶太族도 文化가 있다 하지만 一은 金錢의 力으로 그 祖先의 宗敎의 遺業을 ○○함이며 一은 그 土地의 廣과 人口의 衆으로 上古의 自由發達한 ○○을 保守함이니 어디 ○○같이 豺狼같이 人血을 팔다가 骨髓까지 깨무는 强盜日本의 입에 물린 朝鮮 같은 데에서 文化를 發展保守한 前例가 있더냐? …甲申以來 維新黨, 守舊黨의 盛衰가 거의 外援의 有無에서 判決되며…. ○○는 해독이 불가능한 부분이다.

부 국무원에 모혀들게 하여야 된다"난 언론이 최유력한 반대론이리라 그러나 혁명대업을 아니하랴면 혹 명의상으로 형식이나 보수하자면 더 말할 것 업거니와 期於히(기어이) 혁명사업답게 참으로 진행하려면 원년 최초 대실패의 고사를 엇지하야 민국 7년에 재시험코져 하난가 광복운동은 지방별 당파별의 기회 균등에 잇지 안코 반다시 진정한 독립당원이라야 능히 此 대업을 성공하리라 하노라.[132]

일상에 갇힌 보수와 수구

염상섭은 1920년에 쓴 「노동운동의 경향과 노동의 진의」라는 글에서 '진보'를 글자 그대로 향상, 발전을 뜻하는 말로 썼다. 삶의 태도나 기술에서의 발전을 뜻하는 진보, 다시 말해 일상 개념으로서의 진보였다. 현대 맞춤법으로 고쳐서 인용한다.

예술가가 최후의 붓대를 그 畵架(캔버스)로부터, 최후의 칼날을 그 조각으로부터 때우고 나서 환희에 타는 만면의 미소를 감추지 못하며 자기의 작품을 바라보고 섰을 때 '몇천 원이나 받겠기에 그리 기뻐하느냐'고 묻는 자가 있으면, 그는 반드시 兩拳(두 주먹)을 빼내 들고 달려들 것이외다. …그와 같이 한 직공이 공장에서 자기가 제조한 물품의 성적이 양호할 때… 자기의 수공의 교묘와 진보와 숙련에 대한 희열의 정 내지 일사(한 가지 일)에 성공하였다는 행복의 미소가 다만 일순간이라도 口邊(입가)에 흐를 것이외다.[133]

---

132 「臨時憲法改正에 就하야」, 『독립신문』(상해 임시정부 기관지) 1925. 3. 23.
133 廉尙燮(1920), 「勞働運動의 傾向과 勞働의 演義(一)」, 『동아일보』 1920. 4. 2, p.1.

진보가 기술 발전과 삶에 대한 전향적 태도를 뜻하는 일상의 개념으로만 쓰인 시대라면 보수라는 말도 절대 정치적 개념이 될 수 없다. 보수, 수구를 일상의 담론에서 일상의 개념으로만 쓴 당시에는 보수라는 말이 유교적 전통 윤리를 뜻하는 말로 많이 쓰였다.

從來로 우리 朝鮮에 잇서서는 남녀의 접촉을 嚴禁하고 또 회피시켜 왓기 때문에 近日에 와서 或間 서로 친근하게 交際하는 남녀를 보기만 하면 곳 그것이 戀愛 관계에나 잇는 것 가티 녀기고 또 그 當者들을 돌려 셰워 노코는 곳 손가락질을 하는 것 가튼 경향이 만타. 第三者들의 이러한 행동은 돌이어(도리어) 當者로 하야곰 아즉 충분한 이해 준비도 업시 넘어(너무) 속히 戀愛 관계에 들어가게 하는 수가 만타. 또는 이것이 흔히 戀愛를 완전하게 할 틈도 업시 경솔한 행위에 나아가게 하는 원인을 일울 뿐 아니라 동시에 이것으로 말매암아 保守論者들에게 戀愛의 弊害를 云爲할 만한 구실을 풍족하게 작만(장만)해 주는 것이다.[134]

1920년의 『동아일보』 창간사는 제1차 세계대전 이전의 제국주의와 침략주의를 베르사유조약이 체결되고 국제연맹이 창설된 1919년 이후의 평화주의와 대비하면서 보수와 진보를 각각 구시대와 신시대를 뜻하는 말로 이해했다.

世界人類의 運命의 大輪은 한번 回轉하도다. 「쯔아」(Tsar, 러시아 황제)는 가고 「카이사ー」(Kaiser, 독일의 황제)는 쪼기도다. 資本主義의 貪婪탐람은 勞働

134 崔義順(1929), 「나의 戀愛와 結婚觀」, 『삼천리』 제2호(1929. 9. 1).

主義의 挑戰을 받고 强力에 基本한 侵略主義와 帝國主義는 權利를 擁護하는 平和主義와 正義를 根本한 人道主義로 轉換코자 하난도다.

…嗚呼라 新舊衝突과 進步保守의 닷홈(다툼)이 엇지 이 時代에만 特有한 배(비)리오, 온 歷史를 通하여 常存하는 것이로다.[135]

관형어로 쓸 때도 보수는 상대적으로 옛것을 뜻하는 일상어였다. 예를 들면 중세 봉건주의가 보수가 되고 근대 부르주아자유주의는 진보가 되는 식이었다.

그럼으로 封建時代의 專制와 階級의 保守思想은 自由와 平等의 目下 解放時代의 進步思想과 서로 背馳됨은 勿論이오.[136]

결국 보수, 수구는 주로 재래, 완고를 뜻하는 일상어로 쓰였다. 개조와 개혁이라는 말을 되풀이하면서 조선의 악폐와 구습을 지적한 춘원 이광수의 「민족개조론」도 보수라는 말을 쓰지 않았다. 관형어로든 일상 개념으로든 보수나 수구라는 말을 여러 번 썼을 법하지만 수구만 동사로 딱 한 번 썼을 뿐이다.

그로부터 滿十個年을 지내어 日淸戰爭이 생기고 그때부터 朝鮮이 完全한 獨立國이 되어 日本의 後援으로 金弘集內閣이라는 第一次內閣이 組織되어 여러 新人物로 그 閣員을 삼고 크게 政府革新을 企圖하니, 이것이 所

---

135 「主旨를 宣明하노라」, 『동아일보』 1920. 4. 1, p.1.
136 「朝鮮父老에게 告함(二)」, 『동아일보』 1920. 5. 5, p.1.

謂 甲午更張이외다. 그러나 制度와 法令은 아무리 새로워도 그것을 運用
하는 人物과 그 支配를 받을 人物이 여전히 낡으니 奈何오. 또 마침내 腐敗
하고 守舊하는 點으로 多數의 同志와 勢力을 가진 舊派에게 壓倒되어 赤
是 三日天下의 悲運을 當하고 말았습니다.[137]

이처럼 보수와 수구를 일상의 개념 또는 전통적 동사로 계속 쓰
는 추세는 일제강점기 내내 지속되었다. 1920년대와 1930년대의 사
례 몇 가지만 보자.

총독부 당국의 보수적 태도와 장래 총장이 될 복부(服部宗之吉) 박사와의
사이에 의견이 상치되어 분규가 생기는 중이라더라.[138]

亞米利加가 산업적 혁명으로 말미암아 농촌문화에서 공장문화로 근대
적 과도를 하엿다. 따라서 재래 보수적 取題(주제·제목)는 혼란, 소음, 활약
으로 되고 표현형식도 프로소듸의 절대적 구속을 떠나 자유형으로 변하려
한다. 그리하야 혹자는 내용만은 여전일지라도 표현양식만 새로우면 족하
다는 경향도 보이게 된 것이다. 따라서 언어도 될 수 잇는 대로 쉬운 體를
선택하엿다. 『에드윈·아-링·로빈슨』이라든가 『로버트·프로스트』 등
은 이러한 新詩運動의 정통파의 二大巨星이라 하겠다.
  …비교적 保守味를 가진 『티-즈데일』 가장 통속적 환영을 밧는 『미레-』

---

137 李春園(1922), 「民族改造論」, 『개벽』 제23호(1922. 5. 1).
138 「京城帝大에 紛糾 : 총장과 총독부의 의견 충돌, 원인은 당국의 보수적 태도」, 『동아일보』
    1924. 9. 30, p.2.

그리고 『윌리』는 그 중간 지대에 잇서 각각 독자의 詩境을 이루고 잇다. 그들의 솔직하고 간결하고 단조하든 明快味는 미국 現 詩壇에서 일종의 淸凉味를 加한다.[139]

「過渡期의 남긴 悲劇 : 頑固家庭에 태어난 靑年可憐, 新學 못해 投身死의 落花巖서 三日間徘徊號哭 守舊家庭에 보내는 棒喝(항의, 경종)」『동아일보』 1938. 7. 24, p.7[140]

농촌 완고배의 허영심을 기화로 구한국시대의 옥새玉璽와 궁내부인宮内府印을 위조하여 측명勅命첩지를 사기매매한 사실이 고원서에 생기었다.[141]

특히 마지막에 인용한 기사를 보면 1930년대 중반인데도 개화 초기처럼 수구배와 완고배를 같은 말로 썼음을 알 수 있다. 즉 일제강점기 후반에는 보수나 수구의 뜻과 용례가 개화기보다 오히려 후퇴했다는 말이다.

보수와 수구의 혼용

보수와 수구가 일상의 개념 그리고 일상의 담론에 갇혀 버린 일

---

139 鄭寅燮(1930), 「亞米利加 現 詩壇의 縮圖」, 『삼천리』 제9호(1930. 10. 1).
140 경남 함안군 칠북면 안모 씨의 장남이 신학문을 배우고 싶었지만 완고한 부친의 반대에 좌절해 낙동강에 투신해 죽었다는 보도 기사이다.
141 「守舊輩의 虛榮心 利用 舊韓國官職賣喫 첩지 팔아 많은 돈을 사취 高原署에서 犯人逮捕」, 『동아일보』 1934. 2. 23, p.6.

제강점기에도 해외 정세를 번역·소개하는 글은 보수와 수구를 정치적 내용을 담고 있는 개념으로 쓰고 있었다. 다른 나라의 정치적 진보, 개량, 개혁을 소개할 때 예외 없이 보수, 수구, 완고를 그 대척 개념으로 쓴 것이다. 다만 이 경우에도 보수와 수구는 딱히 구별하지 않고 혼용했다. 보수와 수구라는 말이 일상에 국한되어 정치적 색채가 엷어진 탓인지 보수와 수구의 개념을 구별하지 않은 개화 초기의 관행으로 되돌아간 것이다.

페르시아(이란)와 터키 두 전제국가는 그 세력이 급격히 쇠하면서 입헌정체를 실시하였는데 페르시아는 근래 재정이 궁핍하여 어렵더니, 일본의 급속한 성공을 보고서는 동양인들(페르시아도 동양에 포함)에게 입헌정치가 부적당하다는 망상에서 깨었으니 보수를 생명으로 삼고 완고의 소굴로 지목되던 (이슬람)성직자들까지 입헌정치를 희망하게 되었으나, 원래 완고한 구습에 젖어 있던 나라에 민권 사조가 일시에 퍼지는 바람에 신구사상의 충돌을 면치 못하여 정부와 국민 간에 소동이 잇달아 일어나고 있다.

…터키는 본시 강대한 제국으로 상고시대부터 돌궐족의 용맹한 역사를 이어받은지라. … 청년터키당이 통일진보당으로 개명하고 머리의 뿔을 숨긴 채 은밀히 당 외 의원들을 협박하여 개혁주의를 실행케 하자 수구파는 이슬람동맹당을 조직하여 청년터키당의 전횡을 막고자 하는 터에 터키 황제 또한 수구의 꿈에서 깨어나지 못해 매번 이슬람동맹당만 옹호하고 청년터키당을 질시한 결과, 양 세력 간에 대활극이 벌어져 세계를 놀라게 하더니 결국 왕이 쫓겨나고 왕의 동생이 그 뒤를 잇고 청년터키당이 승리하여 내각을 조직해서 내정과 외교가 착착 개량 진보하는 중이니 이처럼 청년터키당의 애국열혈은 민권사상이 맹렬한 기세로 터키를 덮친 결과라 해도 지

나치지 않을 것이다.[142]

　青年諸君이여, 天地의 運行을 볼지어다. 動과 靜의 兩方面이 有하지 아니한가. …人類社會에 또한 動靜의 兩方面이 有하니 <u>動은 進步를 意味함이오 靜은 保守를 意味함이라.</u> 如何한 社會를 勿論하고 此 兩方面이 無한 社會는 無하나니 故로 現今 各國의 政治를 觀察할지라도 반다시 進步黨과 保守黨의 存立을 見하는도다. <u>進步는 換言하면 隨時改革을 意味함이오 保守는 現狀維持를 意味함이라.</u>

　一 國家 一 社會에 進步的 勢力을 代表하는 者는 誰며 保守的 勢力을 代表하는 者는 誰오. 余는 言하노니 前者는 靑年이오 後者는 老年이라 하노라. 靑年과 老年의 區別이 그 엇지 容易하리오. 肉體上으로 이를 區分함이 可할가 精神上으로 이를 分別함이 可할가. 靑年으로서 그 氣象이 老年에 不及하는 者 有多數하며 老年으로서 그 健志 靑年을 追越하는 者 稀少하지 아니하니…

142　嘯卬生(1920),「甲辰 以後 列國 大勢의 變動을 論홈」,『대한흥학보』제10호(1910. 2. 20) : 波斯及土耳其의 兩專制國은 急轉直下의 勢로 立憲政體를 實行ᄒᆞᆫ는디 波斯는 近來財政이 窘艱ᄒᆞ고 國步艱難ᄒᆞ드니 日本의 狞地成功홈을 目擊ᄒᆞ고 츠음으로 東洋人에 立憲이 不適當ᄒᆞ다는 妄想을 打破홈으로 保守로 生命을 삼으며 頑固의 窟穴로 指目ᄒᆞᆫ 僧侶ᄭᅵ지라도 憲政을 希望홈에 至ᄒᆞᆺ스나 元來頑暝한 舊習이 多호 彼國에 民權의 思潮가 一時에 風靡홈으로 遣向新舊思想의 衝突을 免치 못ᄒᆞ야 政府와 人民間에 搖動이 隨起ᄒᆞᆫ지라. // …土耳其는 本是 强大호 帝國으로 上古붓허 突厥의 勇壯호 歷史를 垂來홈지라. …靑年土耳其黨은 統一及進步黨이라 改名ᄒᆞ고 頭角을 晦ᄒᆞ야 隱密히 黨外議員을 脅迫ᄒᆞ야 改革主義를 實行케 ᄒᆞ니 然中守舊派는 回回敎徒同盟黨을 組織ᄒᆞ야 靑年土耳其黨의 專橫을 割卸코저 ᄒᆞ는 中 皇帝는 亦是 守舊夢이 未醒ᄒᆞ야 每樣此黨을 擁護ᄒᆞ고 彼靑年黨을 疾視호 結果 彼此 間大活劇을 演出ᄒᆞ야 世界耳目을 驚케 ᄒᆞ고 舊王을 逐ᄒᆞ야 王弟로 大統을 入承케 ᄒᆞ고 靑年黨이 勝利를 得ᄒᆞ야 內閣을 組織ᄒᆞ야 內政과 外交가 着着이 改良進步ᄒᆞ는 中이니 此 亦 靑年黨의 愛國熱血의 所致누 不過是 民權의 風潮가 猛烈호 勢로 土國을 襲來호 結果라 ᄒᆞ리로다.

此 兩勢力은 相補相助하야 社會의 進化를 促進하나니 保守가 無한 進步는 早急에 奔하는 弊가 有하며 進步가 無한 保守는 頑固에 墮하는 弊(진보 없는 보수는 완고로 타락하는 폐단)가 有하야.[143]

힘이 곧 진리다. 우주의 존재는 힘의 표현이고 인류의 생존은 전쟁의 결과다. …오늘날 한민족이 당면한 구적인 일본을 박멸하는 동시에 앞으로 무한히 지속될 인류의 전쟁터에서 민족적 독립과 생존을 획득하자면 지구적으로 악전고투를 해야 하고 이 전투를 하자면 반드시 민족적 힘을 길러야 한다. 민족의 힘은 어떻게 만들어 나갈까?

일. 한민족의 독립문화의 건설에 노력할지니 이는 반드시 진보적이요 보수적이 아닐 것.

일. 한민족의 모든 건설과 조직은 반드시 민족의 고유 정신인 민주주의에 기초할 것이니 민족을 구성하고 있는 개개인의 독립이요 평등한 인격을 존중하는 진정한 민주적 정신이라야 민족의 기초가 만세반석에 건설될 것이며, 동시에 군권이니 신권이니 독재니 귀족이니 등등 일체의 특권 사상은 절대로 배제할 것.

…민족주의혁명을 주장한다고 해서 덮어놓고 자본주의니, 봉건적 두뇌니, 낙오자니, 죄수처럼 몰아치는 사회주의자들도 우습고 딱하고, 또는 민족주의인 체도 하고, 혹은 사회주의인 체도 하여 품바 풀무질치는 일부 지식인들도 또한 가련하다. …한민족의 생존 진로에 강적과 장애들이 포진해 있으니 강적인 일본의 제국주의, 국제사회주의 및 아나키(무정부의), 수구파 양반 세력, 지역주의, 영웅주의, 영수주의, 사대주의, 간사한 무리 등등 여

---

143 「各地 靑年會에 寄하노라, 聯合을 要望」, 『동아일보』 1920. 5. 26, p.1.

러 가지 사악한 세력이 포위하고 협공하는 가운데 민족의 진정한 힘을 기르는 것은 각오를 다진 우리의 근본적 급선무로 보인다.[144]

1930년대의 관점에서 19세기 말의 임오군란과 갑신정변을 회고한 다음의 논설도 수구와 보수를 구별하지 않고 있다. 이 논설에서는 19세기 말의 수구파와 보수당을 같은 말처럼 쓰고 있다.

壬午(임오군란) 이후로 朝鮮 대세가 일변하야 保守黨과 改革黨의 兩派가 政界에 대립하게 되니 保守黨은 淸國에 의뢰하야 국가를 유지코자 함에 반하야 改革黨은 日本과 친화하야 국가 독립을 보전코자 하니 이는 청국의 위압이 심한 까닭이다.

…그럼으로 甲申改革의 실패는 改革黨의 배후에 잠재한 日本 세력이 保守黨의 배후에 잠재한 淸國 세력보다 미약하얏든 까닭이다. 그러나 기

---

144 白頭山人(1936), 「민족력 건설에 對한 我見」, 『한민』 제3호(1936. 5. 25), p.4 : 力이 곧 眞理이다. 宇宙의 存在는, 力의 表現이다. 人類의 生存은 戰爭의 結果이다. …今日 韓族이 當面한 仇敵 日本을 撲滅하는 同時에, 今後 無盡期한 人類戰爭場에서, 民族的 獨立生存을 獲得하자면, 持久的으로 惡戰苦鬥를 해야 되고, 이 戰鬥를 해가자면 반드시 「民族力」을 길러 가져야 된다. 『民族力』은 어떻게 建造해 가질까? 一. 韓族의 民族的 獨立文化의 建設에 努力할지니 이는 반드시 進步的이요 保守的이 아닐 것. // 一. 韓族의 一切 建設이나 組織은, 반드시 民族의 固有精神인 民主主義에 基礎할 것이니 卽 民族을 構成한 個個人人의 獨立이요 平等인 人格을 尊重하는 眞正한 民主的 精神이라야, 民族의 根基가 萬世磐石에 建設될 것이며, 同時에 君權이나, 神權이나, 獨裁이나, 貴族이나 一切特權思想은 絶對로 排除해야 될 것. // …民族主義 革命을 主張한다고 해서 덮어놓고 資本主義이니, 封建的 頭腦이니, 落伍者이니, 罪囚처럼 몰아치는 社會主義者들도 우습고 딱하고, 또는 民族主義인 체도 하고, 或은 社會主義인 체도 하여, 품바 풀무질치는 一部智識分子도 또한 可憐하다. …韓族의 民族的 生存進路에, 强敵과, 魔障이 包圍했으니, 强敵日本帝國主義民族, 國際社會注意 及 安那其, 守舊派兩班勢力, 地方熱, 英雄主義領袖主義, 事大思想, 奸細走狗. 이 여러 가지 惡勢力의 包圍와 夾攻 中에서 民族的 眞實勢力을 造成하는 것이, 現代 覺悟 있는 吾人의 根本的 急先務로 본다.

회 捕捉에 기민한 日本政治家는 전화위복의 策을 써 韓日 간에는 대강 漢
城條約이란 것을 체결하고 전력을 경주하야 익년 春에 日淸 간에 天津條約
(텐진조약)을 체결하야 후래 日淸戰爭의 복선을 설치하니….

전일 開化黨의 甲申變亂은 아무리 신정치를 표방하든 개혁운동이라 하
야도 결국 동일한 특권계급 안에 잇서 改新派가 守舊派에 대하야 정견상
상으로 일대 충돌을 야기하얏슴에 불과하다. 東學黨의 갑오변란은 종래 정
치, 경제적 이중 압박하에서 신음하든 상민계급이 특권계급에 대하야 자아
의 생존권을 주장하는 일대 항쟁이니 그럼으로 다못 정치상 개혁에만 止하
지 아니하고 사회상 근본 조직까지를 변혁코자 하얏다.[145]

망자들이 모여 사는 지하국地下國에 내려가 홍경래, 이율곡, 이순
신, 유길준 등 선조들의 말을 직접 듣고 전해 주는 형식으로 쓴 가
상의 기록소설도 19세기 말처럼 사대, 완고와 보수, 수구를 구별하
지 않고 썼다. 글맛을 살리기 위해 원문 그대로 인용한다.

"개혁을 喜치(반기지) 안는 保守派가 滿朝하고 동서의 파당이 시작되어
국사는 度外에 두고 擧世(온 세상)가 嬉恬하야(즐겁고 편안하게) 噴火坑上에서
舞蹈하고 잇는 것(불을 내뿜는 구덩이 위에서 춤추고 있는 것)을 보고 慷慨挺身하야
土崩瓦解를 구하랴다(강개히 몸을 바쳐 나라가 손쓸 수 없이 무너져 내리는 것을 구하려다
가) 事가 心과 違하야(일이 뜻대로 되지 않아) 무엇 하나 表蹟(업적)이 업섯슴은 지
금에도 원통한 일이다. 그럼으로 나는 내의 後生들에게 더욱 금일 朝鮮 청
년에게 厚望(큰 희망)이 잇다. 前車의 傾覆을 鑑戒(전차의 전복을 감계 즉 이전의 엎질

145 文一平(1924), 「甲子以後 六十年間의 朝鮮」, 『개벽』 제43호(1924. 1. 1).

러진 일들을 살펴 배움) 모든 일을 근본적으로 更改해야 한다. 이것만 알면 우리 재생의 길은 多言할 것도 업지 안은가."(이율곡의 말)

…

"그러나 그 事大黨 頑固派 權臣戚族의 무리는 종시 안이듯데. 그래 할 수 업서서 내 독신으로 外國見聞을 떠나섯네. 처음에 日本으로 가서26세 時후己 春 그 나라의 정치, 법률 및 일반 風情을 보고 다시 米國으로 가서 「포스튼」대학(보스턴대학)을 졸업하고 그리고 歐洲로 건너가서 그곳의 정치 및 일반 문물제도를 시찰하고 地中海를 出하야 乙酉 冬에 고국으로 도라왓섯네. 그때 바로 甲申政變이 잇슨 뒤라 守舊黨 閔씨 일족은 나를 開化派라 하야 잡아 죽이려고 들데. 맛츰 韓圭卨 씨의 도움을 입어 大禍는 면하고 그후 白鹿洞 수 翠雲亭(지금의 취운정)에 安置된 몸이 되야 거귀서 범 8년간을 憂鬱慷慨히(우울하고 비분강개하면서) 지냇섯네. 여귀서 西遊見聞錄을 저술하얏섯네. 그후 壬辰 가을인가보이 서양인 某가 電氣應用의 權을 매수키 위하야 정부에 교섭이 드럿네. 각료 중에 서양인 교섭자가 어대 잇던가. 할 수 업시 나를 불너내여 교섭의 任에 當케 하데. 그러나 나는 이것을 極키 반대하얏네. 막대한 국가의 권리를 십만 금에 일개 외국인에게 양여함은 국가의 수치라 하야 한사 반대를 하얏네. 결국 내 말대로 무사히 되얏는데 이것을 공이라 하야 解禁해 주데."(유길준이 한 말)[146]

상하이의 동화양행에 투숙해 있다가 홍종우에 의해 암살된 김옥균을 기리면서 암살 당시의 정황을 해설한 아래의 글에서도 '보수적 정견'과 '수구당'이 다시 수렴되는 당시의 복고적 추세를 엿볼 수 있다.

---

146 필자 미상(1927), 「地下國訪問記(其二)」, 『別乾坤』 제6호(1927. 4. 1).

그때를 당하야 능히 大勢의 歸趨를 살피고 開國刷新을 策(시도)한 者는 오직 선생을 중심으로 한 청년 政客 몃 사람이 잇섯스니 朴泳孝, 徐光範, 洪英植 등… 그들을 불너 開化黨이라 하엿고 時의 執政者들은 대개 保守的 政見을 가젓스니 그들을 불너 守舊黨이라 하엿스며…[147]

사회경제사를 서술할 때도 수구와 보수는 뚜렷이 구별되지 않았다. 다음 글의 문맥을 보면 보수는 수구파, 대지주와 같은 말로 쓰였다. 원문 그대로 인용한다.

農民問題는 歷史上에 아조 오래인 問題이다. 奴主社會 末葉으로부터 此 問題가 古今社會問題의 中心이라 하여도 過言이 안이겟다.

六

前述한 바와 갓튼 「레닌」의 農村問題를 실행한 까닭에 赤露의 ××××이 대성공을 得하엿으며 또 『勞農同盟』이라는 理想이 現代新社會 主唱者들의 一標語가 되엇다. 이러한 歷史的 豫想下에서 現今 農村民運動이 進行한다. 생각컨대 農民運動이 如此한 歷史的 使命下에서 아모 모순 업시 될 것이나 社會發展이란 不然하다.

…新運動을 진행할 多數群衆의 自覺이 속히 생기지 안으매 守舊派에게 利用도 되며, 또는 新派運動에 參與한다 하면서도, 初期에는 多大한 힘을 주지 못하엿음이다.

이러한 까닭에 現代農民運動이 3色에 分裂되엇으니

(一) 覺悟가 幼稚한 정도에 잇서서 守舊派인 大地主에게 이용되는 農民

147 閔泰瑗(1929), 「政治 薄命의 志士 金玉均, 榮光의 朝鮮先驅者들!!」, 『삼천리』 제2호(1929. 9. 1).

들의 運動이니 소위『黑色國際農民同盟』이 그의 表示이다. 此運動의 指導
者들은 富貧間階級鬪爭함을 반대하며. 따라서 勞働者와 農民의 協同戰線
이 成立 못 되도록 盡力한다. 그리고 大地主와 自作, 小作人間에는 何等의
利害關係上 衝突이 無하다 선전하면서 農村全體의 不別富貧唯一戰線을 하
여 市街와 農村이 互相敵對하게 힘쓴다. 이것은 現代 불주아制度를 擁護
하는 農村富民의 保守運動이다.[148]

간혹 수구와 보수라는 말을 현실 정치와 관련해서 쓸 때도 있었
지만, 정치적 내용을 특별히 담아 쓰지 않고 수구와 보수라는 말에
내포된 일상의 퇴행적 이미지를 두루뭉술하게 은유하는 수준에 그
쳤다. 예를 들면 오늘날의 부산시의회와 비슷한 부산부협의회釜山府
協議會 의원을 뽑는 선거전을 보도한 아래의 기사는 '수구 정객'을 부
정 · 전문 정치꾼 술책가로, '개진파'는 공명정대 · 온건 · 착실 · 비
전문적 정치인으로 그리고 있다. 즉 수구와 개진의 일상적 이미지
를 그대로 옮겨 놓은 것뿐이다.

부산부협의원 선거전은 앞으로 아직도 20여 일이 남아 있으나… 종래
부정을 구가하고 있는 수구파는 천군만마리에 왕래하여 정당적 책동에 숙
련한 소위 운주비책運籌秘策의 인사를 망라하여 개진파를 압박하며 승리를
위하여서 혼신의 노력으로 활동 중이며 개진파는 정치(레)에는 아조 소인素
人(비전문인)이지만 세간에서 잘 아는 온건착실과 공명정대함으로 소위 인적
격(인격적의 오타로 보인다) 인물이라 수구파에 대하여 종교적 무저항주의를 가

148 朴春宇(1925),「世界農民運動의 過去와 現在」,『개벽』제63호(1925. 11. 1).

163
Part 2 근대 한국의 보수 개념

지고 나오려는 터이라….[149]

특기할 것은 1917년 러시아혁명 이후 1920년대 초부터 국내로 들어온 좌파 담론에서는 보수가 반노동·자본을 뜻하는 말로 쓰이기 시작했다는 점이다. 러시아의 볼셰비키혁명이 성공한 후 계급투쟁과 계급의식을 고취하는 글들이 코민테른을 통해 들어와 공산주의를 좌=진보로, 자본주의와 자본가를 우=보수=반동으로 구획한 것이다.[150] 좌가 진보요, 우는 보수라는 서구의 이념 지도가 확산되면서 해방 이후 보수와 진보가 정치적 개념으로 전환할 수 있는 단초가 조금씩 보이기 시작했다.

便宜上 資本家的 反動思想을 들추어내기 爲하야 代表的으로 引證함에 지나지 못한 것이다.

…勞働階級의 革命的 運動은 어느 때까지는 尙早가 될넌지도 모른다. 勞働階級의 一切의 要求를 저ー 支配階級과 그를 擁護하는 學者나 政治家의 손에서 勞働階級 自身의 實力에 依하야 奪取해 오기까지는. 그러나 그 奪取의 連鎖의 道程에서 道程 그 自體에 「尙早」 或은 「譯夢病」이라는 烙印을 찌그러(찍으려) 드는 것은 아모리 하여도 階級的 偏見을 버서나지(벗어나지) 못하는 것이오 現狀 維持에 악을 쓰는 保守的 反動思想인 것을 免치 못하는 것이다.[151]

149 「守舊, 改進, 中立 三派로 暗中活躍, 정수에 팔 명이 넘는 립후보 釜山府議選擧運動」, 『동아일보』 1929. 11. 6, p.3.
150 '반동' 개념은 제8절에서 다룬다.
151 성태(1923), 「왼편을 向하야」, 『개벽』 제38호(1923. 8. 1).

이처럼 보수라는 말이 좌파의 담론에서는 부정적 함의를 띤 정치적 개념으로 전환할 단초가 마련되었지만, 전체적으로 볼 때 일본강점기 내내 보수와 수구는 정치적 개념으로의 전환은커녕 두 개념을 엄격히 구별하지도 않았다. 오히려 개화 초기처럼 보수·수구·완고는 진보·급진, 개량·개혁, 혁신·유신의 일상적 반대말로 두루 뭉술하게 쓰였다.

번역과 보수 개념의 확장

앞에서도 말했지만 일본강점기에도 해외 사정을 소개할 때는 보수와 진보라는 말을 정치적 개념으로 이해하고 썼다. 3·1운동 직후 상해 임시정부 기관지로 발행된 상해 『독립신문』을 보면 미국기독교연합회Federal Council of the Churches of Christ in America의 동양사무국 대표가 미 연방의회의 청문회에 출석해서 발언한 기록을 국한문으로 번역·수록한 기사가 나온다.

들건대 지금 한국 전역에는 이러한 만행이 일반적으로 자행되는 증거가 명확하다.

현 시국한일 문제를 云함을 해결하려면 공정한 여론 즉 한편으로는 보수군국주의자와 다른 한편으로는 자유적 진보주의자의 사상적 차이가 어떤 것인지 제대로 식별할 만한 공정한 여론이 필요하다. …일본도 군국주의에 빠졌다. 그러나 일본에도 다른 나라들처럼 진보자유사상을 가진 반군국주의자들이 있다. 우리는 믿는다. 저들(일본의 진보자유주의자)도 미국에 있는 그들의 친구들이 한국의 현실에 대하여 동정을 표하는 것과 같이 한국인의 고통을 짐작할 줄을. 한국인들은 도의상 일본의 진보적 반군국주의운동에 대하여 성대한 원조를 할 의무가 있다.

 …다만 자고로 오랫동안 일본의 정치와 정치가를 지배해 오던 보수전제주의와 지금 발아 중인 일본의 신자유주의정책을 명확히 판별하여 전자에 대해서는 끝까지 대항을 하고 후자에 대해서는 끝까지 후원을 아끼지 않으려 할 뿐이다.[152]

 위의 인용문처럼 일제강점기에도 해외 정세를 다룬 글에서는 '보수'를 정치적 내용을 담은 개념으로 썼다. 보수는 군국주의와 전제주의를 표상하고 진보는 반군국주의와 자유를 표상한 것이다. 그리고 아래의 인용 기사처럼 서구의 입헌군주파를 '保守' 또는 '保主'로 지칭하고 공화주의를 '進步'로 지칭하기도 했다. 원문 그대로 인용한다.

 시국은 확실히 좌측으로 기울었다 유럽의 의회에서는 관습적으로 保主派가 의사당의 오른쪽을 차지하고 진보파가 왼쪽을 차지하기 때문에 진보주의로 향하는 것을 좌전한다, 좌경한다

---

152 미국 의회 청문회에 출석한 미국기독교연합회 동양사무국 대표의 발언 기록을 번역·소개하면서 보수=군국주의·전제주의, 진보=자유주의로 구별하고 있다. 「美國上院의 韓國問題(二)」, 『독립신문』(상해 임시정부 기관지) 1919. 9. 9 : 듯건대 韓國 全土에는 現今 如斯한 蠻行이 一般으로 流行되는 證跡이 明確하다. // 現時局 韓日問題를 云함을 解結함에는 公正한 輿論 卽日本을 批評함에 當하여 一便 保守軍國主義者와 他便 自由의 進步主義者의 思想上 差異가 如何함을 넉넉히 識別할 만한 公正한 輿論이 必要하다. …日本도 軍國主義에 陷하엿다. 그러나 日本에도 亦是 他國에져(처)름 人情 잇고 進步自由思想을 가진 反軍國主義者가 잇다. 吾等은 밋노라. 져들도 美國에 在留하는 져들의 親友가 韓國 現狀에 關하여 同情을 表하는 것과 갓흔 程度로 韓人의 苦痛을 推案할 줄을… 함(韓)國人은 德義上으로 日本의 進步의 反軍國主義의運動者에 對하여 盛大한 援助를 할 義務가 잇다. // …다못 自古로 오랫동안 日本의 政治와 政治家를 支配하여 오던 保守專制主義와 現今 發芽中인 日本의 新自由主義政策을 明確히辦別하여 前者에 對하여는 어드꺼던지 抗拒를 마지안이하려 하여 또한 後者에 對하여는 어드꺼던지 後援을 아끼지 안이하려 할 뿐이로라.

라고 칭하며 보수나 진보 등의 이념이 극단적인 자들을 극우당, 극좌당으로 부른다. 그러나 아무래도 여기서 멈출 것 같지는 않다. 새로 나타난 골수 사회당 즉 볼셰비키 및 무정부주의자들의 세력은 날로 불어 간다. 타협적인 사회당(멘셰비키)이 연립 내각에 들어가 자본가와 악수하는 데 대한 볼셰비키의 반대는 더욱 맹렬해져서 독일과의 (제1차 세계대전) 강화조약 체결과 토지개혁의 즉각 실시를 주장하며 정권 전부를 노병회(소비에트)의 손에 돌려주라고 주장하였다. 볼셰비키는 현재 노병회에 2,500명의 당원을 보유하고 있으며 멘셰비키가 우경화할수록 볼셰비키 세력은 커져 간다. 혁명이 일어난 러시아의 전도는 아직 억측할 수 없다. 천재 역술(천재가 번역하고 기술한다는 말).[153]

위의 글들은 번역한 것이거나 해외 정세를 간추려 소개한 것이라서 서구의 보수진보 개념이 수용되거나 보수와 진보의 정치적 내용이 확장되었다는 증거는 아니다. 나라 바깥 정세를 기술할 때만 보수를 정치적 개념처럼 썼기 때문에 수구, 완고, 보수를 국내 정세 서술에 두루 활용한 개화기보다 보수를 정치적으로 쓸 기회는 오히려 줄었다. 국권 회복을 위한 구국 계몽과 독립투쟁이 혁명과 진보보다 급했으므로 보수, 수구, 완고 그리고 진보, 개진, 유신의 정치적 내용이

153 「俄羅斯革命記(六)」, 『독립신문』(상해 임시정부 기관지) 1920. 2. 5 : 時局은 確實히 左轉하엿다歐洲의 議會에서는 慣例로 保主(守)派가 議場의 右半을 占하고 進步派가 左半을 占하는 故로 進步主義로 向하는 것을 左轉한다 左傾한다라 稱하며 또 保守 或은 進步等 主義의 極端한 者를 極右黨極左黨等으로 부른다 그러나 到底히 여기 머물지는 안을 것 갓다. 새로 나타나는 徹底社會黨 卽 볼세비끼, 及 아나키스트 無政府黨의 勢力은 날로 부러 간다. 妥協派社會黨 멘세비끼이 聯立內閣에 入하야 資本家와 握手함에 니르러 볼세비끼의 反抗은 忽然猛烈的 度를 加하야 講和締結, 土地分配의 卽決을 高唱하며 政權 全部를 勞兵會의 手에 歸키로 主張하엿다. 볼세비끼는 現在 勞兵會에 二百五十의 黨員을 有하고 멘세비끼가 右傾하면 할수록 볼세비끼의 勢力은 旺盛하여 간다. 革命國民의 前途 아직 憶測을 許치 못한다. 天才 譯述.

개화기보다 퇴보한 탓이다.

　개화기에 싹이 보였던 보수의 정치적 개념화는 일제강점기에 중단되고 보수가 오히려 일상적 개념으로 뒷걸음친 탓에 근현대 한국 보수 개념의 역사는 크게 두 단계로 나뉜다. 보수라는 말이 일상에 갇혀 있던 해방 이전과 보수가 다양한 근친 개념과 함께 현실 정치에 서서히 등장한 해방 이후로 나뉘는 것이다.

Part 3

현대 한국의
보수 개념

8. 해방 직후 : 1945~1948년

왕조시대를 자력으로 청산하지 못하고 일본 식민지가 되었기 때문에 20세기의 절반이 지난 1945년까지 우리는 근대공화정을 시도하거나 맛보지 못했다. 따라서 해방 당시에는 소련식 사회주의든 서구식 자유민주주의든 모두가 '진보적'인 체제요 이념이었다. 그런데도 해방 직후 유독 좌익이 '진보'를 선점한 것은 이미 1920년대부터 소련과 코민테른을 추종하는 좌익 국제주의 세력이 진보로, 그렇지 않은 우익 민족주의 세력이 보수로 분화되었기 때문이다. 이것은 공산·사회주의＝좌＝진보, 자유민주주의＝우＝보수라는 서구의 보편 공식을 그대로 받아들인 결과다. 소련에 기댄 좌익이 진보로, 미국에 기댄 우익이 보수가 되면서 좌익은 '민주'도 선점하려고 했다. 박헌영을 비롯한 좌익 지도부가 건국준비위원회(건준)를 이어받아 인민공화국인공을 선포한 좌익을 민주 노선으로 규정하고 우익을 반민주 노선으로 규정한 것이다(강광식·심지연·강정인·박동천·이서행·전상인 1999 : 55).

좌우 대결은 항일운동의 내부 분열이 시작된 1920년대부터 있었지만, 정치적 현안을 둘러싼 좌와 우의 정면 대결이 시작된 것은 미국과 소련이 한반도를 분할 점령한 해방 직후다. 1945년 말에 시작된 찬탁/반탁논쟁에 이어 1946년에는 여운형과 김규식이 주도한 좌우합작마저 실패로 돌아가면서 양측의 골은 돌이킬 수 없을 만큼 깊어졌다. 좌익과 우익은 신탁통치 문제를 비롯해서 토지개혁 방식, 친일파 청산 방식, 주요 산업의 국유화 문제, 과도임시정부 수립 문제와 국호 문제 등 거의 모든 문제를 놓고 충돌했다.[154] 이 과정에서 우익은 "(좌익의 합작) 5원칙을 가리켜 공산주의혁명을 고집하는 것이라고 질책하고 좌익은 (우익의 합작) 8원칙을 가리켜 반동노선이라 규정했다."[155] 1917년의 러시아 공산혁명 이후 계급혁명에 대한 우파의 저항을 경멸하는 말로 좌익이 이용해 온 '반동'이, 해방 이후에

---

154 좌우 합작 추진 당시 각 진영이 발표한 강령은 좌익의 '합작 5원칙'과 우익의 '합작 8원칙'이다. 좌익은 무상몰수·무상분배 방식의 토지개혁, 중요 산업의 국유화, 친일파 제거, 미 군정에서 인민위원회로의 정권 이양을 주장했으며, 우익은 신탁통치 문제는 임시정부 수립 후 처리토록 하고 언론·집회·결사·출판의 자유를 완전히 보장하며 친일파 처벌은 임시정부 수립 후 특별 법정에서 처리하게끔 한다는 것이었다. 정시우(1946), 『독립과 좌우합작』, 삼의사, pp.46~47 ; 강광식·심지연·강정인·박동천·이서행·전상인(1999), 『현대 한국 이념논쟁사 연구』, 한국정신문화연구원, pp.55~56 참조.

155 오기영(1946), 「5원칙과 8원칙」, 『신천지』 제1권 제8호(1946. 9). p.17. 강광식 외(1999), 앞의 책, p.56에서 재인용. 좌익의 5원칙에 대한 우익의 비판은 함상훈(1946), 「좌익 측 합작 5원칙에 대한 비판」, 『신천지』 제1권 제8호(1946. 9), pp.27~30. 우익의 8원칙에 대한 좌익의 비판은 권태섭(1946), 「우익 8원칙의 분석과 비판」, 『신천지』 제1권 제8호(1946. 9), pp.31~35에 나와 있다.

는 일제강점기 보수·우익의 '친일·파쇼'를 부각하는 수사가 된 것이다.

반동과 보수, 우익

조선시대 말부터 일제의 강점이 끝날 때까지 보수와 수구는 유신, 혁신, 진보, 개진, 구신求新, 개혁의 반대말로 쓰였다. 그런데 해방이 되자 좌익은 '보수'를 좌우 대립의 틀에 끼워 넣었다. 보수를 1917년 러시아혁명 이후 좌익이 애용해 온 '반동'을 보조하는 말로 사용한 것이다. 다시 말해 보수, 수구를 반동에 덧붙여 쓰거나 아예 반동이라는 말을 보수, 수구 대신 썼다. 그럴 만한 이유가 있다. 인민공화국에 맞서 창당한 한민당[156]과 이승만을 중심으로 결집한 우익이 남조선노동당이하 '남로당과 벌인 사생결단의 전쟁터에는 좌익이 우익을 겨냥해서 쓴 '반동·파쇼'와 우익이 좌익을 겨냥해서 쓴 '반역·매국'과 같은 선동적 수사만 난무했기 때문에 보수나 진보 같은 점잖은 개념이 끼어들 여지가 아예 없었던 것이다.

보수와 반동을 같은 개념처럼 쓴 사례는 일제강점기에도 있었다. 일본의 보통선거제 도입을 봉건제적 반동주의에 대한 부르주아의 승리로 해설한 1925년 『개벽』의 논설이 그랬다. 마르크스의 역사발전단계설에 입각한 이 글을 원문 그대로 인용한다.

---

156 한민당의 구성 성분을 분석하는 한편 반공·시장주의·자유주의 등 한민당의 핵심 이념이 한말 문명개화론의 연장선상에 있는 일제강점기 『동아일보』의 진보 이념에서 좌파 사회주의에 반대하는 보수 이념으로 전환한 과정을 분석한 것으로는 강정인·서희경(2013), 「김성수와 한국민주당 연구 : 한국 보수주의 정치 이념의 기원과 연속성을 중심으로」, 『한국정치학회보』 제47집 제1호, pp.103~126 참조.

日本의 普通選擧成立의 政治的 意味는 資本主義社會 以前時代의 中世紀的 保守主義에 對한 뿔으쪼아부르주아지의 勝利다. 그러나 이 勝利는 官僚貴族의 中世紀的 반동勢力의 沒落이 아니오, 그 一角이 崩解붕괴되야 뿔으쪼아에 同化햇다는 意味의 그것이다.

뿔으쪼아가 中世紀的 反動主義를 구축하기 爲하야 보통선거를 한 戰術로 하고 어느 程度까지 民衆을 利用하엿다. 그러나 普通選擧가 다만 官僚貴族을 驅逐하기 爲한 戰術에만 끗치지(그치지) 아니하고 具體的 法律案으로 成立되엇슬 때 그들은 다시 普通選擧에 依하야 대두될 民衆의 政治的 勢力을 두려워햇다. 그래서 日本의 뿔으쪼아는 普通選擧로써 官僚貴族의 反動的 勢力의 一角을 崩壞하야 그 保守的 勢力을 新興하는 뿔으쪼아的 政治勢力圈 內로 吸收함에 成功하고, 그것이 成功한 後에 民衆的 政治勢力—將來 勃興할—을 鎭壓하기 爲하야 治安維持法案으로써 應하엿다. 그래서 이 뿔으쪼아的 政黨과 貴族의 中世紀的 保守主義에 相反하는 두 勢力이 아무 撞着이나 반발이 업시 一致한 行動을 取키에(취하는 데) 至한(이른) 것은 뿔으쪼아의 必然한 政治的 形勢로 볼 수 밧게 업슬 것이다.[157]

그런데 자세히 보면 여기에서 보수는 일상의 개념으로 쓰였다. 20세기의 관점에서는 중세가 '과거의 것'이라는 이유 때문에 보수라고 지칭한 것이다. 반동 또한 모든 변화에 대한 반발을 포괄적으로 뜻하는 일상적 개념으로 쓰였다. 이렇게 볼 때 좌익의 관점에서 보수, 우익과 반동을 정치적 개념으로 동일시한 것은 아무래도 해방 이후다. 좌파의 변혁운동에 대한 저항을 뜻하는 말로 반동을 사

---

157 月評人(1925), 「개벽논단」, 『개벽』 제60호(1925. 6. 1).

174
보수

용하기 시작한 것은 1920년대지만 이것이 좌파에 대한 정치적 반대를 뜻하는 말로 대거 사용된 것은 해방 직후이기 때문이다.

짚고 넘어갈 것이 있다. 흔히 반동을 좌익의 전용어로 알고 있으나, 해방 직후에는 우익도 좌익을 겨냥해서 반동이라는 말을 자주 썼다. 당시 우익은 반동이라는 말을 일체의 변화에 대한 반발을 뜻하는 일상 개념으로 쓰거나 좌익의 찬탁운동이 매국매족이라는 점을 강조하기 위한 수사로 썼다. 일단 해방 직후의 시점에서 19세기를 회고한 아래의 글은 임시정부 계열의 민족주의우파가 반동을 단순히 혁신, 유신의 반대말로 쓴 경우다. 한자를 한글로 고쳐 인용한다.

김옥균, 홍영식, 서재필 등의 혁신파(세칭 개화당)들은 일본의 비약적 진보를 볼 ○ 조국 한국이 너무도 세계 대세에 뒤떨어져 있음을 개탄하고 한국의 정치를 유지하려고 하였다. 이것이 갑신유신운동의 동기였다. 당시 한국을 영도하고 있던 정치가들은 위로 국왕을 비롯하여 극도로 완고해 빠진 일파로 점령되고 있었다. …그런데 일본은 이 기맥을 알고 증오 질시한 끝에 한국 완고파 중 봉건수구당의 홍종우를 이용하여 김옥균의 뒤를 따라 상해로 보내어 드디어 김옥균을 암살하였던 것이다. …김옥균은 암살당하고 서재필은 미국으로 망명하여 가버려 이 운동이 실패로 돌아가자 완고한 봉건적 귀족들의 반동 세력은 더욱더 공고하여졌다. …이 동학당의 소위 동학란은 진압시켰지만 수구 일파의 내적 충○(격?)은 자못 컸다. 뿐만 아니라 때는 바야흐로 일본의 메이지유신이라 날로 일본을 보고 이 동학란을 겪고 나니 제아무리 돌덩어리같이 완고한 그들이지만 스스로 자성하여 보지 않을 수 없었다. …이리하여 피동적으로 종래 고수하던 그 완고 정치를 쇄신하게 되었으니 이 쇄신을 가리켜 갑오(1894) 경장이라 한다. 비록 그 쇄신이 철저치는 못하였으되 하여간 한 가닥 청신한 맛이 생긴 것만은 사실이다. …그러나 완고한 <u>반동파인</u> 귀족들은 의연히 정권과 지위 보전에 탐혹하여 요원의 불같이 일어나는 구국운동이 자기들을 타도하려는 것이라 하여 점차로 애국지사들을 압박하기 시작하였다(김하경 1946 : 2~4).

그리고 우익은 좌익의 찬탁운동을 매도할 때도 반동을 썼다. 물론 이때는 반동이 좌익의 반동 개념과는 달리 '시대와 민족에 대한 반역'을 뜻했다. 우익은 한반도를 공산화하기 위해 신탁통치에 찬성하는 좌익의 행태와 이에 동조하는 행위를 역사와 민족에 대한 매국매족이라는 점에서 반동으로 규정했다. 이처럼 해방 직후만 해도 반동은 좌익과 우익 가릴 것 없이 역사와 민족의 진보를 훼방하는 시대착오적 언행을 뜻하는 가치박탈용 수사로 두루 쓰였다. 먼저 우익이 좌익을 반동으로 비난한 사례를 보자.

친애하는 시민 여러분!
우리 민족국가 건설과 자주독립을 방해하고 있는 매국 도당인 공산당과 인민당은 최후의 발악을 하고 있습니다.
…둘째로, 공산당 대표 박헌영의 신문기자 회견담이 대중의 격분을 사서 매국노 타도운동이 경향 각지에 일어나자 그들은 당황하여 갖은 변명을 다하되 <u>반동적 신문기자회</u>(매수당한 악덕 기자회를 뜻한다) 명의로 변명 선전문을 살포하는 등… <u>반동적 신문 기관</u>을 동원하여 테러 배격을 운운하는 그자들이야말로 인피수심적 도배입니다(김현식 · 정선태 2011 : 191).[158]

---

158 대한청년의혈당(1946), 「서울 시민 여러분에게 고함」 1946. 1. 21.

신탁 문제로 분개한 것은 38선 이북이남이 다를 바 없었다. 다만 <u>민족반</u>
<u>역자 좌익 분자만이 반동한 것이다</u>(김현식 · 정선태 2011 : 267).[159]

일제의 기반에서 해탈되자 우리는 양대 외력미국과 소련의 중압하에서 조
국의 자주독립을 위하여 틀을 바꾼 새로운 독재 세력과 싸우지 않을 수 없
이 되었다. 그리하여 3년간을 일관한 민족 진영의 진지한 투쟁은 국제적
잡음과 <u>국내적 반동 세력을 일소하고 신탁 없는 조선독립안이 유엔에</u>
<u>서</u>….[160]

그런데 시간이 가면서 '반동'은 우익을 매도하는 좌익의 전용 수
사로 점점 기울어 갔다. 다음 절에서 보겠지만 이런 현상은 좌익이
자신의 정체성을 표상하는 '진보'의 대립 개념으로 반동과 친일, 파
쇼를 한데 묶어 쓰면서 심화되었다. 좌익은 '반동'을 친일 · 반민족,
제국주의, 지주계급, 반탁, 반민주 · 반인민을 모두 뜻하는 말로 썼
고 이승만, 김구, 김성수 등 우익 진영을 싸잡아 경멸하는 수사로
썼다. 조선공산당이 남조선신민당 및 조선인민당과 합쳐 만든 남로
당에서 나온 수많은 선언문과 성명서는 좌익, 진보의 반대 개념으
로 보수, 반동, 파쇼를 하나로 묶어 썼다. 보수를 반동에 묶어 우익
의 완고성과 비민주성을 부각하는 보조 개념으로 쓴 것이다. 또 좌
익은 보수를 '적극적 투쟁에 나선 진보'와 대비시켜 '현실에 안주하
는 나약함'을 표상하는 말로도 썼다.

---

159 조선건국청년회 조사부(1946), 「선전문」(날짜 미상).
160 「조선의 자주독립 방해하는 참칭괴뢰정부 타도」, 『동아일보』 1948. 2. 19, p.1.

인민공화국은 조선 국내에서 일본 제국주의를 타도키 위하여 투쟁을 계속한 진정한 진보적 세력이며…(김남식 1974 : 41).[161]

정부 구성에는 친일파 민족반역자, 일체 반동적·보수적 반민주주의 분자는 절대적으로 배제하여야 할 것이다(김남식 1974 : 264).[162]

국제 트로츠키파는 조선에서도 반동적·반인민적 음모를 공공연히 전개하고 있다. 조선혁명이 제2계단으로 돌입하였다고 대담하게 선언하여 무산혁명을 조선혁명의 성질로 규정하여 이론적 트로츠키주의를 조선에서 재생산하고, 무산혁명의 전위당의 소수가 다수에 복종되는 원칙(계동 열성자대회에서 절대 다수로 결정된 당 통일 결의)을 유린하여 소그룹의 분파적 활동으로 '조선공산당'이라는 명칭을 차용하여 공산주의자의 규율을 완전히 무시하여 조직적으로 트로츠키주의를 조선에서 재생산하는 극소수의 자칭 '공산주의자'가 있다. 이것이 반대파 이영, 최익한 등의 일파이다. …더욱 그들은 해외의 반제 세력을 규정할 때 10여 년간 하루도 쉼이 없이 무기를 잡고 만주의 광야에서 북조선 일대에서 일군과 영웅적 투쟁을 계속한 의병운동에 대하여는 일언의 규정도 없는 것은 이 일파의 본색을 완전히 폭로한 것이다. 이것이 트로츠키가 극좌에서 극우로 달아나 그 가는 곳이 반동의 선을 넘어 도시 반성치 못하는 성격으로 대표한 것임을 협의회는 엄숙히 지적하는 것이다(김남식 1974 : 39~41).[163]

---

161 조선공산당 당면정치대책협의회(1945), 「반대파에 대한 성명서」, 『해방일보』 1945. 11. 5.
162 조선공산당의 통일전선전술에 의해 조직된 민주주의민족전선(민전)은 1946년 2월 15일과 16일 이틀에 걸쳐 서울 종로 YMCA대강당에서 결성대회를 가졌다. 민주주의민족전선(1946), 『민주주의민족전선 결성대회 의사록』 1946. 2. 15~16.
163 조선공산당 당면정치대책협의회(1945), 「반대파에 대한 성명서」, 『해방일보』 1945. 11. 5.

남조선에서 반동 세력을 공고하게 하여 그 여세로써 북조선의 민주주의 건설까지 말살하여 반동조선을 출현케 하느냐, 그렇지 않으면 남조선에서 반동 공세와 과감하게 투쟁하고 북조선에서 성공적으로 진전되는 민주주의 건설과 서로 화응和應하여 자주독립의 민주주의 조선을 건설하느냐 이 두 갈래 길에 우리는 당면하고 있는 것이다. 반동이냐 진보냐, 독립이냐 예속이냐 하는 이 엄숙한 시문試問은 중간 노선의 존재를 용허치 않는다. 소위 7원칙은 마치 좌우 양익에서 제시된 5원칙과 8원칙의 '극좌', '극우'를 극복하고 양방의 주장을 절충하여 안출된 중간 노선인 것 같은 환상을 일으킬 수 있다. 이 7원칙에서 출발하는 소위 좌우합작은 좌우 양익에 있어서 정도의 차이는 있으나 다 같이 분열을 초래하였다. 우익으로부터는 한민당, 비상국민회의 등의 반대와 한민당(한국민주당)의 분열까지 결과하였으며 좌익으로부터는 몇 개의 부동 분자와 인민당, 좌익 일부의 지지를 받고 있다. 이러한 현상과 아울러 7원칙에 표현되는 사이비 좌익적인 언사는 대중을 기만할 수 있게 되었으며 온화타당한 중간 노선인 듯한 연상으로 중간 층을 획득하려는 태세를 갖추고 띤다. 그러나 우익 일부의 반대에도 불구하고 또 좌익적 언사에도 관계없이 본질에 있어 우익반동성을 내포하고 있는 7원칙은 의연 우익 노선인 것이며 좌우합작의 가면하에 우익 노선을 원활하게 집행하자는 기도에 불과하다. …셋째, 따라서 반동우익을 토대로 하고 반동 세력을 조장하려는 의도가 역력하다(김남식 1974 : 332~335).[164]

이처럼 좌익이 반동을 자신의 독점적 수사로 굳혀 나가자, 우익은 자신을 반동으로 매도하는 좌익을 맞받아치기 위해 좌익을 반

---

164 필자 미상(1946), 「좌우합작 7원칙 비판」, 『독립신보』 1946. 10. 26.

역·매국으로 질타했다. 친탁/반탁논쟁 과정에서 파쇼·독재로 지탄받은 이승만(독립촉성중앙협의회, 대한독립촉성국민회)과 한민당 및 임정 계열 인사들이 앞장서서 여운형의 인민공화국과 박헌영의 남로당이 주도하는 찬탁운동을 매국·민족반역으로 규탄했다. 좌익의 찬탁이 독립을 자발적으로 포기하는 매국 행위라는 취지였다. 이처럼 좌익이 우익을 과거의 '친일매국'으로 매도하면, 우익은 좌익을 미래의 '친소매국'으로 맞받아치는 모양새였다. 당시 우익의 이런 분위기는 다음 인용문에서 엿볼 수 있다.

> 그들은 이제 반역적인 소위 인민대회란 것을 개최하고 조선인민공화국 정부란 것을 조직하였다고 발표하였다(김현식·정선태 2011 : 52).[165]

> 평소 신탁제를 유치할 책임자가 이승만 박사와 한국민주당이라 악선전하자(악선전하던) 공산당이 이면으로는 대표를 소련에 보내어 신탁을 요구하고, 모스코바 코뮤니케가 발표되자 반대의 기세를 올리던 공산당이 서북 오도 공산당의 책임자 김일성의 지령이 있자 곧 신탁 찬성으로 기치를 돌려서 1월 3일의 모략적 시민대회로 된(시민대회를 개최한) 것이다. 이 같은 매국적 행동에 분노한 전 국민의 비난이⋯(김현식·정선태 2011 : 199).[166]

> 박헌영이 1월 8일 외국 기자단에게 대하여 조선공산당은 소련 일국에 의한 신탁통치를 10년이나 20년 받아도 좋고 그후는 소련연방에 일 연방으

---

165 한국민주당 발기인(1945), 「결의」 1945. 9. 8.
166 대한독립단(1946), 「매국노 공산당을 박멸하라」 1946. 1. 12.

180
보수

로서 참가할 것을 찬성한다고 언명한 것은 실로 조선의 독립을 말살하고…
매국매족의 행위로써 삼천만 민중이 일제히 배격하는 바이다(김현식·정선태
2011 : 259).[167]

　　분열과 모략으로 자파의 세력 부식만을 일삼는 조선공산당 일파의 소위
민주주의민족전선 결성대회는 민족적 반역 행동이다(김현식·정선태 2011 :
246).[168]

　　매국노들은 여전히 민주주의민족전선이라는 사기 간판을 내걸고 매국
설계만 하고 있고… 오늘부터 집집마다 '신탁통치 결사반대', '민주주의민
족전선 서천타도誓天打倒(하늘에 맹세코 타도한다)'라 써붙이고 독립이 되는 날까
지 떼지 말 것(김현식·정선태 2011 : 252).[169]

반동과 친일, 파쇼

　　남로당, 즉 남조선노동당의 문서에 가장 많이 나온 단어가 아마
반동과 파쇼일 것이다. 앞에서 잠깐 보았지만 반동이라는 말은 독
립된 관형어[170]나 반동 분자, 반동파와 같은 합성어로 많이 쓰었다.

---

167 매국적징치각단체긴급협의회(1946), 「소련의 일 연방 되기를 요구한 박헌영 일파를 배격하
　　라」 1946. 2(날짜 미상).
168 한국민주당·국민당·대한독립촉성전국청년총동맹(1946), 「성명서」 1946. 2. 13. 대한독립
　　촉성전국청년총동맹은 우익 정당과 우익 단체의 연합이다.
169 조선애국부녀동맹(1946), 「소위 친일파에 대한 김구 주석의 大赦方針, 동포여 鴻恩의 萬分之
　　一이라도 보답하자!」 1946. 3. 1.
170 예를 들면 "남조선 반동 단선 분쇄투쟁에 대한 우리의 결정"과 같은 것이다. 백남운(1974),

파쇼는 일본 제국주의, 친일파·민족반역자를 통칭하는 말이었다.[171] 반동이 열여섯 번이나 나오는 1946년 12월 남로당 중앙위원회의 선언문을 비롯한 당시 좌익의 논조를 보면 반동과 파쇼는 대지주, 대자본가, 일본 제국주의와 미국 추종 세력, 반민주를 싸잡아 뜻하는 말이었다.

좌익은 우선 반동을 일본과 서구의 '반동적 제국주의'를 배경 삼아 활보하는 지주, 대본가, 친일파, 민족반역자를 뜻하는 말로 썼다.

> 지주, 대자본가에 그 사회적 근거를 두고 친일파 민족반역자를 그 지주로 하여 외국 반동을 배경으로 하는 조선의 반동 세력이 오늘날 조선 인민의 요구와 의사를 유린하며 민주 세력 성장에 대하여 최후 발악적 공세로 임하게 되는 것은 결단코 우연한 일이 아닙니다. …그러면 다른 한 길은 무엇이겠습니까? 그것은 재예속에의 반동적 반역 노선입니다. 지주 대자본가를 토대로 하고 외력을 배경으로 하는 친일파 민족반역자 친파쇼 분자 등 이승만, 김구, 김성수 반동파가 그 극소수의 탐욕적 이익을 위하여…(김현식·정선태 2011 : 332).[172]

> 친일파, 만족반역자를 토대로 하는 조선의 반민주주의 진영은 언제 어디서나 민족통일을 저해하여 분열을 촉진하고 있나니 거룩한 기념일을 자

「남조선의 현 정치 정세(1948. 4)」, 김남식 편, 『남로당 연구 자료집 제1집』, 고려대학교 아세아문제연구소, p.440.

171 1946년 11월 남로당 발족식에서 허헌은 "우리 국내에 있어서도 친일파, 민족반역자, 친파쇼 분자가… 조선 민주독립을 반대하고 미소 이간(離間)을 획책하며…"라는 개회사를 낭독했다. 김남식 편(1974), 『남로당 연구 자료집 제1집』, 고려대학교 아세아문제연구소, p.342~343.

172 남조선노동당 중앙위원회(1946), 「조선 인민에게 고함」 1946. 12(날짜 미상).

파 세력 부식의 호기로 삼고 민족적 기념사업을 특권 독재 수립의 도구로 역용하려 한다. …이것은 모름지기 단불용대斷不容貸(단연코 용서하지 않음)의 죄악이 아닐 수 없다. 민주주의 요소의 광범 공고한 결집으로 반민주주의 반동 진영을 타도하여 인민이 다 같이 행복을 누릴 수 있는 민주주의 정권을 수립하고 자유독립국가를 건설하는 것이 이날을 기념하는 우리에게 지워진 중대한 사명이며 선열을 추도하여 그 위업을 계승하는 우리의 자부도 또한 이것에 있는 것이다(이강국 1946 : 181~184).[173]

그러면 8·15해방 후 만 2년 되는 오늘, 이 땅의 남쪽과 북쪽에서 동일한 시간과 동일한 조건 밑에서 왜 이러한 결과를 나타내었는가? 그것은 정권을 인민들이 잡고 있느냐 소수 특권계급 즉 반동대지주, 반동자본가, 친일파 민족반역자들이 잡느냐에 의하여 이러한 차이가 나타나게 된 것이다. 즉 남조선에서는 친일과 민족반역자들이 정권에 잠입하여 그들의 이익과 번영을 기도하였고, 북조선에서는 광범위한 인민들이 스스로의 대표를 선발하여 정권을 잡고 자기들의 이익과 행복을 위하여 민주 과업을 실천한 데 그 차이가 있는 것이다. …우리는 이와 같이 남조선과 북조선에서 본질적으로 다른 두 가지 형태와 노선을 볼 수 있다. 정권을 잡는 자가 누구인가에 따라 그 형태와 노선이 규정된다. 다시 말하면 정권을 잡는 자가 인민들이냐, 친일파 반동 분자이냐에 의하여 그 정권 형태와 성격이 본질적으로 달라지고, 이에 따라서 그 노선도 달라지는 것이다.[174]

173 「3·1운동 27주년 기념문」.
174 「인민 회의와 '입법 회의'의 두 개의 노선」, 『노력인민』 1947. 8. 6.

특히 지주계층과 대자본가들은 오키나와 주둔 미군이 38선 이남에 진주하기 훨씬 이전부터 좌익이 상정한 대표적 '반민주' 세력이었다. 상하이나 이르쿠츠크파가 아닌 국내 공산주의자들이 창당한 조선공산당이 코민테른의 조선지부로 승인받은 1920년대 중반부터 좌익은 소련식 계급혁명과 공산주의만이 진정한 민주주의라고 믿고 있었기 때문이다.

당면의 가장 긴급하고 필요한 문제는 조선 좌익의 통일 문제의 해결이다. 일본 제국주의는 무장한 채로 아직 물러가지 않고 있는 한편, 북부 조선에서는 소비에트연방의 붉은 군대가 일본군의 무장을 해제하고 조선의 자유와 독립을 선언하였고 미국군은 미구未久에 서울에 들어오려는 것이다. 이러한 형편에 지주와 대부르주아지들의 반동적 반민주주의적 운동은 권모술책을 가지고 좌익 내부에 그 손을 뻗쳐 오고 있는 것이 그의 특징이다. 이러한 중요한 시기를 당하여 만일 좌익이 분열 상태로 통일되지 못하는 날에는, 반동 세력의 진영을 강화하고 동시에 좌익의 무력無力을 폭로하여 전 조선의 인민에게 불행을 가져오는 것이다.[175]

좌익이 민족주의 계열의 지주와 자본가를 계급투쟁의 대상인 반동으로 몰아간 또 다른 명분은 지주와 자본가가 일본 제국주의에 빌붙어 '조선 내 근로인민의 진보적 의사'를 무시하고 잔인한 탄압을 동족에게 자행했다는 점에서였다. 다음 인용문을 보자.

---

175 「분열파의 행동을 비판하자(1945. 9. 11)」, 『해방일보』 1945. 9. 25.

이번 반反파시스트 반일전쟁 과정에 있어서 조선은 전체로 보아 응당한 자기 역할을 하지 못하였다. 그것은 조선의 지주와 민족 부르주아지들이 전체로 일본 제국주의의 살인강도적 침략적 전쟁을 지지하기 때문이었다. 이들 반동 세력은 전시 국가총동원체제 밑에서 조선의 노동자, 농민, 도시 빈민 등 일체의 근로인민의 진보적 의사를 무시하고 잔인무도한 군사적 제국주의적 탄압을 행하였다(김남식 1974 : 8).[176]

좌익은 또 우익이 통일민족국가의 수립에 반대하면서 남조선에 자신들만의 전제정부를 수립하려는 음모를 꾸미고 있다는 이유로 우익을 '파쇼적 반동'으로 몰아갔다. 1945년 12월 모스크바에서 미국, 영국, 소련의 외무장관이 모스크바협정Moscow Agreement을 맺고 미소공동위원회를 설치하여 일정 기간 조선에 대한 신탁통치를 협의한다고 발표하자, 이 결정에 반발하는 우익을 '파쇼 분자'로 몰아세운 것이다. 또 좌익은 우익을 태생적으로 나태하고 반민족적인 세력이며 부도덕한 존재로 단죄하고 죄악시했다. 1926년 순종의 국장을 기회 삼아 좌익은 6·10만세운동을 주동했지만 낮잠이나 자고 있던 일본 제국주의의 충복인 우익은 좌익의 통일정부 수립 노력에 훼방을 놓고 있다는 것이었다.

민주주의적 원칙 위에서 우리의 정부를 수립한다는 것은 더욱 의의가 큰 것입니다. 반동 분자들이 이 3상회의 결정에 반대하는 것은 이 결정이

---

176 「현 정세와 우리의 임무(1945. 9. 20)」, 김남식 편(1974), 『남로당 연구 자료집 제1집』, 고려대학교 아세아문제연구소, p.8.

민주주의원칙에서 우리의 정부를 세운다는 것이어서 자기들 일파의 전제 정부 수립의 꿈이 깨어지는 까닭입니다. 실로 3상회의의 결정은 민주주의 적으로 싹터 오르는 조선을 그 초기에서 파괴하려고 대두되고 있는 파쇼적 분자들에 대한 우리의 반파쇼투쟁에 큰 도움이 될 것입니다(김남식 1974 : 101).[177]

동포들이여! 오늘 우리 민족은 빛나는 반일투쟁의 하나였던 6월 10일을 맞이하였다. 오늘날의 반동의 두목들이 전부 일본 제국주의의 충복이 되었 거나 국외 자본가의 던져 주는 빵조각과 침대 위에서 낮잠으로 유랑하던 시기 1926년 6월 10일 이후 왕(순종)의 인사날을 기하여 침략자의 어마어마 한 경계를 돌파하고 조선공산당은 천도교의 선량한 부분과 협력하여 대담 하게 이 반일투쟁을 조직하였다. …오늘날 반동 두목들의 민주주의 민족 통일정부 수립 방해와 남조선 단독 전제정권 수립 음모를 보라(김현식 · 정선 태 2011 : 283).[178]

3천만 동포 여러분! 형제들! 자매들! 노동자, 농민, 지식인, 소시민 여러 분! 현하 우리 민족은 중대하고도 절박한 시국에 직면하고 있습니다. …공 동위원회로 하여금 이러한 난관에 봉착케 한 것은 그 원인이 어디 있습니 까? 두말할 것 없이 반동 진영의 공동위원회를 파괴하려는 소위 양면 전술 에 의한 것입니다. 이승만과 김구를 두목으로 한 외부 파괴 부대의 음모와 흉계는 더욱 악질적으로 조직화하여, 김성수 · 장덕수를 수괴로 한 한민당

---

177 박헌영(1974), 「3상회의의 조선에 대한 결정을 지지하자(1946. 1. 16)」, 김남식 편, 『남로당 연 구 자료집 제1집』, 고려대학교 아세아문제연구소, p.101.
178 조선공산당 선언문, 「민족 통일과 진정한 독립을 달성하자」 1946. 6. 10.

의 내부 파괴 부대의 간책과 모략은 더욱 교활하여지며 더욱 흉악하여지고 있습니다. 친일파, 민족반역자, 파시스트 광신자의 광란과 음해는 드디어 공위 양국 대표의 합의를 방해하여 민족 천년의 이 호기를 중대하고도 절박한 시국으로 전변시키고 있습니다.[179]

　반동 진영의 악랄한 모략으로 인하여 부득이 휴회에 들어간 소·미공동위원회의 속개를 쟁취키 위하여 우리 인민은 그간 1년 동안 온갖 희생을 바쳐 가면서 공동위원회의 속개를 방해하는 일체 반동들과 영웅적으로 용감하게 투쟁하였었다. 우리 인민이 흘린 피는 헛되지 않아 인민이 갈망하고 희원하는 소·미공동위원회가 이제 속개되어 그 사업을 진행하고 있다. …그러나 공동위원회의 사업이 양국 대표의 열의에 의하여 순조롭게 진행됨에, 조선의 친일파 민족반역자 파시스트 추종자들은 단말마적 발악으로 그 사업을 방해하고 그것의 파괴를 책동하고 있다. 이 반동 분자들의 파괴 책동은 이승만, 김구에게 영솔된 소위 외부 파괴 부대에 의한 살육 시위 등의 광란 및 친일 집단 한민당과 한독, 독촉 분자 수백의 모리 테러, 일제 잔존 기구, 유명무실 전혀 존재치 않는 유령들의 공위 침입에 의하여, 공동위원회는 우리 정부 조직에 지대한 관계를 가진 협의 대상을 결정하는 문제에 이르러 진전이 정체되고 있다. …이에 우리 민족에게는 이 사업에 협조하는 임무가 제기될 뿐 아니라 공위를 반동 분자들의 파괴 책동으로부터 수호하는 중차대한 과업이 부여되어 있다. 죽음으로 수호하여 공위를 기어고 성공시키는 임무가 두 어깨에 지워지고 있다.[180]

179 「조국 운명의 결정적 순간에 제하여 남조선 전 인민에게 고함(민전 산하 정당·단체들의 공동 시국선언문, 1947. 7. 18)」, 『노력인민』 1947. 7. 20.
180 「공위 경축 임정 수립 촉진 인민대회 결정서(1947. 7. 27)」, 『노력인민』 1947. 7. 28.

좌익이 우익에게 파쇼라는 딱지까지 덧붙이자 우익은 맞대응에
나섰다. 1946년 1월 19일 남한의 좌익 정당 및 사회단체가 모여 민
주주의민족전선의 발기대회를 치렀는데, 그 직후 나온 다음의 논
설은 계급전선을 꿈꾸는 좌파가 말로만 '민족'전선을 참칭하고 있
으며, 유럽과 일본의 파쇼가 이미 몰락하여 사라졌는데도 좌익은
엉뚱하게 민족주의자들을 파쇼로 억지 매도하고 있다고 반박한 것
이다.

공산주의 계급전선을 의도하는 좌파가 민주 진영의 표지인 '민주주의
민족전선'을 차용함은 어디로 보든지 일종의 술책이다. … 좌파 자신의 별
개 행동을 민주주의 민족전선이라고 자칭한 것으로 보아서 진정한 민주 진
영인 국민회의를 무어라고 지칭할 것인지가 또 새로운 화젯거리로 주목할
만한 일이겠다. 자가 호칭의 대구식으로 설마 '공산주의 계급전선'이라고
는 아니할 것이다. 그러나 자호自呼하는 '민주민족전선'보다 훨씬 극우적인
어구, 일반에게 악인상을 주기에 흡족한 용어를 덮어씌울 준비쯤은 이미
완료하였을 것이다. …별동대로 조직된 반파쇼공동투쟁위원회의 복선이
즉 그것이다. 이리하여 國議(국민회의)를 파쇼주의 집단전선이라고 명명할는
지도 모른다. …여기에서 잠깐 '파쇼'에 대하여 언급하기로 하자. 대체 반
파쇼공동투쟁위원회의 투쟁 대상이 어디에 있는지 분명치 않다. 설마 독일
이나 이태리에 있을 이치는 없다. 8 · 15 이전이라면 조선에도 파쇼가 있었
다 할 수 있으니 그는 즉 일본 제정이다. 그러나 8 · 15 이후의 조선에 무슨
파쇼가 있는가? …파쇼란 본래 단합 결속을 의미하는 단어다. 그러나 지금
의 일반 용례로는 단순한 단합이 아니다. 강압적 단합 억지적 결속을 의미
한다. 자율적이 아니고 타율적임에 그 특징이 있다. 강압이오 억지인지라

그 배경은 비상태적인(비정상적인) 폭력이나 비정규적인 무력이다. 이것이 파시즘의 일면이오, 또 다른 일면은 忘自尊大(자기만 잘났다고 뻐기는 태도)의 독선적 배타성이다. 독재와 전제를 의미한다. 이 같은 경향이 조선의 어디에 있는가? 그러나 구태여 찾는다 하면… 38선 이북의 정황이 바로 그것이다. 명일에 있어서는 우경이라는 보수의 낙인 밑에서(후일에는 공산주의 자체가 우경 즉 보수의 낙인을 받게 되어) 다시금 지양될지도 모를 운명이 예견되는 이른바 '과학적 공산주의'가 '진보의 광영'을 독점하려는 생각 자체가 이미 파쇼적이다.[181]

파쇼라는 철 지난 딱지를 우익에게 갖다 붙이는 좌익의 선동에 대한 이 반론은 이념투쟁에서 정치적 개념과 수사를 선점하는 일이 얼마나 중요한 것인지 잘 보여 준다. 신탁통치에 반대하는 김구와 이승만의 비상국민회의를 우익·파쇼로 매도한 민주주의민족전선을 향해 좌익 독재가 시작된 이북의 평양정권이야말로 진짜 파쇼라고 되받아친 것이다. 나치즘, 파시즘 그리고 일본 군국주의 등 제2차 세계대전 이전의 파쇼가 이미 괴멸된 마당에 파쇼라는 개념을 우익에 대한 공격 무기로 삼는 좌익을 향한 우익의 이런 반론은 물론 효과는 없었다. 좌익은 우익 부르주아민주주의와 극우파시즘 둘 다 반공이라는 점에서 하나로 묶었기 때문이다. 다만 당시 좌익이 즐겨 쓴 우익·우경·파쇼라는 낙인이 언젠가는 좌익 자신에게 찍힐 것이라는 위 논설의 주장은 좌와 우의 정치적 내용과 가치가 세월

---

181 설의식(1946), 「통일전선의 혼란을 보고(4)「팟쇼주의」의 복선 : 「팟쇼」의 유형은 38이북」, 『동아일보』 1946. 2. 12, 석간 p.1.

따라 얼마든지 변한다는 정치의 보편 진리다.

　자본가와 지주, 친일과 한민당을 반동·파쇼로 몰아붙인 좌익의 공세 그리고 좌익이야말로 진정한 파쇼요, 매국·반역이라고 되받아친 우익의 반격은 남과 북에 각각 단독 정부가 수립될 때까지 계속되었다. 되돌아보면 경박하고 야비한 표현을 서슴지 않는 21세기 한국 정당정치의 병폐와 거칠고 무자비한 언사를 효율적인 무기로 여기는 북한의 행태는 어쩌면 이 좌우투쟁 시기의 거친 언사 전쟁이 낳은 기억과 그 기억이 생산한 집단적 무의식의 소산일지 모른다.

반동의 개념사

　이쯤에서 반동이라는 말이 좌파의 전용 수사로 바뀌게 된 과정을 살펴보아야 할 것 같다. 20세기 초만 해도 동아시아에서 반동은 글자 그대로 반작용, 반발심, 반발력, 반응을 뜻하는 말이었다. 반동, 반동력의 반대말은 진보나 혁명이 아니라 글자 그대로 원동, 원동력이었다. 당시 반동이 오늘날의 반작용, 반발, 반응을 뜻하는 일상어로 쓰인 사례는 금방 찾을 수 있다. 먼저 반동이 복고 내지 반대 현상을 뜻하는 말로 쓰인 사례를 보자.

　미국 뉴욕신문에 이르기를, 서태후의 노회하고 간교함이 하필 러시아의 부추김을 기다려 이 같은 사변(강유웨이와 함께 개혁을 도모하던 광서제를 서태후가 유폐시킨 1898년의 무술정변을 이른다)을 일으켰으니, 광서제는 미국 상업의 좋은 친구라. 저런 친구는 두 번 다시 얻기 어려우니 이제 광서제가 물러나면 그 반동이 일어나는 것은 의심할 바 없는데, 불행히도 영국은 지금 남아프리카공화국의 일(보어전쟁을 말한다)에 골몰하여 여유가 없어 중국에 관한 기약을 실행하지 못하는 상황인즉 미국이 대책을 마련하는 것이 마땅하다는 것이다. 또 독일 수도 베를린 특파원은 이 사변(무술정변)은 수개월 전 러시아정부가 베이징 주재 공사로 하여금 중국정부를 부추긴 결과이니 러시아가 많은 육군 병력을 극동 지방에 집중 배치한 것도 실로 이 정변을 미리 예상한 것 같다고 말하지만, 오스트리아 수도 비엔나에 주재하는 특파원의 말에 따르면 유럽 열강이 연합하여 서태후의 (반동)정책을 저지하되 부득이하면 다시 강경한 정책을 취하기로 결정하였다는데, 이는 (무술정변에 대한) 러시아 및 독일 신문들의 논의(입장)를 생각하고 말한 것이라고 하였다더라.[182]

또 반동은 아래와 같이 반작용, 감정적 반발심을 뜻하는 일상어로 쓰었다.

만물의 작용이 발달하는 근저는 원동력에 있지만 그 발달의 결과는 반동(례)에서 오는 경우가 대단히 많다. 월나라 왕 구천이 월나라를 부강하게 만들도록 교훈을 준 것은 회계산에서 오나라 왕 부차에게 치욕을 겪은 데

---

182 「북경 형세와 열국 태도」, 『황성신문』1900. 3. 28, p.2 : 美國紐育(뉴욕)新聞에 曰西太后의 老獪奸點노회간힐홈이 何必俄國의 敎唆를 待ᄒ야비로소 如斯ᄒ 事變을 發ᄒ얏스리오 光緖帝ᄂ 實히 美國商業의 良友라저러ᄒ 良友ᄂ두번 可히 得치못할지니 今에 光緖帝가 退ᄒ게되면 反動이 起ᄒ깃슴은 無疑ᄒ바이니ᄂ 不幸히 英國이 南阿事件에 營營히 無暇ᄒ야 支那에 關ᄒ 其約을 能히 實行치못ᄂᄂ 狀況인즉 美國이맛당히 進施홈이 可ᄒ다ᄒ얏고 伯靈德都通信員曰今次事變은 數月前俄國政府가 公使로ᄒ야곰 北京政府를 敎唆케ᄒ 者이니 俄國政府가 夥多ᄒ 陸兵을 極東에 集中홈은 實히 此變을 期홈인듯 然ᄒ니 奧京維也納(비엔나)通信員의 言을 據ᄒ즉 歐洲列國이 聯合ᄒ야 西太后의 政策을 阻ᄒ되 若不得己ᄒ면 更히 强硬ᄒ 政策을 取ᄒ기로 決ᄒ얏ᄃ홈은 俄國及法國新聞의 論意를 想像ᄒ고 設홈이라 ᄒ얏더라.

대한 반동(반발)의 결과였고, 진나라 효공이 분발해서 정치를 열심히 한 것은 6국이 그를 싫어하여 따돌린 것에 대한 반동의 결과였다. 근대 세계사를 보아도 프러시아의 중흥은 나폴레옹에 의해 유린당한 데 대한 반동이었고 일본의 메이지유신은 요코스카 지역에서 당한 바(미국 페리제독의 군함에 의한 일본의 개항)에 대한 반동력이다. 개인을 말하자면 악양자가 학업을 마친 것은 그의 처가 짜고 있던 베틀의 실을 끊었기 때문이요(후한시대 악양자라는 사람이 중도에 공부를 포기하고 돌아오자 그의 처가 짜고 있던 명주 베틀의 실을 가위로 끊으면서 공부를 중도에 그만두는 것은 짜고 있는 베틀의 천을 중간에 끊는 것과 같다고 설득하여 학업을 마치도록 했다는 고사다) 소진이 허벅다리를 송곳으로 찔러 가며 공부한 것은 형수가 그를 박대하여 밥을 주지 않는 데 말미암은 것이니 그런즉 천하의 가장 맵고 강한 힘도 반동의 힘과 같지는 못하니라.[183]

가령 어떤 강대국이 어떤 나라를 보호할 때나 정복할 때나 그 방법이야 어떻든 반드시 정성스럽고 참된 마음을 써서 그것이 사람들의 마음 깊숙이 파고들어야 하며 신의를 널리 펴서 불평하는 마음을 녹이는 것을 위주로 할 것이니 결코 의심하고 혐오하는 마음으로 사람들의 감정을 격앙시켜서는 안 될 것이다. 예로부터 우리 역사를 보아도 인민의 마음을 복속시키지 못하면 필경 반동력을 일으켜 잠깐 억누른 효과를 잃는다는 것은 역사의 기록이 분명한지라, 옛 성인이 말씀하시되 사람들을 덕으로 복종시키는 자

---

183 「선교계에 반동력」, 『황성신문』 1908. 2. 23, p.2 : 凡物之情이 其發達의 根柢는 原動力에 在ᄒ나 其發達의 結果는 反動力으로 由ᄒ이 最히 多大ᄒ도다 越句賤의 生聚敎訓은 會稽之辱이 爲其反動力也오 泰孝公의 發憤修政은 六國之擯斥이 爲其反動力也오 以近世觀之라도 普國의 中興은 以拿破侖之蹂躪이 爲其反動力也오 日本의 維新은 以橫須賀之所値가 爲其反動力也오 以個人言之ᄒ면 樂羊子의 畢業은 以其妻之斷機也오 蘇秦의 刺股는 以其嫂之闕炊也니 然則天下之力이 最劇最烈者莫反動若也로다.

는 이기고 힘으로 복종시키는 자는 패한다 하였으니 덕과 의에서 비롯되는 믿음이 사람을 심복케 하며 의구심을 없애는 것이 아닌가.[184]

반동은 단순히 부작용을 뜻하는 말로도 쓰였다. 예를 들면 「반동 래反動來를 경계, 미가 등귀나 업자 냉정」[185]과 같은 기사의 제목이 그랬다. 우리말로 풀면 "반동이 올까 봐 경계한다, 쌀값은 오르고 있으나 미곡상들은 냉정한 반응" 정도 될 것이다. 다시 말해서 전쟁 조짐 때문에 쌀값이 오르고 있지만 미곡업자들은 곡가 상승을 반기기보다는 오히려 전쟁이 터진 후에 생길 반동을 우려한다는 내용인데, 반동을 부작용 내지 반작용을 뜻하는 말로 쓴 경우다.

끝으로 반동은 오늘날 우리가 일상적으로 쓰는 반응, 대응을 뜻하는 말이기도 했다.

화승돈(워싱턴) 전 "포츠담 최후통첩에 대한 반동(반응, 반발)으로 동경의 라디오가 방송하는 동맹사의 보고를 들으면 일본 내각은 스즈키 총리 사저에서 회의를 열고 외무대신 도고가 열강의 최후통첩을 보고한바, 각의는 그 최후통첩을 부인하고 끝까지 싸우기를 결정하였다 하며 말하기를 연합국 공중 폭격으로 인하여 제국의 운명은 성패 간에 기회가 반반으로 걸려 있

---

184 「시의의 폐해」, 『황성신문』 1907. 10. 1, p.2 : 假令 某强國이 何國을 保護ᄒᆞ던지 何國을 征服ᄒᆞ던지 其如何方法은 勿論ᄒᆞ고 必也赤心을 推ᄒᆞ야 使人으로 腹中에 置케 ᄒᆞ며 信義를 布ᄒᆞ야 不平의 憾을 融和케 홈을 爲主홀지오 決코 疑猜의 心으로써 人의 感情을 激昻케 홈은 不可ᄒᆞ니 自古로 我의 歷史를 據홀지라도 人民의 心을 服치 못ᄒᆞ면 畢竟 反動力을 生케 ᄒᆞ야 暫時鎭壓의 效을 失홈은 事蹟이 明瞭ᄒᆞᆫ지라 前聖이 有云ᄒᆞ되 以德服人者ᄂᆞᆫ 勝ᄒᆞ고 以力服人者ᄂᆞᆫ 敗라 ᄒᆞ니 德義의 信用이 能히 心을 服케 ᄒᆞ며 疑를 消케 ᄒᆞᄂᆞᆫ 것이 아닌가.
185 「반동래를 경계, 미가 등귀나 업자 냉정」, 『조선중앙일보』 1935. 9. 21, 석간 p.4.

다고 하였다.[186]

다만 혁명을 비롯한 해외 정세를 소개할 때는 일찍부터 반동을
변혁에 대한 반작용이라는 뜻, 즉 reaction · reactionary의 번역어
로 사용했다. 일제강점기에도 반동을 번역어로 쓸 때는 해방 직후
좌익이 쓰게 될 반동의 개념과 비슷하게 수구적이고 시대착오적인
저항을 뜻하는 말로 이용한 것이다.

러시아 황제가 금년 여름 이후 건강치 못하여 30분 이상의 담화나 독서
도 곤란하다는데도 이번에 프랑스에 행차하심은 (프랑스의) 반동파에 대한 타
격을 목적으로 삼은 듯하다. 프랑스의 반동파란 루이 나폴레옹 친왕을 수령
으로 받드는 프랑스의 제정파를 의미하는데 근래에 이 당파가 (프랑스 제3공화
국의) 공화정체를 전복하고 왕정복고를 성취하기를 계획한다는 설이 있는
데다가 나폴레옹 친왕이 지금 러시아 기병 고위 장교로서 러시아 황실과
깊은 관계를 갖고 있어 자연히 러시아가 나폴레옹 친왕을 추대하는 당파에
동정을 보낸다는 의혹이 일기 때문에 이런 의혹을 일소하여 러시아와 프랑
스 현 정부의 관계가 친밀함을 천하에 알리는 한편, 다른 나라들에 대한 시
위의 목적으로 프랑스에 행차하신 듯하다.[187]

186 「최후통첩과 일본의 반동」, 『국민보』(호놀룰루) 1945. 8. 1.
187 「俄帝法國行의 目的(러시아 황제가 프랑스에 간 목적)」, 『황성신문』 1901. 9. 11, p.1 : 俄帝씌
　　셔 今年夏季以來로 자못 健康치 못ᄒ야 三十分以上의 談話 或 讀書도 困難ᄒ시다ᄂ듸 今
　　回 法國에 幸行ᄒ심은 反動派에 對ᄒ 打擊을 目的ᄒ 듯ᄒ지라 此反動派ᄂ 路易拿破倫親
　　王을 首領홈은 帝政黨을 意昧홈이니 此等黨派가 近來 共和政體를 顚覆ᄒ야 王政復古를
　　成就ᄒ기를 企劃ᄒ다ᄂ 說이 有ᄒᄃ 同親王은 現에 俄國騎兵正領으로 同國皇室과 不淺ᄒ
　　關係를 有ᄒ야 自然俄國이 同親王을 戴ᄒ 黨派에 同情을 有ᄒ다ᄂ 疑惑을 生케 홈으로 此

이 전문에 따르면 터키 반동파(전 황제파) 열세 명은 군사재판에서 사형선고를 받은 후 터키 수도 경비대에서 교수형에 처했다더라.[188]

특히 일본 제국주의와 군국주의의 멸망을 역사의 진보와 인류의 진화로 생각하던 조선의 항일 지식인들은 반동이라는 말을 침략적 군국주의와 제국주의를 뜻하는 말로 썼다.

금일에 있어서는 어떤 반동적 정치가일지라도 침략적 군국주의의 그 근저가 동요된 까닭으로 그것을 표방하는 것이 이미 특권계급의 의식에서도 비도덕적 성질이 되어 그 신조가 특권계급의 근저에 당착적 현상을 발생케 한 까닭이다.[189]

반동을 이런 의미로 사용하는 경향은 좌익에만 국한된 것이 아니라 당시 지식인들의 보편적 경향이었다. 예를 들어 1917년의 볼셰비키혁명 이후 피압박 민족 해방을 위해 '건설적 파괴자'의 역할을 맡아 온 러시아가 잠시 주춤한 틈을 타서 영국과 미국 등 자본주의 강대국들이 '제국주의 본색'을 재차 드러내는 추세는, 좌익과 우익을 떠나 당시 조선의 식자 모두에게 반동으로 인식되었다. 아래의 글은 투철한 좌익도 강고한 우익도 아닌 중도파 독립운동가 안재홍

等疑惑을 一掃ᄒ야 俄國과 法國現政府의 交情이 親密홈을 天下에 公表ᄒ고 且他에 對ᄒ 示威運動으로 ᄒ라는 意味로 法國에 幸行ᄒ시ᄂ 듯ᄒ더라.
188 「반동파 처교(處絞)」, 『황성신문』 1909. 5. 8, p.1 : 同電을 據ᄒ 즉 十三名의 土耳其反動派 (先帝派)ᄂ 軍事會議에서 死刑宣告를 受ᄒ 後 土都軍士坦丁堡에서 處絞ᄒ얏다더라. 주 157 참조.
189 月評人(1925), 앞의 글.

이 『개벽』에 쓴 1925년의 논설이다.

현 세계 정세를 보면 3대 중심국이 있다. 늙고 거대한 옛 제국으로서 수백 년간 내려온 권위에 힘입어 세계의 태반을 점령하고 유럽전쟁에서 일대 강적인 독일제국을 격파한 후 하강하는 제국의 운을 유지하고자 수단을 안 가리고 항상 백방으로 노력하는 영국이 그 하나요, 신대륙에서 독립한 특수한 지리적 편의와 광대한 땅에 묻혀 있는 무진장한 자원과 전후 세계 금화의 절반을 점유한 재정상의 행운으로 전후(제1차 세계대전 후)에 피폐해진 여러 나라 바깥에서 우뚝 서 새롭게 일어나는 국민적 의기로써 세계 제일의 지위를 마음 놓고 누려 보려고 하는 미국이 그 둘째요, 제1차 세계대전 당시까지는 세계 전제정치의 표본과 같은 독재와 전제의 조직으로 귀족과 관료들의 옹호하에 완성된 상비군 덕에 호랑이처럼 세계를 노려보는 침략국이었다가 1917년 11월 (볼셰비키)혁명의 결과 차르의 전제주의가 파괴되고 소비에트 정치가 수립되면서 이제 방향을 전환한 무산자 본위의 세계혁명운동을 통해 사방에서 지켜보는 자본주의 열국으로 하여금 쉴 새 없는 악몽에 시달리게 하는 붉은 러시아가 그 셋째다. …이들을 다시 나누면 영국과 미국 양국은 이기적인 자기중심적 행동으로 사방의 약소국들을 어떤 방식으로든 정복 혹은 지배코자 하는 파괴적 건설자들이요, 러시아는 그 세력을 공고히 하고 혁명을 완성하는 외연적 운동을 의미하는, 피압박 민족의 해방이라는 원심적 운동의 대표자라는 생각을 갖고 있다. 즉 건설적 파괴자라 할 것이다. 그리고 휴전 직후에 비하면 폭발하는 화산 같은 기세로 전 세계를 뒤흔들던 붉은 러시아는 근래에 그 칼날과 같은 서슬과 기세를 거두게 되었고, 영국과 미국을 대표로 하는 자본주의 열국은 오래 묵은 본색을 서서히 드러내기 시작하는 것이 오늘날 세계의 정세다. 즉 그들은 이

제 반동적 복귀 현상 가운데 있다.[190]

1928년 9월부터 조선총독부 경무국 도서과가 매월 발간한 『조선
출판경찰월보』에는 총독부가 검열·삭제한 도서와 기사 내용이 수
록되어 있는데, 이 월보를 훑어보아도 반동이 원래 좌익의 용어가
아니고 1920년대까지는 항일민족주의자와 사회주의자가 함께 쓴
말이라는 것을 알 수 있다.

　이를테면 『조선출판경찰월보』 제7호 1929. 3를 보면 일본대학 예과
조선학생동창회가 발행한 『건설』이라는 잡지의 창간호에서 '철두
철미하게 일본 제국주의 반동배들과 항쟁할 것'을 주장한 글을 검
열·삭제했다는 기록이 나온다. 반동이 당시에는 제국주의와 군국

---

190 안재홍(1925), 「반동선상의 세계와 그 추세」, 『개벽』 제55호(1925. 1) : 現下의 世界政局에는
三大重心이 잇다. 老大한 舊帝國으로 數百 年來傳統的 餘威에 依하야 世界의 太半을 占
領하고 歐洲戰 中 그의 一大强敵 獨逸帝國을 擊破한 後 다만 항상 그 帝國의 隆運을 維持
하고저 手段을 가리지 안코 百方으로 努力하는 英國이 그 하나이오 新大陸에 獨立한 그의
特殊한 地理上의 便宜와 廣大한 土地에 무처잇는 無盡한 富源과 戰後 世界金貨의 半部를
占有한 財政上의 幸運으로 疲弊한 戰後의 列國民의 圈外에 特立하야 新興한 國民的 意氣
로써 世界第一의 地位를 獨擅하려는 北米合衆國이 그 둘째이오 戰亂當時까지 世界專制
政治의 標本과 가튼 獨裁와 專制의 組織으로 貴族과 官僚들의 擁護의 下에 그의 完成한
常備軍에 依하야 世界를 虎視하는 一大 侵略國이 되다가 1917年 11月 革命의 結果 『쓰
아리즘』의 破壞 『쏘비에트』政治의 樹立으로 이제는 方向을 轉換한 無産者本位의 世界革
命의 運動을 써하야 四圍에서 環視하는 資本主義列國으로 하야금 쉴새업는 惡夢에 시달
리게 하는 赤色露國이 그 셋째이다. …그를 다시 類別하자면 英米의 兩國은 利己的 求心
運動에 依하야 四圍의 劣弱國民을 모든 形式으로 征服 或은 支配코저 하는 破壞的 建設
者들이오 露國은 그의 勢力鞏固 革命完成의 外延의 運動을 意味하는 被壓迫民衆의 解放
이라는 遠心運動의 代表者인 觀이 잇다. 卽 建設의 破壞者라 할 것이다. 그리고 休戰 直後
에 比하면 자못 爆裂하는 噴火山의 氣勢로써 全世界를 振盪케 하는 赤色露國은 近 日 훨
신 그 鋒鋩과 勢焰을 거두게 되엿고 英米 兩國으로 그의 代表인 者로 하는 資本主義의 列
國은 徐徐히 宿昔의 本色을 들어내기 시작한 것이 現下世界의 形勢이다. 卽 그들은 方今
反動的 復歸의 現狀 中에 잇다.

주의를 뜻했다는 말이다. 또 『조선출판경찰월보』 제9호1929.5에 수록된 재일본동경조선인단체협의회 명의로 된 「일본제국주의의 어용단체 반동단체 상애회를 박멸하자!」라는 문서를 보면 반동이라는 말이 상애회라는 일본의 어용단체를 '일본 제국주의의 주구走狗'로 경멸할 때 쓰였다는 사실을 알 수 있다. 같은 『조선출판경찰월보』 제9호에는 중국 류허柳河의 조선혁명군 제6대장 한영진이 포고한 「계엄령 및 포고」가 실려 있는데, 그 제목이 「반동 주구배를 소탕하기 위한 임시계엄령 발표와 임시계엄사령부 조직 발표」로 되어 있다. 반동이라는 말이 주구배, 즉 '일본의 개'를 뜻하는 수사로 쓰인 것이다. 예를 하나 더 들면 『조선출판경찰월보』 제12호1929.8 에는 「전 세계 무산계급의 조국 노농 러시아의 중동철도中東鐵道 (Chinese Eastern Railway 즉 둥칭(東淸)철도. 청일전쟁 이후 일본이 점령한 랴오둥반도를 삼국간섭을 통해 중국에 되돌려 준 데 대한 사례로 중국이 러시아에게 부설권을 양도하여 러시아가 만주에 건설한 철도)는 저 중국 반동군벌의 야만적 폭압에 강탈되었으니 노력 대중은 일제히 분기해서 만몽 군벌의 야수적 기도를 분쇄하자!」라는 제목을 단 남만주한인청년총동맹의 선언문에 관한 기록이 나온다. 제목으로 보건대 반동을 우익 군벌과 군국주의의 반혁명적 야만성을 뜻하는 말로 쓴 경우다.

이처럼 모든 변혁에 대한 반발과 제국주의, 자본주의, 군국주의를 두루 뜻하던 반동이 노동계급에 대한 억압과 계급혁명에 대한 저항을 뜻하는 좌익의 개념으로 변하기 시작한 것은 더 일찍부터다. 즉 1917년의 러시아혁명 이후다. 이때부터 좌익은 반동이라는 말을 일본 제국주의뿐만 아니라 반노동적 · 반농민적 반역을 뜻하는 계급혁명의 수사로 특화시키기 시작했다. 다시 말해 소련과 코민테른의 지도를 받는 좌익이 1920년대 초부터 자본가적 반동사상, 보수적 반동사상과 같은 말을 쓰기 시작했고, 이로써 반동이 계급혁명에 저항하는 우파를 뜻하게 된 것이다.[191]

예를 들어 『조선출판경찰월보』 제2호1928. 10에는 일본 교토에 소재한 재일본조선노동동맹, 경도조선노동조합 명의로 된 문서 「일선 융화를 표방하는 데 발생했던 반동단체 마물에 대하여 전 조합원에게 격함」스파이들이 좌경 분자 박멸을 계획하고 있으니 노동자는 단결하여 제국주의 정부를 타도하고 노동자·농민 정부를 건설하자는 내용의 격문에 관한 기록이 나온다. 이 문서의 제목을 보면 반동이 친일, 제국주의뿐만 아니라 반노동까지 뜻하는 말로 쓰였다. 또 1933년 7월 21일자 『조선출판경찰월보』 제59호에는 『군성群聲』이라는 잡지 제1권 제10호에서 검열·삭제한 「현 상황에서의 노동운동의 임무 서술, 자본가에 기생하는 기독교의 반동적 역할 비판」이라는 기사에 관한 기록이 있다. 이 기사의 제목을 보면 반동이라는 말이 자본가와 자본에 기생하는 기성 종교의 기득권을 경멸하여 지칭하는 말로 쓰였다는 것을 알 수 있다.

지금까지 간략하게 살폈지만 19세기 초 프랑스에서 부르주아혁명에 대한 왕당파의 저항을 뜻하는 말로 쓰기 시작한 réaction이 1백년 후 조선에서는 일본 제국주의, 친일, 우파, 반노동, 반공, 자본계급, 자본에 기생하는 종교권력을 싸잡아 경멸하는 좌익의 수사로 변했다. 반동이라는 말이 걸어온 이와 같은 자취를 훑어보면 왜 해방 직후의 좌우익투쟁에서 반동이 자연스럽게 좌익의 수사로 정착했는지 그 까닭을 알 수 있다. 일본 제국주의의 잔재를 청산하는 데

---

191 성태(1923), 앞의 글.

소극적인 미 군정 그리고 미 군정에 협조한 지주와 자본가 중심의 우익이 좌익에게는 반동의 전형으로 비쳤기 때문이다. 게다가 좌익이 보기에는 볼셰비즘에 대한 우파의 저항을 뜻해 온 반동을 파쇼·친일과 한데 묶음으로써, 우익의 역사적 과오와 정치적 퇴행을 강조하는 선전 효과를 노릴 수 있었다. 일제강점기부터 해방 직후까지 반동이라는 말이 좌파 담론의 핵심 용어로 굳었기 때문에 분단 이후 대한민국에서는 반동이라는 말이 정치적 공론장의 금기가 되었다. 물리학 용어인 reaction이 애초의 번역어 반동에서 반작용으로 고쳐 번역된 것은 이 때문일지도 모른다.

9. 반공·보수의 시대 : 1948~1986년

　정치·사회체제를 기준으로 보면 현대 한국정치사는 분단과 단독정부 수립으로부터 5·16군사정변에 이르는 극우·반공의 48년체제를 시작으로 5·16군사정변부터 제5공화국이 끝난 1987년까지 지속된 개발독재의 61년체제를 거쳐 제한적 민주화가 추진된 87년체제, 그리고 신자유주의에 굴복한 97년체제와 08년체제로 이어져 왔다(손호철 2009 : 40). 정치적 보수 개념의 변화 궤적도 정치체제의 시대 구분과 대체로 맞아떨어진다. 보수라는 말이 1948~1986년48년체제와 61년체제에는 일상의 담론 속에 갇혀 있다가 1987년 이후-87년체제와 97년체제부터 정치 담론의 중심 개념이 되었기 때문이다.

　그런데 세밀하게 보면 48년체제와 61년체제는 약간 다르다. 48년체제에서는 혁신과 진보라는 말을 정치적 개념으로 쓸 여지가 조금이라도 있었지만, 61년체제에서는 진보와 혁신이라는 말이 적어도 한국 정치의 현실을 다룬 담론에서는 자취를 감추었다. 87년체제와 97년체제도 조금 다르다. 87년체제에서는 진보가 변혁 헤게모니를 독점해서 보수를 한국현대사의 지난 과오를 표상하는 부정적 개념으로 몰아간 일방적 시기였지만, 보수세력의 반격과 보수 개념의 복권이 이미 시작된 97년체제에서는 보수가 근대화 및 서구 자유민주주의를 표상하는 적극적 개념으로 전환을 시작했다. 다만 1948~1986년간은 정치·사회체제가 변해야 보수 개념이 이에 대응하여 변해 왔으나, 민주화와 탈냉전이 시작된 1987년 이후에는 보수 개념의 변화 속도가 사회체제의 변화 속도를 앞질렀다.

앞에서 살펴본 것처럼 해방 직후에는 좌익과 우익이 서로를 반동, 파쇼와 반역, 매국으로 몰아가는 바람에 상대적으로 점잖은 보수는 반동과 파쇼의 종속 개념으로나 겨우 쓰였다. 그런데 대한민국 건국 이후에는 반동과 파쇼라는 말이 자취를 감추면서 좌/우 구도가 보수/혁신 구도로 바뀌었다. 개화 이후 70년 만에 보수와 진보혁신라는 말이 정치적 담론의 중원을 차지할 기회가 생긴 것이다. 그러나 대북 비밀 접촉 및 북한의 자금 지원을 받은 혐의로 진보당이 해체되고 당수 조봉암이 사형당한 진보당사건1958~1959과 1961년의 5·16군사정변을 거치면서 반공체제가 더욱 강화되었고 진보와 혁신을 표방한 정치 세력은 잠적하거나 소멸했다. 미소냉전 체제와 남북의 대치 상황 때문에 진보나 혁신은 용공, 좌경과 같은 말로 인식되기 시작했다. 한국 정치가 반공, 보수의 틀 속에서만 가능할 것이라는 조짐은 5·16군사정변 직후 확실해졌다.

혁명 주체 세력은 28일 민정 이양 후의 우리나라의 정당제도가 보수 양당제도가 되기를 강력히 희망하고 있음을 천명하였다.

이석제 법사위원장은 이날 우리나라에 있어선 보수 양당제가 적합함을 역설하면서 "…우리나라의 실정으로 보아서는 그러한 서구식 사회주의 정당이 현실적으로 좌경할 우려가 있으므로 앞으로 사회주의 정당의 출현을 정당법으로 방지하지는 않더라도 정당법 중 군소 정당 난립방지 조항으로써 이를 막을 수 있을 것이라"고 밝혔다.

이후락 공보실장도 이날 혁명정부가 중심이 되어 조직되는 여당의 이름이 '사회노동당'으로 내정되었다는 일부 보도가 전혀 근거 없는 것이라고 말하며 지난번 박 의장의 언명을 다시 상기시켰다.

그는 "박 의장이 지적한 서구식 정당이란 반공 및 자유민주주의 이념에 투철한 사회주의 정당을 의미하며 이러한 성격의 사회주의 정당은 현실적으로 존립할 수 없다는 것이 박 의장의 생각이다"라고 말하였다.

최고위원들을 중심으로 한 혁명 주체 세력들은 대체로 이러한 박 의장의 정당에 대한 견해에 동의하고 있으며 우리나라와 같은 후진 국가에서는 이념의 차이에서 오는 정당의 구분보다 같은 보수정당끼리 정책 실천 방법의 차이로써 양당제도가 이루어져야 하며 이것이 공산주의를 막는 정당제도라는 견해를 가지고 있다.[192]

여기에서 말하는 "서구식 사회주의 정당" 또는 "서구식 정당"이란 서유럽의 사회민주주의를 일컫는 것이며 "서구식 사회주의 정당이 현실적으로 좌경할 우려가 있으므로"라는 말은 좌와 우의 적대

---

192 「보수 양당제를 지향 사회주의 정당은 억제」, 『동아일보』 1962. 11. 28, p.1.

적인 체제가 군사적으로 대치하고 있는 한반도의 현실에서는 그동안 '혁신'으로 분류되어 온 서구식 사민주의를 소련 및 북한의 공산주의와 동일한 것으로 취급할 수밖에 없다는 말이다. 따라서 이것은 앞으로 반공체제하에서 보수의 단색 정치만 허용될 것이라는 선언이었다. 이로써 보수가 정치적 개념이 되기 위해 필수적으로 있어야 하는 진보와 혁신의 담론이 사라졌다. 1948년 12월 1일 자유당 정권이 제정한 국가보안법에다 5·16군사정변 직후인 1961년 7월 3일 제정된 반공법까지 더해져 좌경, 용공과 진보, 혁신의 경계선마저 무너졌다. 반공을 국시로 삼은 통치체제가 강화되면서부터는 용공, 좌경의 딱지가 붙을까 두려운 나머지 민주적 개혁을 요구하기조차 쉽지 않았다. 집권 군부와 제도정치권 전체를 보수나 수구로 비판해 줄 대항세력과 저항 담론은 공개적으로 찾아볼 수 없었다. 보수의 시대가 강화되면서 정작 보수라는 말은 정치에서 퇴출되어 일상 담화의 영역으로 밀려난 것이다.

정치적 용도가 폐기되었기 때문에 보수가 정치적 내용을 가진 개념으로 발전하지 못한 것은 당연하다. 게다가 1960년대 중반부터는 경제개발과 산업화, 근대화를 진보, 발전으로 개념화했기 때문에 보수는 기술 진보, 경제 발전의 반대말로 전락했다. 이제 일상적 삶에서 낙후, 완고, 봉건을 연상시키게 된 보수라는 말에는 부정적이고 퇴영적인 일상의 기억들만 축적되기 시작했다. 선진국의 문화와 생활양식을 따라잡고, 국민소득을 올리고, 첨단 산업기술을 배우는 것이 진보로 인식된 이 시대에는 보수라는 말 하나만으로도 삶의 주변에 일상적으로 만연한 완고와 퇴행을 표상하기에 충분했다. 따라서 수구라는 말은 구태여 쓸 필요가 없었다.

5·16군사정변부터 1980년 이전까지 보수라는 말을 정치적 개념으로 쓴 경우는 서구 정세를 번역해서 보도하거나 해설할 때뿐이었다. 그게 아니면 일본의 정치 용어인 '보수신당, 보수합동合同'을 직수입해서 쓰는 경우였다. 한국 정치를 다루면서 보수라는 말을 쓸 때도 있기는 했지만 정치적 진보의 대척 개념으로 쓴 것은 아니다. 정치적 진보라는 개념이 없었기 때문에 보수라는 말을 정치적 담론에 갖다 쓸 때도 일상의 보수 개념에 쌓인 부정적이고 퇴영적인 이미지를 막연하게 차용하는 정도에 그쳤다. 이처럼 "보수의 시대"에 정작 보수라는 정치적 개념이 무용지물이 되고 오히려 개화기보다 뒷걸음치는 역설이 생긴 것은 결국 "냉전적 분단 구조가 우리에게 부과한 반공이데올로기와 독재정치체제가 한국의 지배권력으로 하여금 이론의 발전과 합리적 설득을 통하여 부르주아 헤게모니를 증대시킬 필요성을 사전에 제거해 버렸기 때문"(최장집 1990 : 260)일 것이다. 다시 말하면 보수라는 개념을 정치적 설득의 수단으로 삼을 필요조차 없었기 때문에 보수의 시대에 보수라는 개념의 정치적 설득력은 약해지고 일상적 거부감은 강화된 것이다. 지금부터 이 보수·반공의 시대에 보수가 걸어온 자취를 시기별로 살펴본다.

미완의 보수 : 1950년대의 정치적 보수 개념

　1950년대 초반에는 보수라는 말이 무능, 외세 굴종, 부패를 뜻하는 말로 정치적 담론에서 쓰일 때가 있었다. 그러나 대부분 혁신과 대립 쌍을 이루는 개념으로 쓰이기보다 일상의 보수 개념에 무능, 나태, 완고의 느낌을 정치적으로 활용하려고 보수를 쓴 경우가 많다.

1950년의 총선에 임한 독립노동당의 강령은 보수를 혁신과 대비시켰지만, 둘 다 정치적 내용이 뚜렷한 개념으로 쓰지는 않았다. 혁신은 단순히 정치적 발전을 뜻했고, 보수는 고루·고식을 뜻하는 반대말일 뿐이었다.

1. 공무원 개선

다방多方으로 신진 인재의 발견에 노력하여 공무원의 질적 향상을 촉진, 신임 투표제를 실시하여 민중의 신임이 없는 자 즉시 제거, 사무 능률을 증진하고 인수人數를 감소, 실천적 능률주의로 채용하여 번잡한 학과시험제를 폐지하고 정실적情實的 임면任免을 엄금, 공무원의 생활 안정을 보장하고 탐오貪汚를 엄벌, 태만·불친절·독단·사치·권력 추수·외국 숭배 등 행위를 엄벌, 공무원을 재교육하여 혁신 발전의 정신을 고취하고 보수고식保守姑息의 태도를 철저 청산.[193]

진보당사건과 5·16군사정변이 없었다면 보수와 혁신이 한국의 정치적 담론에서 일정한 내용을 가진 개념으로 일찍부터 정착했을지도 모른다. 1950년대 중반에 한국 정계와 언론계가 보수와 진보혁신라는 말을 구별해서 쓰기 시작했다는 주장에 따르면, 1954년 이승만정권의 사사오입개헌 이후 신당을 추진하던 당시 민주당 내에서 신당의 이념과 정책을 놓고 논쟁하는 과정에서 보수세력·진보세력과 같은 말이 쓰였다고 한다(신상초 1957 : 76). 또 1950년대 중반부터 진보당의 조봉암 주위로 모인 정치 세력을 진보로, 자유당과 민주

---

193 「각 당의 총선거 강령(1950. 4. 23)」 중 독로당(『한성일보』 1950. 4. 27), 국사편찬위원회 편 (2001), 『자료대한민국사 제17권』. 독로당은 독립노동당이다.

당 등 제도권 정치 세력을 보수로 구별했다는 주장도 있다(김운태 1962 : 68). 당시 신문을 찾아보면 1950년대 초에는 한국 정치와 관련해서 진보, 혁신은커녕 보수라는 말도 잘 쓰지 않았다. 이렇게 보면 진보, 보수라는 말이 해방 이후에 진보의 정치적 대척 개념으로 처음 쓰인 것은 1950년대 중반 이후로 추정된다.[194]

1956년 11월의 진보당 「창당선언문」과 그 강령을 보면 보수라는 말에 '친미'의 함의가 살짝 내포되어 있다. 그러나 전체적으로 볼 때 보수를 무능과 부패 등 정치적 구습과 폐해를 포괄하여 뜻하는 말로 썼다. 전형적인 정치적 담론임에도 불구하고 일상의 보수 개념을 차용하다시피 한 것이다. 진보당 「창당선언문」의 일부를 인용한다.

그리고 해방 이후 아름다운 이 강토에 이렇듯 추악불미하고 부정불의한 정치적 사회적 상태가 나타나게 된 원인은… 부분적으로는 우리에게 지도와 원조를 주는 지위에 있는 미국인들에게 있으며 보다 더 많이는 크렘린의 충실한 앞잡이인 공산 역도들에게 있다. 이와 동시에 그 책임의 큰 부분이 군정기에 있어 미 군정에 협력하였던 한국의 보수적 정치 세력과 정부 수립 이후에 있어 한국 정치의 추기樞機(중요 부분)를 장악하고 민주주의의 이름 밑에 반+전제적 정치를 수행하여 온 특권 관료적＝매판 자본적 정치 세력에게 있다. 시대적 감각과 사회적 양심을 결여하고 있는 후진제국의 독선적 보수세력이 정치권력을 장악 행사하게 될 때 그들은 놀랄 만한 무능성과 부패성을 스스로 폭로하면서 국가적 혼란과 사회적 불안을 조장 격화하고 국민대중을 도탄에 빠뜨리지 않을 수 없다는 것은 국제적인 보편적

194 보수, 진보가 한국의 정치적 담론에 등장하게 된 과정에 대해서는 정승현(2013), 「조봉암 · 진보당과 한국 현대 진보이념 : 그 기원과 전개」, 『현대정치연구』 제6권 제1호, p.120을 참조.

통례로 되어 있다. 우리 한국의 경우가 결코 이에 대한 예외를 이룰 수 없음은 물론이다. 그리고 소비에트 공산주의의 본질을 옳게 파악하지 못하고 악랄한 공산도당에게 이용되는 바 많았던 호인적인 중간파 제 세력도 그 책임의 일부를 분담하지 않으면 안 될 것은 사실이다(정태영·오유석·권대복 1999 : 80).

물론 당시에도 개혁과 변화를 수용하는 서구 보수주의에 대한 이해를 기초로 하여 보수를 객관적이고 정치적인 개념으로 수용하려는 시도가 드물게 있었다. 서구 보수주의 개념을 받아들여 혁신 세력의 공세를 미리 차단하고 기존 체제를 지키려는 의도에서였다. 아래의 윤제술의 논설은 1950년대 중반에 일각의 혁신 담론이 자유주의와 민주주의를 싸잡아 보수주의로 비판하고 나선 데 대한 반론이다. 그래서 보수를 수구나 반동이 아니라 착실한 개혁과 동의에 의한 혁명으로 규정하고 있다. 특히 保守라는 한자어가 태생적으로 갖고 있는 수구와 반동의 이미지 때문에 보수주의를 지레 나쁜 것으로 오해해서는 안 된다고 역설한다.

첫째, 우리가 경계해야 할 것은 우리 사회에 있어서의 보수에 대한 관념은 문자에서 나오는 수구, 현상 유지, 반동 등의 인상으로부터 구질서를 수호하려고 하는 것과 같은 직관적인 혐오에 지나지 않는다는 것이다. 이것이 바로 옳치 못한 생각이다. 보수는 절대로 수구나 반동이 아니다. 보수주의는 착실한 개혁이요 '동의에 의한 혁명'을 의미한다.[195]

195 윤제술(1956), 「혁신과 보수」, 『동아일보』 1956. 9. 21, p.2.

당시 자유당과 민주당 가운데 개혁을 수용하는 진정한 보수주의 정당은 민주당뿐이라고 주장한 다음 글도 개혁을 보수주의의 속성으로 보는 서구 보수주의의 본질을 잘 이해하고 있었다.

현상 타파 내지는 개혁을 주장하는 보수정당으로서의 민주당이 있다. …자유경제와 민간 기업의 원리를 원칙적으로 시인하고 자유와 민권에 기반을 둔 정치적 민주주의를 급속히 발전시키려는 옳은 의미의 보수정당은 민주당뿐이다.[196]

일각의 이런 노력에도 불구하고 서구 보수주의를 온건한 개혁 이념으로 수용하여 실천하려고 한 조선조 말 개화파의 비전은 실현될 가능성이 없었다. 오히려 1960년대로 접어들면서 한국의 보수 개념과 한국 보수주의는 서구의 보수 개념과 서구의 개혁적 보수주의로부터 점점 더 멀어지기 시작한다.

진보 부재시대의 보수 개념 : 5·16군사정변 이후

1950년대 중반부터 1960년대 말까지 한국의 정치 담론을 대표한 시사지 『사상계』1953. 4~1970. 5, 총 205호를 보면 보수라는 개념이 자주 나온다. 그러나 주로 해외 정세를 소개한 글에서 나오는데, 예를 들면 다음과 같다.

---

196 김영선(1956), 「보수정당론」, 『사상계』 제41호.

「영국의 보수주의 : 이상도 꿈도 정열도 없는 영국 보수주의자」[197]

「요안 23세의 서거와 세계 : 권위주의와 보수주의가 그의 생존 시에는 무색했었다」[198]

「무르익어 가는 미 대통령 전초전 : 공화당, 보수파 선두의 반격 시도」[199]

『사상계』를 훑어보면 1950년대부터 1960년대까지 보수라는 말의 개념 변화 추세는 딱히 눈에 띄지 않는다. 한국 정치와 관련해서 보수라는 말을 수구, 현상 유지를 뜻하는 말로 썼다. 개화기의 보수 개념 수준을 벗어나지 못한 것이다. 해방 직후의 좌우투쟁기처럼 보수를 반동, 파시즘으로 몰아간 글도 간혹 있기는 하지만 정작 주목할 것은 따로 있다. 당시 『사상계』에 실린 정치적 담론 대부분이 보수 대 진보의 구도와 보수 대 혁신의 구도를 철저히 구별하여 쓴 것이다. 예컨대 서구 정세를 소개하고 해설할 때는 보수 대 진보의 구도를 사용했다.

「원조의 경제학논쟁 : 경원의 목적과 효과를 위요圍繞한(둘러싼) 신진과 보수의 대결」[200]

197 『사상계』 제120호(1963. 4).
198 『사상계』 제123호(1963. 7).
199 『사상계』 제124호(1963. 8).
200 C. 울프 2세·M. 프리드먼(1961), 김진현 옮김, 『사상계』 제99호. *Yale Review* 1-4(1961 summer)에 실린 울프(Charles Wolf Jr.)와 프리드먼(Milton Friedman)의 논쟁을 번역·소개한 글이다.

「인도 지성이 본 「두 개의 미국」 : 「진보」와 「보수」와의 대립 관계」[201]

「보수 대 진보의 논쟁 : 미국의 장래 희망은 보수주의 노선에 있는가?」[202]

이에 반해 한국 정치를 다룬 글에서는 보수 대 혁신의 이분법을 썼다. 예를 들면 다음과 같다.

> 건국 이후 4월혁명에 이르기까지 한국의 보수적 정치 세력은 대적할 세력이 없는 무풍지대에 있었다. …'보수세력의 기준은 인적 성분과 정강·정책이다. 특히 보수와 혁신을 대표하고 있는 민주당과 사회대중당의 정강·정책이 유사하기 때문에 인적 성분을 고려해야 한다. 보수주의의 현실에 대한 태도로는 수구적·현상 유지적임을 그 특징으로 한다.[203]

「혁신정당의 수난과 경생 : 보수·반동 및 파시즘에 대결하는 민주 세력의 형성」[204]

왜 그랬는가? 이미 분단 직후부터 국내의 좌익과 반체제 이념을 혁신으로, 서구식 사회민주주의를 진보로 구별해 왔기 때문이다.

---

201 『사상계』 제132호(1964. 4).
202 『사상계』 제140호(1964. 11). 이 제목하에 당시 미국 공화당 보수파의 지도자 배리 골드워터 (Barry Goldwater)의 「대미국의 권위를 위한 신구상 : 미국의 장래 희망은 보수주의 노선에 있다」라는 글과 제이컵 재비츠(Jacob K. Javits)의 「세계 발전을 이끄는 진보의 비전」을 나란히 번역·게재했다.
203 한태연(1960), 「보수세력의 계보」, 『사상계』 제85호(1960. 8).
204 이방석(1964), 『사상계』 제131호(1964. 3).

여기에는 서구의 보수진보와 동아시아의 보수진보는 당연히 다르다는 차등적 세계관이 한몫했다. 19세기 말 동아시아의 진보적 지식인들이 서구의 온건한 보수와 동아시아의 완고한 수구를 구별한 것과 비슷한 맥락이다. 물론 진보 대신 혁신을 보수의 반대 개념으로 쓰고 있던 일본의 영향도 있었다. 그러나 1958년의 진보당사건과 1961년의 5·16군사정변 이후 진보라는 말이 정치적 금기가 된 것이 결정적 이유다. 당시 지식인들의 대표적 공론장인 『사상계』가 한국 정치에 대해서는 '혁신'을 쓰고 서구에 대해서만 '진보'라는 말을 쓴 것에 달리 무슨 까닭이 있었겠는가?

그래서 당시의 주요 일간지들도 한국 정치에 대해서는 보수 대 혁신의 구도만 적용했다. 4·19혁명 직후 개혁의 필요성을 절감한 정치인들도 자신들의 개혁 의지를 표방하기 위해서 진보 대신 혁신이라는 말을 썼다. 그래서 만들어 낸 말이 보수를 혁신과 결합시킨 '혁신적 보수주의'다.

> 7·29총선의 중반전에서 혁신계와 무소속층으로부터 받는 정면 공세 때문에 수세에 빠지고 있는 민주당은 신구파 분규의 부산물로 생긴 분당론 때문에 적지 않은 신경을 쓰고 있다. …류(진산) 의원은 '한마디로 보수세력이라고 하지만 그것은 부패 세력과는 엄연히 구별되어야 한다'고 말하며 새로운 보수 양당은 민주당의 양파 외에 무소속과 혁신계의 일부도 합류할 수 있을 것 같은 가능성을 말해 주었다.[205]

205 「보수 양당은 조각 후에 실현? : 구파에서는 실질적 정파와 제휴 배격」, 『동아일보』 1960. 7. 12, 조간 p.1.

김도연, 유진산, 서범석 등 민주당 구파 간부들은 17일 하오 신당의 성격을 혁신적 보수주의로 하고 당의 지도체제를 당수제로 한다는 원칙에 합의하였다.

…서범석 의원은 진정한 보수 양당제 확립은 감정의 대립을 지양하고 정책의 대결을 해야 한다고 전제하고….

그는 우리나라 현실에 맞는 보수당은 혁신적인 것이어야 하며 따라서 정강·정책도 혁신적인 것이라야 한다고 말하고 경제정책은 수정자본주의를 채택해야 한다고 강조하였다.[206]

그런가 하면 혁신이라는 말을 썩 반기지 않는 분위기 탓에 아예 '혁신'을 빼고 그 자리에 '전진'을 갖다 놓은 신조어가 나왔다. 다음의 기사 ①~③에서 보는 것처럼 전진보수주의前進保守主義, 전진적 민족주의라는 말이 생겨났고, 기사 ④처럼 보수 대 혁신을 수구 대 전진으로 바꾸어 쓰기도 했다. 특히 대한민국의 이념 지형을 추풍령 이북의 수구세력과 추풍령 이남의 진보세력으로 나누면서 진보세력이 서민층의 '전진적 민족주의자'를 지지했다고 보도한 기사 ②는 대표적인 사례다.

① 예를 들자면 영국 노동당 정도의 전진보수주의를 해야 한다카는 깁니다.[207]

② 대통령 선거에서는 추풍령 이북의 전통적 수구세력과 중소 상인 그

---

206 「신당, 당수제 채택 : 혁신적 보수주의를 지향」, 『동아일보』 1960. 10. 18, 석간 p.1.
207 「장 내각이 일 잘할까 걱정, "우리 노장들은 온건하니 잘될 깁니다…." 사회주의가 아니라 전진보수주의」, 『동아일보』 1960. 10. 21, 조간 p.1.

리고 극우적인 화이트칼라계급이 구 한민당계인 윤보선 씨를 지지했고 지리산과 추풍령 이남의 진보세력이 서민 출신의 <u>전진적 민족주의자</u>를 택했지만….[208]

③ 「김영선, <u>전진적 보수주의</u> : 현대 보수주의의 내용에는 진보의 원리가 포함되어 있다」[209]

④ 5·3대통령선거전의 공화, 신민 양당 대결을 본 궤도에 올려놓는 지방 유세가 1일부터 그 막을 열었다. …김종필 공화당의장은 이번 선거를 "<u>전진 세력과 수구세력</u>"의 대결로 규정하면서 근대화의 기수인 박정희 대통령을 재선시켜 줄 것을 호소했다.[210]

1972년 10월 17일에 유신헌법이 선포되고 유신체제가 발동한 이후에는 보수라는 말의 정치적 용도가 완전히 사라졌다. 한국 정치의 구도가 아예 유신체제 대 반체제로 더욱 좁혀졌기 때문이다. 국민의 기본권을 축소하면서 직접선거 대신 통일주체국민회의에서 대통령을 뽑는 방식으로 박정희의 장기집권을 제도적으로 보장한 유신체제하에서는 어떤 정치적 비판과 저항도 '반체제'가 되었다.

재야 인사들의 시국간담회와 종교계 일각으로부터 개헌 요구가 대두된 이후 정부가 유신체제에 대한 비판은 용납할 수 없다는 태도를 밝힌 것을 계기로 여야 간에 '체제'와 '반체제'의 정의를 중심으로 새로운 체제논쟁이 일기 시작했다.

208 「국회의원 선거를 예진한다」, 『경향신문』 1963. 10. 21, p.3.
209 『사상계』 제131호(1964. 3).
210 「여야 첫 유세서 맹렬한 공방」, 『동아일보』 1967. 4. 1, 조간 p.1.

유정회(유신정우회)는… 결의문을 통해 "최근 사회 일각에서 일어나고 있는 유신체제에 대한 비판의 소리와 움직임을 중요시하며 이것이 만약 반체제적인 의도나 목적에서 계속된다면 좌시할 수 없을 것"이라고 밝히고… 백두진 유정회장은 "반체제라는 것은 다시 개헌을 해서 옛 체제로 돌아가자는 것"이라고 밝히고….[211]

고대 휴교령을 내린 대통령긴급조치 7호는… 학생데모 사태, 나아가서는 종교계 등 재야 세력의 반체제운동에 대한 강력한 제동을 걸기 위한 것으로 풀이된다.[212]

북한이 유신체제에 반대하는 학생데모를 부추긴 것도 유신체제에 대한 저항을 대한민국에 대한 반대로 몰고 가는 명분이 되었다.

북괴는 지난 6일 소위 '학생절 12돌 기념 중앙보고대회'라는 것을 열고 남한의 학생들이 굳게 결속하여 반정부투쟁에 나서라고 선동하는 내용의 한국 학생들에게 보내는 호소문을 채택했다고 평양방송이 보도, 학생소요의 확대로 적화통일을 위한 여건 조성을 획책하고 있음이 또다시 드러났다.

북괴는 이 호소문을 통해 한국의 반유신, 반체제운동에 학생들이 일어서도록 고무 · 선동함으로써 북괴 공산 침략자들이 우리의 자유를 지키려는 유신체제를 파괴하려고 얼마나 광분하고 있는지를 스스로 보여 주고 있다.

북괴 방송은 "남조선 청년학생들과 애국적 종교인들 그리고 정의와 진

---

211 「'체제논쟁' 일기 시작」, 『동아일보』 1973. 12. 21, 조간 p.1.
212 「대통령긴급조치 7호가 의미하는 것 : 반체제운동에 제동」, 『동아일보』 1975. 4. 10, 조간 p.3.

리를 사랑하는 각계 인사들이 반정부투쟁에 일어선 것은 참으로 장한 일이며 온 세계에 조선 인민의 슬기를 과시하는 것"이라고 찬양하고 "전체 조선 인민이 나라의 자주적 평화통일을 위한 성스러운 투쟁에 과감히 떨쳐나서고 있는 장엄한 환경 속에서 호소문을 보낸다"고 보도했다.[213]

이처럼 1960년대에는 혁신과 진보가 한국 정치의 담론에서 사라졌다. 1970년대에는 보수와 진보가 있어야 할 자리에 '체제 대 반체제'의 경직된 정치 구도가 들어서면서 억압과 저항의 악순환이 본격화했다. 건강한 갈등 구도 속에서 자유민주주의의 역동성을 보장해 줄 보수와 진보 개념이 동반 실종된 경직된 정치 현실 때문에 한국 정치의 개념화 수준은 19세기 말 개화파의 시대나 일제강점기보다 오히려 퇴보했다.

일상에 갇힌 보수 개념 : 1960년대와 1970년대

진보당사건과 5 · 16군사정변 이후 진보라는 개념과 이념은 잠적했다. 그리고 보수 여당과 보수 야당이 한국 정치의 양대 축이 되었다. 밤이 사라지면 낮이라는 말도 없어지듯 진보가 사라진 보수 단색의 시대에는 보수라는 개념을 쓸 일이 없었다. 이 때문에 1970년대까지는 한글 전용을 둘러싼 논쟁과 같은 사회적 · 비정치적 갈등 정도나 보수와 진보의 대결로 서술되었다.

---

213 「북괴, 한국 학생 선동 : '학생절'에 대남 호소문」, 『경향신문』 1974. 10. 11, p.1.

끝없이 되풀이되는 이 한글 시비에 대해 국민들은 흥미를 잃은 지 오래지만 당사자들의 열기는 조금도 식지 않고 있다. 오히려 "역사의 전진을 막는 일부 보수세력이니 감상적이고 비현실적 우국론"이니 혹은 보수니 진보니 하는 상대방의 사회적 체질이나 개성에 대한 극단적인 험구까지도 불사하는 '독기'를 품고 있다.[214]

당시의 신문·잡지가 보수진보를 정치적 개념으로 쓴 사례가 없지는 않다. 그러나 미국이나 유럽 정세를 다룰 때만 그랬다.[215] 한국 문제를 다룬 글에서는 보수라는 말이 사대, 완고, 수구, 현상 유지, 현실 안주, 타성, 전근대, 복고, 속물, 귀족, 중산층을 두루 뜻하는 일상어로만 쓰였다. 간혹 반공·제국주의·남북 대결·반민중과 같은 정치적 내용을 담고 보수라는 말을 쓸 때도 있었지만, 이 경우에도 보수를 진보의 정치적 대척 개념으로 쓰지는 않았다. 비판적 지식인들이 정부의 대북정책, 대미정책, 사회·경제정책의 발목을 잡고 있는 경직성과 편파성을 보수로 표상하기는 했으나, 이때의 보수는 '과거를 답습하고 있다'는 함의를 띠고 쓴 일상의 보수 개념이다. 개화 이후 1백 년간 한국인의 일상 담론 속에서 보수라는 말에 축적된 수구적이고 복고적인 함의를 차용한 것이다.

게다가 1970년대 이후 한글 전용 추세 속에서 한자어 保守가 한

---

214 「한글 전용 시비 재연」, 『동아일보』 1976. 8. 9, p.5.
215 『경향신문』·『동아일보』·『매일경제신문』을 합해서 1960년대와 1970년대를 통틀어 '보수/진보'가 동시에 나온 기사가 가장 많은 해는 1976년인데, 총 30건의 기사 중 미국 정치 관련 기사가 24건이고 독일·스페인·영국 관련 기사가 각 1건씩 총 3건이다. 나머지 3건의 기사도 한글 전용 문제, 한국인의 일상 의식구조, 유통 혁명 등 정치적 개념으로서의 보수나 진보와 관련이 없다.

글 보수로 바뀌었다. 이로써 한자어 保守를 한자 뜻 그대로 동사로 쓰는 관행도 사라졌다. 4·19혁명과 5·16군사정변으로 시작되어 삼선개헌과 10월유신을 거쳐 10·26으로 끝난 이 시대 내내 보수는 정치적 담론의 바깥에서 부정적 개념으로 쓰였다. 당시 보수라는 일상 개념에 축적된 부정적 함의를 몇 개의 범주로 나누어 정리하면 다음과 같다.[216]

첫째, 보수는 사대·의타성·반주체성을 뜻했다. 개화 이후 줄곧 일상의 담화에서는 보수와 수구를 구별하지 않았기 때문에 보수와 수구의 차이는 고루함과 완고함의 강도 차이로 인식되었다. 특히 개화기의 진보적 지식인이 서구 문물에 무지하거나 비판적인 전통주의를 수구로 비하한 이후 한국인의 일상 담론에서 수구의 사촌인 보수라는 말도 19세기 말의 전통주의, 사대, 반주체성, 의타성을 두루 표상하는 부정적 일상어가 되었다. 보수의 이런 함의는 1960년대 이후에도 여전했다.

이렇게 볼 때 보수적 입장은 인간의 타율성을 강조하는 입장임이 분명하다.[217]

왜냐하면 당시 한국 정부는 소위 개화당이라는 친일파와 보수사대주의의 친청파 또는 친노파 등의 계열로 얽혀 외국 열강의 각축이 한국정부 내

---

216 제7절 3항에서 정리한 1960~1970년대의 일상적 보수 개념은 2011년에 필자가 연세대학교 국문학과를 통해 입수한 「21세기 세종계획 연구용 축소균형 말뭉치」(참고문헌 참조)에서 검색한 결과다. 이 전자파일에는 인용문의 출전만 표시되어 있고 인용 페이지는 표시되어 있지 않다.
217 한완상(1978), 『민중과 지식인』, 정우사.

에서도 치열하게 벌어지고 있었기 때문이다. …우리는 민비가 비록 대원
군과 반목으로 척족파벌을 형성했다고는 하지만, 적은 한 여인의 몸으로
사대주의의 보수와 친일개화당 그리고 친노파 등의 여지없이 병든 한국의
심장부인 정부, 그리고 이리와 같은 열강의 각축 속에서 이 나라를 구하고
자 최후까지 안간힘을 쓰다가 끝내 흉악무도한 일인 깡패에게 그처럼 살해
당한 그의 노고만은 높이 사지 않으면 안 될 것이다. …실사구시의 실천과
실학운동과 함께 본격적인 신앙의 실천운동을 벌인 이들은 사대 보수의 완
고한 한국인의 인습에 용납되지 않았다. …오히려 그것은 의타성과 보수성
을 병풍으로 하고… 현재를 향락하자는 이기적이고 비생산적인 현금주의
였다. 따라서 한국에서는 그 현실주의에도 불구하고 근대적인 자본주의도,
과학도 발전할 수가 없었던 것이다.[218]

둘째, 보수는 회귀·복고·전근대·봉건·완고·수구를 뜻했
다. 서양의 침투로부터 동아시아와 전통 질서를 수호하려던 19세기
말의 수구, 보수는 곧 회귀, 복고, 현상 유지였다. 개화 이후 줄곧
보수와 수구라는 말은 고루하고 부끄러운 과거로 회귀하려는 전근
대적이고 퇴영적인 정신을 표상해 왔다. 1960년대 이후 기술적 진
보와 경제성장의 '근대화'시대에는 보수라는 말에 내포된 이 고루한
함의가 더욱 짙어졌다. 현대의 한국인은 보수라는 말을 일상에서
이런 함의로 썼다. 이 용례는 다양한 형태로 나타났다.

우리의 젊은 세대가 앞선 세대의 회귀적이오 보수적인 데 비하여 발전

---

218 이유선(1968), 『한국 양악 팔십년사』, 중앙대학교 출판국.

적이라 할 수 있다면 그네들의 삶이야말로 가장 능동적이오 미래적인 오늘의 삶을 대표하는 것이라고 아니할 수 없다.[219]

이런 보수적 경향은, 그들의 학문이나 문학을 고사성어투성이로 만들어 버렸다.[220]

이렇게 볼 때, 역사란 필연적으로 일정한 방향으로 전개될 수밖에 없다고 하는 역사결정론이나, 구조는 대단한 힘을 독자적으로 지니고 있기에 인간의 힘에 의해서 끄떡도 하지 않는 레비아탄(리바이어던)이므로 될 수만 있으면 그것의 현 상태를 존중해야 한다는 보수적 태도를 우리는 모두 배격해야 한다.[221]

사회가 크게 달라지고 문학에 대한 요구도 달라진 시기에 이미 역사적 임무를 다한 전통을 재현하려고 든 결과는 전근대적 가치를 보수하자는 것이 아니면 환상에의 도피가 되고 말았다.[222]

그러나 한 가지 분명한 것은, 적어도 현대적이라는 형용사가 붙은 미술의 움직임이라면 거의가 국전을 기피하는 재야의 미술가들, 내지는 국전에 적극적으로 반발하는 젊은 세대에 의해 이루어졌다는 사실이며, 이 사실 하나만으로도 국전이 우리나라 미술의 현대화를 전혀 개의치 않은 보수

219 박종홍(1968), 『지성과 모색』, 박영사.
220 『창작과 비평』 제3권 제4호(1968년 겨울).
221 한완상(1978), 앞의 책.
222 조동일(1966), 「전통의 퇴화와 계승의 방향」, 『창작과 비평』 제1권 제3호(1966년 여름).

세력의 집결지였음을 능히 짐작할 수 있는 터이다.[223]

　이와 같이 개화기 때 학교에 가면 이름을 지어 준다는 이 새 사실을 두고 학부형들은 보수적 반발을 하였다.[224]

　이를테면 '한국인은 단결심이 없다', '한국인은 보수적이고 봉건적이다', '한국인은 공덕심이 없다', '한국인은 셋만 모이면 배가 산으로 올라간다'….[225]

셋째, 보수는 현실 안주 · 현상 유지 · 타성 · 관습을 표상하는 말이었다. 관습만 따르고 현상을 보존하려는 의지는 한자어 保守의 태생적 함의였다. 보수라는 말이 더 이상 한자어로 쓰이지 않는 시대가 왔지만 이 태생적 함의는 계속 따라다녔다.

　이 중 다수당은 집권당이므로 현실주의적 내지 보수주의적 성격을 지니게 됨은 필연적인 형상이다.[226]

　그의 이 비평 정신이 대사회적인 면에서는 참여시를 쓰게 하였고, 대문단적인 면에서는 보수주의적 시인들에게 계몽과 공격을 가하게 하였다.[227]

---

223 이일(1967), 「우리나라 미술의 동향」, 『창작과 비평』 제2권 제1호(1967년 봄).
224 이규태(1978), 『한국인의 조건 상』, 문음사.
225 이규태(1977), 『한국인의 의식구조 상 : 한국인은 누구인가』, 문리사.
226 장을병(1967), 「한국의 군소정당론」, 『창작과 비평』 제2권 제2호(1967년 여름).
227 김현승(1968), 「김수영의 시사적 위치와 업적」, 『창작과 비평』 제3권 제3호(1968년 가을).

단체회의, 제 기관에서도 또한 보수적인 현상 유지의 경향이 짙은 것이다.[228]

효석이 매우 보수적이며 관례적인 생활관을 가지고 있고, 구질구질하지만 안정된 생활의 가치를 섬기고 있기 때문이다.[229]

넷째, 일상적 삶의 서구화를 진보와 근대화로 인식한 이 시대에는 보수가 자연스럽게 음울·퇴영을 은유하는 말이 되었다. 일제의 강점이 끝나자마자 전쟁과 군사독재로 이어진 근현대사에 대한 한국인의 집단적 기억도 색깔로 나타내면 어두운 색이다. 일상어 보수를 어두운 색채로 은유하고 개혁을 산뜻한 색으로 은유한 것은, 근현대 한국인이 보수와 개혁이라는 말에 대해 본능적으로 품고 있는 보편적 정서의 반영이다.

"우중충한 보수보다는 산뜻한 개혁 쪽이 그래도 애교 있지 않아?"[230]

다섯째, 19세기 초부터 서유럽의 보수는 왕당파와 전통 귀족으로 시작해서 대지주와 대자본가를 거쳐 중소 부르주아와 중산층으로 계속 하향 이동해 왔다. 20세기 한국의 식자들은 서유럽의 역사를 압축해서 이해하는 바람에 보수라는 말을 귀족, 대지주, 대자본

228 김운태(1968), 『현대 관료 조직론 : 현대 관료 조직의 전문화 과정과 계층제의 역할에 관한 상황적 고찰』, 일조각.
229 장명환(1969), 「위장된 순응주의 : 이효석론」, 『창작과 비평』 제4권 제1호(1969년 봄).
230 천승세(1977), 『사계의 후조 상』, 창작과비평사.

가, 중산층을 모두 포괄하는 개념으로 받아들였다. 또 이런 선입견
이 강하기 때문에 일상 담론에서 보수는 반서민적·반민중적 사고
에 찌든 부유한 속물을 표상하는 말로 자연스럽게 쓰였다.

이 가운데서 역사에서 가장 전형적인 민중의 선두 주자로 되는 노동계
급, 그 가운데서도 일부 취업 근로자들은 상대적 과잉 인구 속에서 취업이
가져다주는 상대적 안정감 속에서 보수성을 지니고 있었으며, 농민층은 노
동 행정의 고립 분산성에 더하여 농지개혁에 의한 농민적 토지 소유의 창
출로 심화된 소소유자로서의 보수성이 그들을 집단적인 정치 활동으로 내
닫지 못하게 한 데서 민중의 구성은 처음부터 그들이 가진 요구를 한정짓
는 것들이었다.[231]

대중사회는 앞에서 말한 바와 같이 계급의식이 희박하고 보수적 의식을
갖는 새로운 중간층을 형성시킨다.[232]

대중문화 비판론자들은 대체로 두 타입으로 나눌 수가 있는데, 한 부류
는 오르테가 이 가세트와 엘리엇 등의 보수주의자들이며 다른 부류의 비판
론자들은 아도르노와 마르쿠제 등의 프랑크푸르트학파를 포함하여 사회주
의자라든가 마르크스주의자들이다. 보수주의자들은 대체로 귀족주의적인
입장에 서서, 능력과 자격이 없는 대중들의 권력이 사회의 각 분야에서 비
대해져 가는 현상을 우려하고 있으며, 사회주의자들은 대중문화가 시장의

---

231 박현채(1979), 『민중과 경제』, 정우사.
232 대중경제연구소 편(1971), 『김대중 씨의 대중경제 : 100문 100답』, 범우사.

메커니즘을 이용해서 공급되기 때문에 타락성을 드러내고, 사회체제에의 예속화를 지향하거나 민속문화를 파괴하고 있다는 점 때문에 대중문화 현상을 비판하는 것이다. …마르쿠제가 현대의 가짜 전위문화와 대중문화를 비판한 것은 엘리트주의의 보수주의적 편견 때문이라기보다 대중문화가 이데올로기와 결부되어 조종되고 상품화되어 본래의 역할인 부정과 도전을 감행하지 못하기 때문이다. …루소의 소설이 당시 보수적인 귀족주의자들의 관점에서 볼 때 못마땅하게 여겨졌으리라는 것은 어렵잖게 짐작된다. …고급문화와 저급문화를 구별할 수 있는 근거가 도대체 무엇인가에 대한 물음은 차치하고서라도 고급문화만을 문화라고 생각하는 사람들의 보수적인 편견에게는 뿌리 깊은 속물의식이 잠재하고 있음을 알 수 있다.[233]

여섯째, 보수는 탄압과 독재를 뜻하는 말이었다. 1980년대 초까지도 보수라는 말은 정치적 개념이 아니었지만 비판적 지식인들은 일상어 보수에 내포된 어두운 이미지를 정치에 차용했다. 탄압, 독재 등 한국 근현대사의 부정적 측면을 표상하는 데 보수, 수구보다 더 적당한 말은 없었다.

우리 정부가 걸어온 길을 볼 것 같으면 이제 말씀드린 것과 마찬가지로 미 군정 시절에 자유천지를 지나서 대한민국이 대립되면서부터 사상을 통일하고 민심을 안정시킨다고 하는 방침하에 강력한 보수정치랄까요, 탄압정치랄까 독재정치로 쓸어 내려가는 정책을 취해 왔습니다.[234]

---

233 오생근(1978), 『삶을 위한 비평』, 문학과지성사.
234 박대선 편(1968), 『대학과 국가발전』, 교육출판사.

일곱째, 보수는 제국주의 · 우익 · 반공 · 냉전을 뜻하는 말이기도 했다. 서구 제국주의와 마찬가지로 20세기 전반기의 일본 제국주의도 보수, 반공, 우익이데올로기였다. 또 해방 이후의 한국 정치도 보수, 반공, 우익의 정치였다. 이런 기억 때문에 1960~1970년대 한국의 비판적 지식인은 보수와 우익을 구별하지 않았다. 특히 미국 외교의 제국적 속성에 비판적인 지식인들은 냉전과 분단체제가 강요한 대미 의존 외교가 한국 정치의 반공적 · 보수적 경직성을 심화시키는 요인이라고 믿었다. 20세기 전반기 일본의 보수, 우익이 서유럽 제국주의와 군국주의를 매개했다는 인식이 20세기 후반 한국의 보수, 우익이 미국의 전투적 반공주의와 제국주의를 매개했다는 인식으로 이어진 것이다.

> 일본의 우익, 보수적 세계관의 사람들 속에서는 지금 대동아전쟁긍정론, 조선 · 만주 식민지화의 필연성, 과거와 현재의 일본의 동양맹주타당론 등이 공공연히 거론되고 있는 것을 본다.[235]

이처럼 당시의 비판적 담론들은 보수를 반민중, 독재, 분단, 남북 대결을 뜻하는 말로 즐겨 썼다. 그러나 엄밀하게 말해 이것은 과거의 부정적 유산인 독재와 분단을 극복하려는 입장에서 고루하고 퇴영적인 일상어 보수를 극복해야 할 과거를 전체적으로 표상하는 말로 선택한 것뿐이다. 진보 · 혁신의 담론이 없던 1960년대와 1970년대의 보수는 정치적 담론에서조차 부정적 함의의 스펙트럼이 넓은

---

235 리영희(1977), 『우상과 이성』, 한길사.

수사 내지 표상으로만 쓰인 것이다. 다음 기사들을 예로 들어 보자.

전 민중당의 고문이던 윤보선 씨는 13일 아침 "민중당은 야당의 위치에서 준여당적인 정당으로 전락했다"고 지적, 새로운 '선명 야당의 탄생'의 필요성을 강조하였다. …윤 씨는 또 태동하는 신당에 관해 "이념과 체질에 있어 <u>수구적인 보수정당</u>적인 영역에서 벗어나 보다 대중적인 정당으로서 많은 재야 인사 특히 한일협정 비준 반대에 나섰던 새로운 인사들이 대거 참여하게 될 것"이라고 말했다.[236]

7·4남북공동성명을 놓고 신민당은 당론 조정에 어려움을 겪고 있다. …남북성명이 두 개의 한국을 인정, 당의 정강·정책과 상충된다는 이유로 반대의 의견을 말한 사람은… 7명. 남북성명의 내용 중 문제점이 없는 것은 아니지만 평화통일에의 접근을 위한 과정이라는 데서 원칙적으로 찬성을 표시한 사람은… <u>남북성명에 부정적·수구적 태도를 갖는 이른바 보수파와 긍정적·전진적 태도를 갖는 진보파</u>의 주장을 옮겨 본다.[237]

첫 번째 기사에서 '수구적인 보수적 정당'이라는 말은 진보정당이 아니라 대중 정당의 반대말로 쓰였을 뿐이다. 두 번째 기사에서는 7·4남북공동성명에 대한 반대론자들을 '부정적·수구적 태도를 갖는 보수파'로 지칭하고 찬성론자들을 '긍정적·전진적 태도를 갖는 진보파'로 대비한 것인데, 자세히 보면 보수는 반공을 고집하

236 「선명 야당 탄생이 절실」, 『중앙일보』 1965. 10. 13, p.1.
237 「7·4남북성명… 찬성이냐 반대냐 : 당론 조정에 진통 겪는 신민」, 『중앙일보』 1972. 7. 22, p.2.

면서 남북공동성명에 반대해 온 과거의 관성을 뜻하는 말이고, 진보는 남북공동성명에 공감하는 긍정적이고 전향적인 자세를 가리키는 말이다. 보수와 진보 둘 다 일상 개념의 테두리 안에서 쓴 것이다.

10. 민주화·탈냉전의 시대 : 1987년 이후

1965년 한일협정에 대한 반대 데모에 이어 1969년에는 삼선개헌에 항의하는 학생들의 반정부 데모가 계속되자 1970년 4월에는 위수령이 제정되었다. 위수사령관이 육군 참모총장의 승인을 받아 데모 진압을 위해 군 병력을 출동할 수 있게 된 것이다. 첫 위수령은 1971년 10월 15일 서울 일원에 발동되어 10개 대학에 휴업령이 포고되고 무장 군인이 진주했다. 체제와 정권에 대한 일체의 비판을 용납하지 않겠다는 최후통첩과 마찬가지인 위수령이 제정된 상황에서 반독재·민주화운동의 씨앗이 될 상징적인 사건이 일어났다. 근로기준법의 준수를 요구하면서 분신으로 저항한 1970년 11월의 전태일사건이다. 이를 기폭제로 하여 1971년 4월에는 종교계, 언론계, 학계, 법조계를 망라한 비판적 지식인들이 민주수호국민협

의회를 결성했다. 후일 재야로 불리게 될 유신시대의 반체제 세력
이 결집한 것이다.

보수와 진보가 상대적 개념이라는 점을 생각하면 군사독재의 청
산과 사회적 · 경제적 민주화를 요구한 당시의 반체제는 진보로 불
러야 했고, 체제 비판을 막으려는 세력은 보수로 불러야 했다. 그러
나 당시 학생운동권은 지주 · 예속_{매판}자본 · 정치 군부 · 반동적 관
료를 '지배 세력'으로 규정하고, 노동자 · 농민 · 학생 · 진보적 지식
인 · 소자산 · 민족자본가를 '반체제 세력' 내지 '애국민주 세력'으로
규정했다 서울대총학생회 학술부 1988 : 237 ; 백운선 1988 : 118). 지배 세력과 애국
민주 세력 또는 독재와 민주의 양분법이 보수와 진보_{혁신}라는 개념
적 구분으로 아직 발전하지 못한 것은 진보=혁신=좌익이라는 인
식 관습과 진보라는 말 자체가 금기였던 시대적 제약 탓이 크다. 또
군부독재 청산이 다급한 현실에서 서구의 선진 민주주의에서나 유
효할 것으로 보인 보수와 진보라는 개념을 한국에 대입할 엄두가
안 났을지 모른다.

1972년 10월유신 이후 즉 유신시대에도 반체제운동은 재야와 운
동권을 중심으로 계속되었으며, 1980년대 초부터는 반미주의와 주
체사상이 운동권에서 확산되기 시작했다.

그러나 여전히 보수와 진보는 정치적 담론을 이끄는 개념이 되지
못했다. 보수와 진보라는 말이 서로 대척점에 있는 정치적 개념으
로 작동하려면 변혁의 담론이 쏟아져 나올 1980년대 후반을 기다려
야 했다.

일상의 보수

1980~1986년간 보수와 진보를 한 쌍의 대척 개념으로 묶어 쓴 기사와 논설의 건수는 『경향신문』, 『동아일보』, 『매일경제신문』 3개 신문을 합해 매년 20~30건에 불과했다. 1980년에 30건, 1981년에 23건, 1982년에 20건, 1983년에 29건, 1984년에 30건, 1985년에 29건, 1986년에 33건이다. 그런데 그 내역을 보면 보수와 진보를 한국 정치와 관련해서 쓴 기사나 논설은 3개 신문을 통틀어 7년간 단 하나도 없다.[238] 보수/진보를 한 쌍의 정치적 대척 개념으로 쓴 경우는 ① 미국·서독·영국·오스트리아·일본 등 선진국 관련 외신 기사 및 논설, ② 종교계의 보수/진보논쟁 관련 기사, ③ 한국사를 회고한 글, ④ 정치 이론을 들먹인 계몽적 칼럼뿐이다. 다시 말하면 1980년대 중반까지 보수/진보는 이전과 마찬가지로 한국 정치에는 적용하지 않는 개념이었다. 체제와 반체제의 대결이 절정에 달한 1970년대 말과 1980년대 초에도 보수는 여전히 소심·신중을 뜻하고, 진보는 발전을 뜻하는 일상어로 두루뭉술하게 쓰였다. 다시 말해 여성관,[239] 죽음에 대한 의학적 정의, 증권 투자의 방식 같은 것들만 진보와 보수로 나뉘는 현실이 1980년대 중반까지 계속되었다. 예를 들자면 죽음을 의학적으로 정의하는 문제에서 보수라는 말은 신중, 엄격을 뜻하는 개념으로 쓰였다.

---

238 한국의 정치와 관련해서 '보수(진보)'를 쓴 사례가 없지는 않다. 예를 들어 "보수와 혁신의 정책 차이와 활동 반경을 예리하게 제시함으로써 혁신 세력의 필요성과 참모습을 보여 주도록 노력하겠다고 다짐하고 있다"라는 기사다. 「민사, 범사회당 통합작업 재개」, 『경향신문』 1981. 3. 26, p.3. 그러나 이것은 당시 민주사회당 관계자의 발언을 인용한 것일 뿐 '보수'와 '혁신'을 현실 정치에서 작동하는 개념으로 쓴 것은 아니다.

239 「보수·진보의 두 얼굴 : 신문 사설의 여성관」, 『경향신문』 1983. 1. 26, p.6.

이 교수는 이번에 내려진 (죽음의) 정의는 '진보−보수'의 중간쯤 되는 중도가 될 거라고 자평한다.

"미국 등지에서는 불가역의 상태가 6시간 계속되면 사망으로 판정하고 있지만 이 정의는 12시간으로 하고 있지요. 이 정의는 전체적으로 중도에서 약간 보수 쪽으로 기울고 있는 느낌입니다."[240]

그런가 하면 공격적인 자산 운영 방식을 진보로, 신중한 자산 운영 방식을 보수로 분류하기도 했다.

자산 운영에 있어서 진보와 보수를 겸한 나름대로의 포트폴리오 기법을 살펴봄이 소망스럽다 하겠다.[241]

보수는 정치적 개념으로 바뀌기 시작한 1987년 이후에도 일상의 개념으로 흔히 쓰였다. 일상어로서의 보수라는 말이 지닌 함의도 과거에 비해 크게 변하지 않았다. 다만 다음 예문에서 보는 것처럼 1980년대부터는 일상적 담화의 보수에 정치적·사회적 가치관과 내용이 조금씩 스며드는 경향이 나타난다. 당시 보수라는 말이 일상의 담화에서 어떻게 쓰였는지 잠시 보자.

첫째, 가장 뚜렷한 변화는 보수라는 말이 일상의 담화에서도 '친미'를 뜻하는 말이 되었다는 점이다. 1980년대 중반 운동권을 중심으로 대두한 반미주의는 남북의 분단, 미 군정, 한국전쟁의 성격에 관

240 「식물인간 생사 놓고 시각의 갈등 아직도」, 『경향신문』 1983. 11. 26, p.2.
241 「금주의 증시 전망」, 『매일경제신문』 1981. 7. 6, p.7.

한 기존 해석의 편파성을 비판하는 수정주의사관에 힘입어 진보적 지식인계층으로 확산되었다. 1980년대 후반에 불붙은 해방전후사에 대한 재해석을 통해 친미가 보수·우익이고 반미친소가 혁신·좌익이라는 해방 직후의 이분법이 부활했으며, 이것이 일상의 담론에 투사된 것이다.

혹시 좌익과 혁신이라는 이름으로 매도당하는 세력이야말로 결국은 반미 세력이고, 우익과 보수라는 이름을 자처하는 세력이야말로 결국은 친미 세력이지 않았습니까?[242]

둘째, 개화기부터 부패·퇴영·고루를 뜻해 온 보수는 1백 년이 넘도록 이 함의를 벗어던지지 못했다. 이 부정적 편견 때문에 1980년대 이후에는 일상에서의 '타락'과 '부르주아' 등 부정적인 가치 판단이 내재된 말들과 결합되었다.

"그 애들의 눈에는 내가 이미 썩어 버린, 정신 개조가 불가능한 부르주아요 타락한 보수주의자로 보일 테니깐."[243]

그렇다, 지치거나 오랜 기간을 자기단련 없이 보내면 누구나 보수화한다.[244]

242 오봉옥(1992), 『난 월급 받는 시인을 꿈꾼다』, 두리.
243 김원일(1992), 『그곳에 이르는 먼 길』, 현대소설사.
244 황석영(1992), 『무기의 그늘 하』, 창작과비평사.

우리 지성계를 대표하는 이 잡지는 군홧발에 채여 근 10년 동안 폐간되기도 했고, 우리 출판문화를 한 단계 새로운 차원으로 끌어올린 이 출판사는 등록취소를 당하기도 했습니다. 관이나 고루한 보수파들로부터 수상한 혐의를 받기도 했으며 그래서 발매금지나 사찰 등등의 숱한 탄압들과 싸워내야 했고, 온건한 축으로부터의 마뜩치 않아하는 눈총을 견뎌 내야 했으며 그런 어려움들과 겨루느라고 재정적인 어려움에 많이 시달리기도 했을 것입니다.[245]

아마도 그때 나는 연륜이 긴 직종일수록 보수적인 성향이 농후하고, 따라서 고여 있는 물처럼 탁하고 부패되어 있지 않을까 하고 곰곰이 생각했지 싶다.[246]

셋째, 보수는 체제 순응 · 체제 유지를 뜻하는 말로 많이 쓰였다. 보수라는 말이 비정치적 담론에서까지 기존 체제에 대한 순응이라는 정치적 함의를 띨 만큼 1980년대는 변혁의 기운이 대중적으로 확산되고 있었다.

그것은 식민지 지배로부터 해방되어야 한다는 것과 참된 민주주의의 제도와 실천을 정착시켜야 한다는, 우리 국민들의 공적인 목표와 일치되는 것들이었으며, 따라서 이러한 주장과 항의는 성격상 체제 귀속적 혹은 보수적 경향을 띠고 있었으며 그래서 산업화 이전의 농경중심사회체제에서

---

245 김병익(1991), 「『창비』와 한국 4반세기의 역사」, 『창작과 비평』 통권 제71호.
246 김원우(1988), 『세 자매 이야기』, 문학과지성사.

이탈하거나 과격한 것으로 보일 수 없는 것이었다. …체제 고착적인 미련을 버리지 못하고 자기변호에만 급급하며 보수적인 의식으로만 현실을 미봉하려고 할 때, 민주주의의 형태 유지는 고사하고 극단적인 대립과 마찰로 단층적인 급변이 일어날지도 모른다는 우려는….[247]

이러한 대학 풍토 속에서 사회학은 안으로 대학의 보수적 구조와 기능을 강화시켜 주면서 밖으로 지배체제를 옹호하고 강화시켜 주게 된다.[248]

위대한 작품만 알리고 그에 대한 진정한 이해는 못하도록 하는 주입식 교육예를 들어 셰익스피어의 4대 비극의 제목은 외우면서 진작 그 작품들은 읽지 못하는 것, 작품을 읽히되 보수적이고 체제 순응적인 작품만 선별해서 보급하는 것, …등이다. 이런 식의 책 읽기는 삶에 대한 성찰을 핵심으로 하는 인문학의 발전을 애초부터 막아 버린다.[249]

넷째, 서구좌파 및 신좌파 이론들이 사회과학계를 휩쓴 1980년대부터 '계급'은 지식 담론의 핵심 개념이 되었다. 도시와 농촌, 자본가와 노동자, 서울과 지방의 이분법이 보수／진보의 이분법과 연계되면서 진보＝도시·노동자·서울, 보수＝농촌·자본·지방이라는 양분법이 지식 담론에 유행했다. 따라서 일상의 담화에서 보수는 중산층, 자본가, 소시민을 표상하게 된다.

247 김병익(1987), 『전망을 위한 성찰』, 문학과지성사.
248 한완상(1984), 앞의 책.
249 조혜정(1992), 『탈식민지시대 지식인의 글 읽기와 삶 읽기 2 : 각자 선 자리에서』, 또하나의문화.

이렇게 농촌을 떠난 이들은 도시에서 영세민화하는 것이 아니라 소시민 또는 중산층에 편입됨으로써 도시의 보수화 경향에 부채질을 한다.[250]

여하튼 이 통합성 속에서 진보와 보수, 노동자계급과 중산층계급이 정체성과 연대성을 확보하면서 공동체적 이해관계를 추구하고 조정해야 할 것이다.[251]

다섯째, 보수가 일상적으로 소시민 · 부르주아를 떠올리게 하는 말이 되면서 그 함의도 기득권 · 특권 · 귀족 등으로 자연스럽게 확장되었다.

이들은 대중 속으로 널리 확산된 문화적 기회의 균일화 현상을 반드시 조잡하거나 저질의 것으로 깔보는 것은 문화적인 보수성 내지 귀족주의라고 보는 것이다. …그런데 70년대 후반에 지배 세력이나 다수의 보수적 문화인들이 그토록 혐오하고 기피하던 이 말이 이제 이렇다 할 저항 없이 통용되고 있다는 사실은 민중의 고통스러운 삶이 행복하고 자유스러운 삶으로 변모되었으며 사회적 모순을 해결하고 민주적인 체제를 세워야 하는 그들의 역사적 실천 과제가 해결되었음을 반영하는 것인가?[252]

여섯째, 반공 · 보수의 권위주의시대에 대한 어두운 기억 때문에

---

250 신경림(1985), 『민요기행』, 한길사.
251 김병익(1987), 앞의 책.
252 한국신학연구소 편(1984), 『한국민중론』, 한국신학연구소.

일상의 담화에서도 보수는 과거의 권위주의를 뜻했다. 보수가 친미/반공에 이어 독재와 권위주의를 표상하는 말이 되면서 일상 담화와 정치적 담론의 경계선이 모호해진다.

어떤 사람들은 이러한 현상을 세대 간의 깊숙한 단절 또는 철옹성을 쌓았던 한국 보수주의의 위기로 표현하기도 하지만, 실제로 제3세계의 문화적 · 학문적 식민지성을 제대로 탈피하지 못한 상황에서 제도적 전문성과 권위의 일방적 강조는 설득력을 상실한 것이 사실이다.[253]

일곱째, 1987년 이후 보수와 진보의 대결 구도가 형성되면서 보수를 제도정치권 전체를 뜻하는 말로 쓰기 시작했다. 특히 1990년의 보수대연합이 성사된 이후에는 보수대연합, 보수정치권, 보수야당 등 보수가 들어간 정치적 합성어가 일상 담론과 정치적 담론의 구별 없이 쓰이기 시작했다.

"노동운동을 보수대연합의 제물로서 부르주아에게 팔아먹으려는 수작일 뿐이야."[254]

"물론 우리가 보수야당에게 상층 차원에서 후보단일화를 촉구한 것은 오류였어."[255]

253 김보균(1988), 『사회과학과 민족 현실』, 한길사.
254 엄우흠(1991), 『감색 운동화 한 켤레』, 실천문학사.
255 김별아(1992), 『신촌블루스』, 죽산.

「원칙 없는 보수정치권의 전·노 사면 논의를 바라보며」[256]

87년 6월항쟁은 전 국민적 항쟁으로 군부독재권력의 양보를 받아 냈다는 점에서… 큰 의의가 있지만 민중투쟁의 성과가 온전히 노동자민중에게 귀결되지 않고 다시금 보수정치권의 이권 다툼의 노리개가 되어 버렸다는 점에서 한계가 존재한다. 이러한 한계를 극복할 대안 중의 하나는 노동자민중의 독자적 정치 세력화의 과정으로서의 진보정당운동이다.[257]

이처럼 보수는 진보의 대척 개념으로 자리 잡는 중에도 일상어로 계속 쓰였다. 다만 그전과 달라진 점은 보수 개념에 관한 한 일상과 정치의 경계선이 흐려지고 있었다는 것이다.

민주 대 독재의 시대

제5공화국 말기에 시작된 민주화운동은 보수가 일상의 개념에서 정치적 개념으로 전환할 계기였다. 보수가 정치적 담론의 개념으로 바뀌는 추세는 보수와 진보라는 말의 동반 사용 빈도가 급증하는 현상으로 먼저 나타났다. 앞에서도 말했지만 『동아일보』, 『경향신

---

256 공안 탄압 분쇄와 학생운동 사수 혁신을 위한 서울대비상대책위원회(1997), 「백만 청년과 함께라면 학생운동은 다시 일어설 것입니다」. 1997년 대선을 앞두고 전두환, 노태우의 사면을 주장한 이회창, 김대중의 발언을 '경상도권 보수층'의 표를 의식한 보수정치권의 행태라고 비난한 것이다.
257 『6월항쟁 정신 계승과 노동자농민의 독자적 정치 세력화를 위한 전국학생운동본부 토론자료집』(1997). 당시 신민당과 통일민주당을 '보수야당'으로, 제도정치권 전체를 '보수정치권'으로 지칭한 것이다.

문」, 『매일경제신문』 등 3개 일간지를 합해 1980~1986년 7년간 보수, 진보가 정치적 대립 개념으로 묶여 사용된 기사와 논설 건수는 매년 20~30건에 불과했다. 그런데 1987년47건부터 늘기 시작하여 제5공화국이 끝난 1988년144건에는 급증했다1988년 144건, 1989년 177건, 1990년 170건, 1991년 141건, 1992년 189건. 통계의 연속성을 위해 1988년에 창간된 『한겨레신문』을 제외해도 1988년 96건, 1989년 123건, 1990년 91건, 1991년 75건, 1992년 86건이다. 보수와 진보를 대척 개념으로 묶어 쓴 기사와 논설이 1986년 이전에 비해 3~5배가 늘었다는 뜻이다.

한국 정치를 다루면서 보수와 진보를 한 쌍의 대립 개념으로 쓴 기사와 논설도 1987년 하반기부터 급증했다. 1987년 한 해만 살펴보아도 보수와 진보혁신를 함께 쓴 기사와 논설의 절반이 한국 정치와 관련된 것이었다. 보수, 진보혁신, 중도와 같은 말이 대중의 정치적 담화에 대거 등장했고 1987년 대통령선거의 후보자들도 보수와 혁신의 이원 구도를 공개적으로 수용하고 나섰다. 민주주의는 보수와 진보라는 두 축의 공존을 전제로 해야 한다는 주장을 1958년 진보당사건 이후 처음으로 제도정치권이 들고나온 것이다.

민주화가 이룩되면 완전한 민주주의를 실천해 공산주의를 제외한 보수, 자유, 진보 등 모든 세력을 자유롭게 할 것이다.[258]

258 「김대중 고문 입당사 요지 : 민주화되면 보수자유 세력 자유로워야 자유경제원리 철저히 지켜 관권경제 배격」, 『동아일보』 1987. 8. 8, p.3.

"나는 역사 발전이 항상 보수와 진보의 두 수레바퀴에 의해서 이루어져 왔다고 생각합니다. 그런데 지금과 같은 독재 상황하에서는 진보적 사고나 정권의 독재성에 항거한 민주 인사가 좌경左傾 · 용공容共으로 매도돼 왔고…."

…

— 스스로를 진보주의자라고 보십니까, 아니면 보수주의자라고 보십니까.

"중간이라고 보는 게 옳겠지요."259

— 진보와 보수 가운데서 김 고문은 어디에 속합니까.

"온건개혁주의자 정도로 생각합니다. 나는 서구식 사회주의도 지지하지 않습니다. …그들의 계획경제는 지지하지 않습니다. 나는 자유경제를 지지하기 때문에 그렇습니다."

— 항간에는 김 고문이 진보적 세력을 규합해서 새 정당을 만드는 게 어떠냐는 얘기도 있습니다만….

"나는 지금까지 보수정당에 몸담아 온 사람이고 아까 말했듯이 온건개혁주의자이지 혁신주의자는 아니거든요."260

"…'좌경'이라는 표현은 안 썼으면 좋겠다는 거예요. 분명하게 '좌익'과 구별을 지어 국가 발전을 위해 수용해야 할 진보혁신 세력까지 배척하는

259 「대권 주자에게 묻는다 : 민주당 김영삼 총재 : 단일화되면 70% 이상 득표 자신」, 『동아일보』 1987. 10. 19, p.3.
260 「대권 주자에게 묻는다 : 민주당 김대중 고문 : "어 승리 예상되면 단일화로 막을 터"」, 『동아일보』 1987. 10. 21, p.3.

우를 범하지 말자는 것이지요. …아무튼 우리는 극좌 세력에 대한 지속적인 경계와 함께 진보혁신 세력들을 민주화 과정에 적극 수용하고자 하는 노력을 소홀히 하지 않을 겁니다."[261]

민주화의 담론은 그 이전 30년간 실종된 보수와 혁신진보이라는 말이 정치적 개념의 자격으로 공론장에 복귀할 터전을 마련했다. 다만 때가 아직은 일렀다. 보수에 구체적이고 정치적인 내용을 담으려면 진보의 정치적 도전이 구체화되어야 하는데, 당시 국면은 보수 대 진보의 전 단계인 민주 대 독재 또는 민주 대 반민주의 국면이었기 때문이다.

1985년 남영동 대공 분실의 김근태고문사건, 1986년 부천경찰서 성고문사건, 1987년 1월 박종철고문치사사건, 1987년 6월 이한열사건, 그리고 6월항쟁으로 얻어낸 6월 29일의 직선제 개헌 선언으로 이어진 이 시기에는 반정부 데모의 구호도 진보나 혁신이 아닌 민주였다. 그리고 민주의 적은 독재였다. 민주화가 절박한 상황에서 보수는 대결 상대가 아닌 연대의 대상이었고, 재야·학생·농민·노동 세력은 보수야당을 이끄는 김영삼·김대중과 연대했다.

한편 광주미문화원 방화사건1980. 12과 부산미문화원 방화사건1982. 3이 기폭제가 되어 수면 위로 떠오른 반미 이념과 주체사상이 군사독재와 미국의 연결 고리를 강조하는 가운데 반정부운동의 주도권이 민족해방 계열NL로 넘어갔다. 1차 타도 대상이 보수, 우익

261 「대권 주자에게 묻는다 : 민정당 노태우 총재 "페어플레이로 정통성 시비 종식"」, 『동아일보』 1987. 10. 23, p.3.

이 아닌 친미, 군사독재가 된 것이다. 민족해방 계열과 민중민주 계열PD이 주도권투쟁에 들어간 가운데 자주, 민주, 통일을 묶은 운동권과 재야좌파의 우선 목표는 반미·반파쇼투쟁이었다. 이들의 궁극 목표는 '반미자주화투쟁을 통한 자주적 민주정부의 수립'이었지만,[262] 야당의 궁극 목표는 군사독재의 청산과 집권이었다. 따라서 재야운동권은 애초부터 야당을 궁극적 타격 목표로 여겼다.[263] 다만 민주 대 독재의 국면에서 보수야당과의 대결을 미룬 것뿐이다. 1980년대는 보수와 진보의 오월동주시대였다.

제도권 야당과 재야의 연합, 우파와 좌파의 연대는 반미통일운동이 본격화된 1987년부터 흔들리기 시작했다. 나라 안에서는 보수대연합이 성사되고 나라 밖에서는 냉전이 끝난 1990년 무렵 이 연대가 완전히 깨졌다. 재야·운동권의 중심 목표가 민주화에서 통일로 옮겨 가면서 균열은 시작되었다. 그리고 재야운동권과 제도정치권은 서로 상대를 수구, 보수와 좌경, 용공으로 매도하기 시작했다.

이 예고된 결별은 진보당사건 이후 제5공화국이 끝날 때까지 잠복해 있던 좌우 대결의 기억이 탈냉전시대 남북 관계의 변화와 맞물리면서 시작되었다. 보수/진보의 대결이 좌우투쟁, 남북 대결과 겹치는 과정이 본격화한 것이다. 뒤에서 설명하겠지만 한국현대사에 대한 기존의 관점을 수정한 새로운 해석이 1980년대 후반부터 대두한 것도 좌우 대결과 남북 대결의 기억을 보수/진보의 대결과 중첩되게끔 만든 촉매제였다. 또 민주화투쟁에서 잠시 가능했던 보

---

262 6월민주항쟁 10주년사업 범국민추진위원회 편(1997), 「반미자주화투쟁의 가속화로 자주적 민주정부 수립하자 : 6월투쟁의 평가」, 『6월항쟁 10주년 기념 자료집』, 사계절, pp.334~347.
263 조현연(2009), 『한국 진보정당 운동사 : 진보당에서 민주노동당 분당까지』, 후마니타스, p.51.

수와 진보, 좌와 우의 연대가 붕괴되면서 수구·보수와 좌경·용공이라는 말도 다시 쓰이게 된다.

이쯤에서 좌경, 용공의 개념사를 한번 훑어보아야 한다. 용공은 원래 일제강점기인 1920년대 중반부터 반공의 반대말로 쓰이기 시작했다.[264] 해방 정국에서도 이 말이 간혹 쓰였다. 그러나 용공이라는 말을 본격적으로 쓰기 시작한 것은 1950년대 이후다. 1958년에 당시 민주당이 통일 방안으로 유엔 감시하의 남북한 동시 총선과 통일국회의 통일헌법 제정을 제시하자 이 제안을 둘러싸고 용공논쟁이 국회에서 벌어졌지만, 당시 『경향신문』과 『동아일보』 두 신문을 합쳐도 용공이라는 말을 쓴 기사나 논설은 1959년에 61건, 1960년에는 67건에 그쳤다. 그러던 것이 5·16군사정변 이후 급증하여 1961년에는 『경향신문』과 『동아일보』를 합쳐 262건으로 늘었다.

그러나 잠시였다. 5·16군사정변과 제3공화국 수립 이후 용공이라는 말은 다시 사라졌다. 혁신 즉 사회주의·좌파 이념이 사라졌기 때문이다. 용공이라는 말이 재등장한 것은 운동권을 중심으로 주체사상과 반미주의가 확산되던 1980년대 중반이다. 『경향신문』, 『동아일보』, 『매일경제신문』의 기사와 논설을 합해서 용공이라는 말이 쓰인 건수는 1985년 207건, 1986년 653건, 1987년에는 440건으로 급증했다. 공산권이 무너진 1990년을 전후해서 잠시 줄어들었으나 개혁을 내걸고 남북 화해를 추진한 김영삼정권 초기인 1993년에 다

---

264 당시 국공합작을 둘러싼 중국 국민당 내부 사정을 보도한 기사를 보면 "양 공산당의 음모는 용공, 반공의 의견 부동을 초래하여 상해, 광동 당부(黨部)의 대립이 되고 남경(南京), 무한(武漢) 양 정부의 대립이 되었으나…"라고 되어 있다[「전당의 공의에 복종 일치, 북벌을 계속 : 무(武), 영(寧), 서(西) 합동 선언 수(遂) 발표」, 『동아일보』 1927. 9. 20, p.1].

시 311건『동아일보』, 『경향신문』, 『한겨레신문』, 『매일경제신문』 합산으로 늘었다. 정권이 바뀌고 이념의 지형이 변할 때마다 용공과 좌경이라는 말의 사용 빈도 또한 출렁인 것이다

　좌경이라는 말은 한자 뜻 그대로 '마르크스 · 레닌주의의 좌파 이념에 기울어진'이라는 말로 1920년대부터 용공과 함께 썼다. 예를 들면 "독일은 불국프랑스보다도 또 영국보다도 더 좌경한 국가인즉 팔시간노동제는 극히 정확하게 시행되며"[265]라는 뜻으로 쓰기 시작했다. 일제강점기에는 사회주의나 공산주의 이념을 지칭할 때 좌경사상이라는 말을 많이 썼고, 해방 직후의 우파는 좌경 분자라는 말을 많이 썼다. 좌경 · 용공이 불가능했던 1960년대와 1970년대에는 '아엔데 좌경정권', '포르투갈 군사정부의 좌경정책'처럼 주로 해외 정세를 다룬 글에서나 썼다.

　1980년대에 운동권의 마르크스주의와 주체사상이 변혁 담론을 장악하면서 좌경, 용공은 정치적 담론에 다시 등장했다. 좌경의 사용 빈도는 1985년부터 급증하여 『동아일보』, 『경향신문』, 『매일경제신문』을 합쳐 1986년 1,035건, 1989년 1,192건으로 절정에 달했다가 1990년 이후 급감했다. 소련, 중국과 수교함으로써 북한만이 유일한 적대 국가로 남게 된 1990년대 초부터는 좌경, 용공이 친북이라는 말로 바뀌기 때문이다.

　친북은 북한정권에 대한 무조건 충성과 맹종을 뜻하는 종북으로 곧 바뀐다. 김대중정권의 햇볕정책, 2002년에 시작된 제2차 북핵 위기, 노무현정권을 차례로 거치면서 1980년대의 친미 / 반미 구도

---

265 「독일 공업의 현상과 장래 3 독일의 노동 임은(賃銀)」, 『동아일보』 1921. 5. 20, p.1.

가 반북/친북의 구도와 겹치게 되면서다. 우파는 종북이라는 말을 북한의 현 체제를 옹호하고 동경하는 '수구좌파'의 북한 콤플렉스를 가리키는 말로 쓰게 된다. 이런 추세는 2000년의 남북 정상회담 이후 진보 측이 보수 언론과 보수 세력을 수구냉전, 극우냉전으로 공격하고 보수 담론이 진보 진영을 종북좌파, 수구좌파로 맞받아치면서 절정에 달한다.

그러면 지금부터 1980년대의 민주 대 독재 구도가 1990년대 이후의 보수 대 진보의 대결 구도로 이행한 과정을 정리해 본다.

민주, 보수와 진보로 갈라서다

자본과 노동, 미국과 북한을 비롯한 모든 현안에 대해 서로 다른 생각을 가진 두 세력이 한시적으로 연대한 것이 반독재·민주화 세력이라면, 이 연대가 깨지면서 보수와 진보로 갈라서는 것은 예정된 수순이었다. 그리고 1백 년 넘게 일상에서 폭넓은 관형어로 쓰여 온 보수진보라는 말도 '민주'의 분열을 계기로 정치적 개념이 되었다. 민주의 분열이 보수와 진보를 서로 대척점에 있는 정치적 개념으로 만들었다면 그 분열의 요인과 과정을 살펴볼 필요가 있다.

첫째, 제도정치권과 재야운동권이 결별하게 된 가장 큰 요인은 북한과 통일에 대한 시각의 차이다. 재야 인사들의 잇단 방북, 재야와 평민당의 88올림픽 남북한 공동개최 주장과 이 주장을 둘러싼 민정당·민주당 대 평민당·재야의 갈등은 다가올 탈냉전시대에 대북정책을 둘러싼 보수와 진보의 대립이 어떤 양상으로 전개될지를 미리 보여 주었다.

김대중 평민당 총재가 지난 20일 '사실상의 올림픽 남북 공동개최'를 위한 구체적 실현 방안의 하나로 남북한 정상회담을 고려할 수 있다고 밝힌 데 대해 정치권과 재야에서 각각 이에 대한 반박과 찬성의 뜻을 밝히는 등 올림픽을 계기로 한 통일 논의가 본격화되고 있다.

…정치권에서는 대체로 부정적인 반응을 보인 반면… 재야권에서는 이제까지의 통일 논의에서 진일보한 조치라고 환영의 뜻을 밝혔다.[266]

문익환 목사의 입북 이후… 엉거주춤한 태도를 보였던 김영삼 민주당 총재는… 회견에서 문 목사의 행위가 국가에 대한 국민 된 도리가 아닌 점과 귀국 후 응분의 대국민 책임을 져야 한다는 점을 강조….

지난 2일 방일 시 제안했던 '방북, 김일성 면담 계획'을 사실상 취소했음을 밝혔다.[267]

지난 6월 10일 남북한의 학생들은 기성 세대가 이루지 못한 통일에 접근하기 위해 판문점에서 '남북청년학생회담'을 갖기로 했다.

…남한의 학생들은 연세대에서 출정식을 갖고 판문점으로 향하려 했으나 당국은 2만6천 명의 경찰을 풀어 이를 원천 봉쇄… 노동운동, 민주화운동 탄압과 제도정치권의 정치 휴전, 반쪽 올림픽의 강행 등 우익보수반동 세력의 몸부림에도 통일과 진보, 민주화에의 거대한 흐름은 그들의 손으로 막아질 것 같지 않다.[268]

266 「'남북 정당회담' 논의 쟁점으로」, 『한겨레신문』 1988. 5. 22, p.1.
267 「남북 문제 보수적 노선 정립」, 『경향신문』 1989. 3. 30, p.2.
268 「잠재울 수 없는 민주화 열풍」, 『한겨레신문』 1988. 9. 3, p.6.

통일 문제를 둘러싼 이념 갈등과 때를 같이하여 대두한 것이 보·혁구도론이다. 1987년 첫 직선 대통령 선거를 앞두고 재야운동권은 김대중 후보에 대한 비판적 지지파와 운동권 독자 후보 추대파로 분열했는데, 이들이 1989년 초 전국민족민주운동연합전민련으로 재결집하고 시위 또한 격화되는 정국 불안이 계속되는 가운데 대두한 것이 보수결집론과 보·혁구도론이다. 보·혁구도론은 평민당이 1988년 초 혁신계 재야 인사들을 영입해서 당직을 반분한 데 대한 보수세력의 대응 전략으로 나왔다. 먼저 김영삼의 통일민주당은 김대중의 평민당이 혁신노선으로 전환하고 있다고 하면서 민주당의 보수와 평민당의 혁신을 차별화하는 전략을 택했다.

민주당은 평민당이 보수 성향의 기존 인사들과 영입 재야 인사들 사이에 당의 이념과 진로 설정을 놓고 큰 진통을 겪을 수밖에 없다는 판단하에 평민당 의원들에 대한 막후 접촉을 통한 후속 영입 움직임을 본격화해 평민당을 '혁신' 쪽으로 고립시킨다는 계획을 세운 것으로 알려졌다.[269]

김대중 총재는 평민당은 계획경제에 반대하는 정당이기 때문에 혁신정당이 아니라고 누차 강조했지만,[270] 재야혁신계를 영입한 평민

269 「민주-평민당 가열되는 노선논쟁」,『동아일보』 1988. 2. 4, p.3.
270 "나는 혁신세력이 주장하는 정의는 지지하지만 계획경제는 주장하지 않아 혁신주의는 아니다"(「연설은 계층 따라 표현이 다를 수 있다 : 김대중 씨 관훈클럽 초청 토론회 일문일답」,『동아일보』 1987. 10. 31, 3면). "(김대중 총재는) '평민당은 자유경제체제를 지지하기 때문에 혁신정당은 아니다'고 거듭 말하고… '혁신세력까지도 상당 부분 커버하기 때문에 과격 혁신세력의 확산을 막고 진정한 안정과 반공에 크게 기여하게 될 것'이라고 말했다"(「평민당은 혁신당 아니다」,『동아일보』 1988. 2. 3, 2면).

당과 그렇지 않은 민주당의 간극은 이 두 야당의 상호 배타적인 지역 기반과 맞물려 보수야권을 분열시키고 정치권의 재편을 재촉했다.

보수와 혁신의 대결을 전제하여 보수세력의 결집 필요성을 역설한 상징적 논설이 1988년 『현대공론』에 실린 양동안의 「이 땅의 우익은 죽었는가」이다. 좌익의 도전을 무기력하게 방관하면 공산정권이 들어설 것이라면서 좌익에 맞설 우익의 궐기를 주장한 이 글을 내무부가 전국의 공무원에게 배포하면서 정치적 파장이 일었다. 재야운동권은 신문 칼럼을 통해 군사문화의 청산을 주장한 『중앙경제신문』 오홍근 기자에 대한 보안사령부의 테러를 비롯한 우파의 반격을 극우반동, 파시스트들의 헌정 파괴 음모라고 비난했다.[271] 이런 상황에서 여당인 민정당을 중심으로 자생적 좌익에 맞설 자생적 우익을 결집해야 한다는 주장이 공개적으로 나온 것이다.

> 30일 열린 민정당 중앙집행위에서는… "보수반동 극우반동이란 용어는 해방 직후 좌익 세력이 무성할 때 남로당, 빨치산 등이 우익 세력을 공격할 때 쓰던 것"이라며… "지금까지는 정부에서 대처해 와 자생적 우익 세력이 형성되지 않았지만 앞으로는 자생적 우익 세력의 등장을 기대한다"고 결론을 내려 김용갑 총무처장관의 발언과 내무부가 배포한 『우익은 죽었는가』라는 책자 내용과 비슷한 논리를 전개했다.[272]

반독재 · 민주화라는 연합 깃발 아래 잠복해 있던 보수 · 우익과 혁신 · 좌익의 갈등이 대북정책과 통일 문제를 둘러싸고 수면 위로

---

271 「"극우반동, 헌정 파괴 음모"」, 『한겨레신문』 1988. 8. 28, p.1.
272 「우익 세력 등장 기대」, 『한겨레신문』 1988. 8. 31, p.2.

떠오르는 가운데, 문익환 목사가 방북하고1989. 3 서경원 평민당 의원의 1988년 방북 사실이 사후에 공개되는1989. 6 사건이 연이어 터졌으며 노동운동은 날로 격화되었다. 낭만적으로 통일에 접근하는 혁신계의 급진통일론이 재야 인사들의 잇단 방북을 통해 가시화되자, 보수야당까지 보·혁구도론에 동조하기 시작했다. 짧았던 반독재·민주화의 연대가 북한 문제와 통일 문제 때문에 깨지고 기존의 민주 대 반민주 구도가 보수 대 혁신의 구도로 대체될 상황으로 치닫자, 평민당과 재야는 보수 대 혁신 구도라는 것이 평민당을 혁신으로 몰아가는 한편 재야운동권을 혁신보다 더 왼쪽에 있는 좌경·용공으로 몰아가려는 음모라면서 반발했다.

현재의 야권을 각각 색깔을 분명히 하도록 강박·유도해 내고 선별 대처 내지 각개 격파하겠다는 전략으로 풀이한다. 차기 집권을 겨냥하는 야당이 내심은 둘째 치더라도 '보수'라는 현실적 표밭을 쉽사리 포기하지는 못하리라는 계산이 깔려 있다는 것이다. 이럴 경우 의도적으로 분류된 색깔에 의해 반체제 내지 '용공좌경' 세력으로 몰려 권력의 집중 포화를 맞을 수밖에 없는 것이 재야운동권이라고 할 수 있다.[273]

둘째, 대북관 및 통일관과 연계된 문제지만 민주화에 대한 시각의 차이도 제도권 야당과 재야운동권의 결별 요인이다. 재야운동권의 궁극 목표는 반독재와 민주화를 넘어 '민중민주주의'와 '자주통

---

273 「정국 진단 '보수·혁신충돌설' 4 "궁지에 몰린 여당의 이념 공세" 재야의 시각」, 『한겨레신문』 1989. 2. 11, p.5.

248
보수

일'을 완성하는 것이었지만, 보수야당의 목표는 부르주아민주주의의 틀 속에서 보수가 혁신과 공존하는 서구식 자유민주주의의 수립이었다. 당시 세 야당 지도자는 민주화의 궁극 목표는 폭력혁명을 꿈꾸는 일부 혁신좌파의 시도를 막고 서구식 자유민주주의를 수립하는 것이라는 점을 분명히 했다. 이들의 발언은 각각 다음과 같다.

> 보수와 '파시즘'은 구별돼야 합니다. '처칠'과 '히틀러'가 같을 수는 없지요. 예를 들어 박정희 대통령은 보수가 아니라 '파시스트'입니다. 또 혁신세력은 자유민주주의체제를 인정해야 합니다. '스탈린'과 '빌리 브란트'가 구별돼야지요. 누가 진정한 보수주의자이고 누가 반동독재 세력인지, 누가 혁신이고 누가 극좌폭력 세력인지 명확히 구분하는 것이 급선무입니다. … 보수 없는 혁신이나 혁신 없는 보수는 있을 수 없으니까요.[274]

> 군부독재 청산과 좌익 이데올로기에 바탕을 둔 '폭력혁명 세력'의 배격만이 자유와 민주주의를 지킬 수 있다는 점을 분명히 한다.[275]

> 현 난국은 5공청산과 민주화 개혁을 통한 정치 권위의 정통성과 공권력의 도덕성을 회복하는 일에 노태우정부가 실패한 데서 비롯되고 있으며 이같은 정치적 혼란 상태를 틈탄 일부 폭력혁명적 좌익 세력과 반민주수구 세력이 의회민주주의의 기틀을 위협하는 불안 시국을 노 대통령이 제대로 관리하지 못하고 있기 때문이다.

274 「'국민정치시대' 원년 열었다 김대중 평민당 총재 본지 회견」, 『동아일보』 1988. 12. 26, p.3.
275 「재야 단절 강수 보수노선 선택 : 김 민주 총재 동해발언 의미와 배경」, 『한겨레신문』 1989. 4. 13, p.3. 김 민주 총재는 김영삼 당시 민주당 총재이다.

의회민주주의를 폭력혁명으로 전복하려는 좌익 세력의 확산을 경계한다. 그러나 이들과 정부를 비판하며 민주화를 추진하는 민주 인사는 엄격히 구별되어야 한다.[276]

혁신도 자유민주주의의 틀을 벗어나면 안 된다고 선언한 이 합의문은 세 야당 지도자가 재야운동권과의 결별을 실질적으로 선언한 것이다. 이와 아울러 세 야당은 5공청산에 적극적인 '민주적 보수'와 5공청산의 내용과 방식에 불만을 품은 '반민주적 수구'를 구별하기 시작했다. 1990년대 중반에 우파 안에서 불거지게 될 수구·보수논쟁의 단초가 마련된 것이다. 어쨌든 이런 움직임은 보수야당과 일정한 선을 긋고 있던 재야운동권에게는 자주, 민주, 남북통일과 이별하겠다는 '반동, 보수, 남북 대결'의 선언이었다. 이로써 보수 대 진보의 양분 구도의 전 단계인 극좌 급진 통일·반미·주체사상, 보수 의회민주주의·자유민주주의, 극우 유신·5공 잔재라는 삼분 구도가 성립했다.

셋째, 앞에서도 말했지만 1980년대의 민주화 연대를 1990년대 이후 보수와 진보로 분열시킨 정치적 기폭제는 1990년의 보수대연합 즉 3당합당이다. 1950년대 이후 한국 정치의 전통으로 볼 때, 혁신의 정치 세력화에 직면한 보수정당들의 연합은 예상된 일이었다. 보수대연합은 1980년대 후반부터 고개를 든 보·혁대결론을 정치적으로 실천한 것인데, 1988년의 4·26총선에서 여당인 민정당이 과반 의석 확보에 실패하고 김대중의 평민당이 제1야당이 되자 노태우의 민정당, 김영삼의 통일민주당, 김종필의 신민주공화당이 합

276 「3김 총재 회담 합의문 요지」, 『동아일보』 1989. 4. 26, p.3.

당하여 민주자유당 즉 민자당을 만든 것이다. 비록 평민당이 배제된 부분적 연합이었지만 3당합당은 보수적 제도정치권과 혁신계 재야의 대립을 격화시켰다.

여기에서 잠시 보수대연합이라는 말의 내력을 보자. 혁신과 진보라는 말이 잠적하고 보수라는 말이 일상의 개념에 머물러 있던 1950년대 말 이후에도 보수가 들어간 정치적 합성어는 자주 쓰였다.

「"감군은 시기상조" 무소속이 보수야당 형성 장박(장면), 춘천서 언명」
『동아일보』 1960. 7. 26, p.1

「유엔 감시 총선 북괴도 수락할 듯 보수진영력량 증강 시급, 곽상훈 민원의장, 통일방안에 언급」『동아일보』 1961. 5. 6, p.1

「보수합동을 추진, 일日 민주당서 의견 합치」『동아일보』 1955. 7. 1, p.2 [277]

「보수합동론 시비」『동아일보』 1958. 4. 20, p.1 [278]

「"참의원 연내로 구성" 이 대통령, 귀경 열차에서 기자회견 : 보수합동은 불원 양당제도 발전을 강조」『동아일보』 1960. 3. 6, p.1

「이 대통령 회견담에 대한 여야 양당 반향 : 부패한 당과는 불합동, 야∥ 여, 참의원 선출 방법 시정 희망」『동아일보』 1960. 3. 6, p.1

277 일본 민주당 내에서 보수정당 연합인 '보수합동'을 추진하기로 의견 일치를 보았다는 기사다.
278 자유당의 이기붕과 민주당의 조병옥이 연합보수정당 창설을 논의한 사실을 다룬 사설이다.

「발족 요원 호發足遙遠乎 일日 보수신당」「동아일보」 1954. 10. 23, p.1[279]

앞에 나오는 보수야당, 보수합동, 보수진영, 보수신당은 모두 일
본에서 수입한 용어다. 이 중에서 특히 보수신당은 4 · 19혁명 직후
정치 개혁의 분위기를 타고 자주 쓰였다.

「8월 초에 보수신당운동 무소속 당선자들 간에 추진기세 // 연립내각도
강조 5대 국회 제2당 될 자부」「동아일보」 1960. 7. 20, 조간 p.1

「"민주당 구파와 제휴 용의" 자유법조단, 보수신당 결성키로 결의 // "원
내 제1당 지향 대통령에 김병로 씨 추대" // "'개별 접촉' 모른다" 구파 김
씨 // "'제스처'에 불과" 신파 주 씨」「동아일보」 1960. 7. 23, p.1

「"대통령 직선제로 헌법 개정이 필요" 김병로 씨 신당 발족도 역설」「동아
일보」 1960. 7. 23, p.1

해방 이후 한국 제도정치권의 정치 용어가 주로 일본에서 수입
되어 왔다는 점을 감안하면, 1990년의 3당합당을 일본에서 자유당
과 민주당이 합당하여 자민당을 창당한 1955년의 '보수대합동'을
살짝 변형시켜 보수대연합으로 이름 붙인 것도 이상하지는 않다.
그뿐만 아니라 보수대연합이라는 말은 1980년대 후반부터 혁신계
담론이 제도정치권의 보수적 속성을 뜻하는 말로 이미 써오고 있

279 일본의 요시다 수상이 추진하는 신당 창당이 순조롭지 않다는 기사이다.

었으며, 진보대연합_{민족민주 세력}의 대척 개념으로 사용되고 있었던 것이다.

> "국토를 분할 점령한 4당은 자주적 민주정부에 필요한 정통성, 지도성, 도덕성, 대표성 등 4가지를 모두 갖추지 않고 있다"면서 "근본적인 차이가 없는 4당은 보수대연합으로, 민족민주 세력은 진보대연합으로 뭉쳐 보수 대 진보의 양대 구조로 나가야 할 시기"라고 주장했다.[280]

3당합당 이후 민자당과 노태우정권은 권위주의적인 유신 세력과 강경한 5공 세력으로부터 웬만큼 자유로워졌다. 보수대연합에서 배제된 김대중은 호남 대 비호남으로 갈라진 지역적 양분 구도에서 벗어나기 위해 재야를 비롯한 다양한 세력과의 연대를 시도했고, 그 과정에서 진보적 이미지를 강화하기 시작했다(강원택 2012 : 177~189). 그러나 앞에서 말했듯이 재야운동권은 보수대연합 이후 민주 대 반민주의 도덕적 비대칭 구도가 보수 대 혁신이라는 정치적 대칭 구도로 바뀔 가능성을 우려했다. 민주 대 반민주의 구도에서는 민주가 도덕성을 독점할 수 있으나, 보수 대 혁신의 구도에서는 판세가 혁신에게 불리하게 돌아갈 게 뻔했기 때문이다. 특히 사민주의 정당이 없는 한국에서는 보수 대 혁신의 정치 구도가 성립되면 제도정치권에서 보수색이 덜한 평민당이 혁신이 되고 재야운동권은 아예 정치에서 배제될 공산이 컸다. 그래서 이들은 보수대연합을 민주화 과정에서 재야를 배제하는 동시에 5공청산까지 회피하

---

280 「진보정치연합 시민토론회 '한국 정치 이대로 좋은가'」, 『한겨레신문』 1988. 12. 1, p.4.

려는 수구세력의 음모로 보았다. 보수대연합은 전국민족민주운동
연합전민련 · 전국대학생대표자협의회전대협 · 전국노동조합협의회전노
협 등 운동권이 공동 대처해야 할 과제가 되었고,[281] 이제 재야와 운
동권은 평민당을 제외한 제도정치권 전체를 보수와 수구의 야합을
기획한 '반동 · 반민주 · 파쇼'로 규정했다. 그래서 수구의 정치적 내
용을 보안법 폐지 반대, 친미 · 반공, 유신 및 5공, 반통일로 설정했
다. 다음 기사들은 이런 정황의 일단을 보여 준다.

이번 통합의 성격은 보수와 반동수구 세력의 합작이다.[282]

"노태우 파쇼정권은 미 제국주의의 사주와 민중을 배신한 보수야당과
의 야합을 통해 어처구니없게도 전두환의 1회 거짓 증언과 정호용 공직 사
퇴를 들어 일방적 5공청산 종결을 선언하는 만행을 저질렀다."[283]

"보혁 구도를 전제로 하는 보수대연합 논리에 대항하는 것은 운동권 스
스로 보혁 구도에 빠져 드는 것이 아니냐는 일부 지적도 있었지만, 현재의
정세는 연대 조직의 필요성을 무엇보다 요구하는 시점"… "보수대연합 논
리는 6 · 29 이후 민중 진영의 진출에 대비, 지배체제를 안정적으로 구축해
야 할 필요성과 이를 바탕으로 파쇼체제를 확대 재편해 강화하려는 요구에
의한 것."[284]

281 「'90대학운동권 향방(중) '광주 10돌' : '뜨거운 5월' 예상」, 『동아일보』 1990. 3. 3, p.13.
282 「"3당통합은 역사 배반 행위"」, 『동아일보』 1990. 2. 27, p.3.
283 「NL · PD "합작"… 조직 재건」, 『경향신문』 1990. 1. 12, p.3.
284 「합당 정국… 발걸음 빨라진 운동권」, 『한겨레신문』 1990. 2. 4, p.5.

전대협이 밝힌 공식 입장의 핵심은 3당합당을 '친미 사반四反(반민족, 반민주, 반민중, 반통일)의 보수 야합'으로 규정하는 한편….

NL은 3당합당을 '한반도의 분단고착화를 통해 안정적인 대소 전진기지를 유지하려는 미국이 장기집권을 노리는 군사파쇼 세력을 배후 조종해 탄생시킨 것'으로 보고 있으며….

PD 계열로 알려진 서울대 총학생회장 김주옥 군은 "독점자본 세력이 민중생존권 착취와 노동 통제 강화 등의 수단으로 경제 위기를 해소하기 위해 파쇼권력을 끌어들여 만든 것이 바로 보수대연합이기 때문"이라고 설명했다.[285]

장기표 : 국민들이(1988년 총선에서) 민주당이나 공화당에 지지표를 던진 것은 야당 활동을 통해 군정 종식과 민주화를 이루라고 한 것이지 광주학살을 자행한 민정당에 붙으란 것은 아닙니다. …보수대연합은… 자라나고 있는 민중 세력을 봉쇄해 군사정권을 유지·강화함으로써 장기 집권을 실현하고 반통일 세력을 구축하려는 것으로 볼 수 있습니다.

…

김근태 : 이번 통합은 명백히 반민중연합일 뿐 아니라 '반호남대중연합'이라고도 생각됩니다. 이와 함께 친미파쇼연합이라고도 할 수 있을 겁니다. 2년 전 릴리 전 주한 미국대사가 떠나면서 보·혁 구도를 선동했고 그레그 대사가 와서 이것이 진전된 흔적이 보입니다.

…

김 : …전민련은 현 정계 개편의 본질이 친미파쇼연합일뿐만 아니라 국

---

285 「'90대학운동권의 향방 '합당 분쇄' 내걸고 결집 움직임」, 『동아일보』 1990. 3. 2, p.3.

민주권에 대한 심대한 침해라는 데 초점을 맞춰… 다른 한편으로 외세와 지배 세력이 평민당을 협박, 진보세력이냐 아니냐를 분명히 밝힐 것을 요구할 때 평민당이 우리는 중도보수 세력이라고 하면서 보조적인 야당으로 물러나 앉을 가능성이 있고 또 그 조짐이 나타나고 있는 것을 우려합니다.[286]

재야 및 진보 담론이 보수대연합을 겨냥하여 꺼내 든 '파쇼, 반민주, 반민중'이라는 카드는 해방 직후 좌익이 즐겨 쓰던 '파쇼, 반민주, 반인민'의 판박이다. 해방 직후와 달리 파쇼라는 말에 친미·군사독재의 의미가 추가되기는 했지만, 1990년을 전후한 한국 정치의 담론은 1940년대 좌우투쟁의 기억이 반세기 후 보수/진보의 대결로 부활하고 있었음을 보여 주는 대표적 텍스트다.

보수 대 진보의 시대 : 혁신이 진보로 바뀌다

자본 위주의 서구 자유민주주의liberal democracy, bourgeois democracy를 보수로 규정하고 노동 중심의 서구 사회민주주의social democracy를 진보로 규정하는 통설을 따르면 한국 현대정치사는 보수의 역사다. 한때 혁신을 표방한 정당과 운동이 없지는 않았다. 1956년 제3대 대통령선거에서 무소속 후보 조봉암은 216만 표를 얻었다. 현직 대통령 이승만이 얻은 504만 표의 절반에 가까운 득표였다. 이 여세

---

286 「범민주 세력 조속 연대 공감 평민당·전민련·진보정당준비모임 관계자 '합당' 대응 좌담」, 『한겨레신문』 1990. 1. 29, p.3.

를 몰아 조봉암이 1956년 11월에 창당한 진보당은 한국 최초의 진보정당이다. 그런데 1958년 2월 조봉암을 비롯한 진보당 간부들이 북한과 내통한 혐의로 구속되고 진보당의 평화통일론이 국시에 위배된다는 이유로 정당 등록이 취소되었다. 1959년 조봉암은 사형되고 진보당은 와해되었다. 이듬해인 1960년에 4 · 19혁명으로 이승만이 하야하고 허정許政의 과도정부가 들어선 후 사회대중당, 사회혁신당, 통일사회당, 한국사회당이 혁신 간판을 걸고 창당했지만 총선에서 참패했다. 곧이어 1961년에는 5 · 16군사정변이 일어나면서 혁신계는 완전히 잠적했다.

박정희의 제3공화국부터 전두환의 제5공화국에 이르기까지 혁신을 내건 정당들이 있기는 했다. 통일사회당1967, 민주사회당1981, 신정사회당1982, 사회민주당1985이 차례로 등장했지만 명목상의 혁신일 뿐 정치적으로는 유명무실했다. 1987년 민주화항쟁이 시작된 이후 10여 년간 민중의 당1988, 한겨레민주당1988, 민중당1990, 한국노동당1992, 국민승리211997, 청년진보당1998이 결성되었지만 제도정치권 진입에는 실패했다. 제도권에 진입한 최초의 혁신계 정당은 민주노총 중심의 국민승리21을 기반으로 삼아 2000년에 창당한 민주노동당이다.[287]

조봉암의 진보당 이후 한국의 혁신 이념은 대체로 조봉암 진보당의 연장선상에 있었다. 1980년대 중반부터 재야운동권의 구호로 등장한 자주 · 민주 · 통일은 기본적으로 조봉암 진보당의 이념을 계

---

287 민주노동당은 2002년 지방선거에서 정당득표율 8.13퍼센트로 제3당이 되었고 2004년 4월의 총선에서는 10석을 얻어 제도정치권에 본격 진입한 한국현대사 최초의 혁신계 정당이 되었다.

승한 것이다. 다만 1950년대의 진보당은 남한의 자유당독재뿐만 아니라 북한 노동당의 공산독재도 함께 배격했지만, 1980년대 중반 이후의 혁신_{진보}세력은 자주와 민족, 다시 말해 반미와 친북을 비전으로 삼았다는 점에서 1950년대의 진보당 이념을 단순 복제한 것은 아니다.

1950년대의 혁신 이념과 1980년대 이후의 혁신 이념을 비교할 때 가장 먼저 눈에 띄는 것은 해방 이후 줄곧 보수의 대척 개념으로 써온 혁신이 진보라는 말로 바뀌었다는 점이다. 진보당사건의 후유증과 일본식 정치 용어의 영향 때문에 보수의 대척 개념으로 혁신을 써왔으나, 1980년대 후반부터 '진보'가 '혁신'을 제치고 나선 것이다. 개념과 용어의 정치적 중요성을 생각해 보면 혁신이라는 말이 진보라는 말로 바뀐 것 자체가 하나의 정치적 현상이므로 이 현상의 전개 과정과 그 배경을 살펴보아야 한다.

1980년대 중반부터 재야운동권은 진보를 민주의 동의어로 쓰는 한편 독재의 새로운 대척 개념으로 쓰기 시작했다. 조직과 단체의 이름도 진보정치연합1988, 진보정당추진위원회1992, 진보정당 건설을 위한 민중 연대1992 등으로 결정했다. 반면 제도정치권과 보수적 매체들은 1980년대 후반까지 혁신과 진보를 혼용하면서[288] 혁신이라는 말을 계속 썼다.[289] 그러나 1990년대 초·중반에 접어들면서

---

288 예를 들어 "건국 이래 수없이 등장하고 소멸된 모든 정당 중 진보와 혁신의 깃발을 들고 나온 정당도 통일민주당의 정강·정책과 같은 것을 내놓은 적이 없었다. …진보혁신정당들도 자유민주주의 평화통일을 전제로 한…"(「기자석 "어떤 혁신정당도 민주당 같은 통일론 내놓은 적 없었다" : 대화 장애 요소 제거 안돼」, 『경향신문』 1987. 5. 20, p.2).

289 "김영삼 민주당 총재는… 문 목사 입북사건을 계기로 '우리나라에도 혁신정당이 있어야 하고

진보가 한국의 정치적 담론에서 보수의 주된 대척 개념으로 자리를 잡는다.

3차례에 걸친 토론회의 최대 특징은 기존 진보 진영의 대립 구도인 민족해방NL 대 민중민주PD 혹은 일반민주주의GD나 사회민주주의SD를 포함한 3자 대립 구도가 해체되고 혁명주의 대 개량주의의 양대 구도로의 분화가 두드러지고 있는 경향일 것이다.[290]

노동자의 정치 세력화를 표방한 진보세력의 제도권 진입이 가시화하고 있다.
···6·25동란 이후 혁신세력의 명맥이 사실상 끊기다시피 한 우리나라 정치사에 비추어 또 다른 역사적 실험으로 받아들여지고 있다.
···한국노동당은 발기취지문을 통해 "경제 불안의 가중, 정치 불신의 만연, 미·일 등 외세에 의한 민족자주권의 침해 등 한국 자본주의사회의 구조적 문제는 진보적 정당만이 해결할 수 있다"고 선언, 개인 소유 대토지의 국유화, 재벌 해체 등을 통해 분배 정의를 실현하는 데 모든 역량을 집중할 것이라고 밝혔다.[291]

진보가 보수의 대척 개념으로 떠오르면서 혁신은 일상어 내지 국

재야 세력이 정당으로 발족해 주길 희망한다'면서···." 「'재야' 혁신정당 발족 바람직 : 김영삼 총재 본지 회견 전·최 씨 공개 증언 실현돼아」, 『경향신문』 1989. 4. 1, p.1 ; 「보수─혁신 이념 갈등 확산」, 『동아일보』 1988. 12. 22, p.3.
290 「진보 진영 현실 진단, 혁명·개량 분화 뚜렷」, 『한겨레신문』 1992. 8. 2, p.9.
291 「노동운동 세력 제도권 진입」, 『동아일보』 1992. 1. 20, p.21.

어사전의 개념으로 퇴보했다. 보수 대 혁신은 일본 정치를 논할 때나 사용되었다. 일상어가 된 혁신은 기술혁신, 경영혁신처럼 주로 경제 뉴스와 산업 뉴스에 등장하는 합성어의 일부로 전락했다. 그런데 개념사의 관점에서 볼 때 중요한 것은 진보가 혁신을 제치고 보수의 주축 대척 개념으로 대두하게 된 정치적 · 사회적 배경이다. 추론해 보면 다음과 같다.

첫째, 1980년대 후반부터 여권에서 대두한 보수/혁신 구도로의 개편 움직임은 재야운동권이 보기에는 실질적으로 혁신을 정치판에서 배제하려는 음모였다. 평민당을 제외한 보수 3당의 합당을 통해 제도권 내 정당만으로 보수/혁신 구도가 수립되면 제도권 바깥에 있는 재야는 혁신을 내세울 명분도 입지도 사라지기 때문이었다. 게다가 평민당을 제외한 두 야당과 민정당이 보수대연합을 성사시킨 이후에는 혁신이라는 개념의 운신 폭이 좁아졌다. 보수정당인 평민당이 혁신으로 분류되는 보 · 혁 구도하에서는 혁신이라는 말을 더 이상 '민중민주주의적 변혁'을 표상하는 말로 쓸 수 없기 때문이다. 게다가 혁신은 김영삼 · 김대중정권의 구호였다. 따라서 김영삼 · 김대중정부에 대한 재야와 운동권의 반대를 혁신이라는 말로 표상할 수는 없었다. 변혁기에는 특히나 개념과 구호의 파괴력이 커지는 법인데, 이렇듯 혁신의 정치적 의미가 변질된 상황에서 대안을 찾아야 했고 그 답이 진보였다.

둘째, 소련과 공산권이 무너지면서 사회주의가 혁신 모델로서의 정당성을 상실했다. 노태우정부의 북방정책으로 인해 보수의 극우 반공 이미지는 완화되었다. 그 결과 보수=반공 · 냉전, 혁신=남북 대화 · 평화라는 기존 관념이 흔들리면서 혁신이라는 말의 정치적 매력도 사라졌다. 그뿐만 아니라 해방 이후 혁신은 줄곧 좌경, 용공이라는 선입견에 시달려 온 약점이 있었다. 1980년대부터 학생운동과 노동운동 담론에서 기존 체제의 타파를 뜻하는 말이 혁명에서 변혁을 거쳐 진보로 바뀌어 온 것(우평균 2012 : 252)도 '혁革' 자가 들어간 혁명이나 혁신보다는 진보라는 말이 온건하면서 대중적 거부감이 덜하기 때문이었다.

셋째, 소련과 동유럽의 붕괴로 인해 냉전이 끝나면서 자유시장주의와 사회민주주의가 공존해 온 서유럽의 보수 대 진보 구도 또는 자본 대 노동 구도가 세계적으로 보편성을 갖게 되었다. 한국의 이념 구도도 시대의 흐름을 따라 냉전시대의 보수 대 혁신에서 탈냉전시대의 보수 대 진보로 이름을 바꾸어야 했다.

넷째, 전통적으로 혁신은 정치적 민주화, 분배 정의 실현, 한반도의 자주통일을 표상하는 말이었다. 그런데 1980년대 이후 재야와 운동권은 노동 중심의 복지와 평등, 평화와 민주를 아우를 보다 포괄적인 개념이 필요했다. 반공, 보수 일색의 한국현대사에서 좌익의 구호로 각인된 혁신보다는 서구식 사민주의를 뜻하는 동시에 어감도 부드러운 진보가 그 적절한 대안이었다. 특히 진보라는 말은 1950년대의 진보당에 대한 정치적 기억을 되살리는 효과가 있었다. 또 분배 정의의 구현과 한반도의 냉전 종식에 소극적인 보수를 압박하는 도덕적 구호로도 적절했다. 이처럼 다양한 정치적 · 사회적 요인이 보수대연합이나 탈냉전과 같은 대내외적 변수와 함께 작용했기 때문에 진보는 혁신을 쉽게 대체할 수 있었다. 진보라는 말이 혁신이라는 말을 대체해 온 추세를 1999년 이전 10년과 그 이후 10년으로 나누어 비교해 보면 다음의 표 및 그림과 같다.

표 1. '진보'가 '혁신'을 대체한 추세(1989~1999)

연도(년)	보수/혁신(건)	보수/진보(건)
1989	197	177
1990	186	170
1991	62	141
1992	69	189
1993	82	109
1994	73	165
1995	61	88
1996	80	154
1997	64	147
1998	59	114
1999	92	155

* 출처 : 네이버 뉴스라이브러리 데이터베이스

표 2. '진보'가 '혁신'을 대체한 추세(1999~2010)

연도(년)	보수/혁신(건)	보수/진보(건)
1999	349	620
2000	333	990
2001	394	984
2002	492	1,428
2003	513	1,945
2004	780	3,274
2005	1,192	2,905
2006	777	2,353
2007	1,038	4,304
2008	1,101	6,045
2009	1,190	6,246
2010	1,755	7,324

* 출처 : 한국언론진흥재단 데이터베이스

표 3. 보수의 대척 개념 1990년대 대 2000년대

기간(년)	보수/혁신(건)	보수/진보(건)
1990~1999	2,344	4,575
2000~2009	8,009	30,929

* 출처 : 한국언론진흥재단 데이터베이스

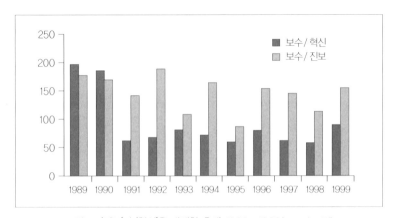

그림 1. '진보'가 '혁신'을 대체한 추세 1989~1999(표 1의 그림)

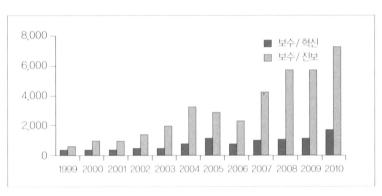

그림 2. '진보'가 '혁신'을 대체한 추세 1999~2010(표 2의 그림)

표 1~2에서 겹치는 1999년의 통계치가 서로 다른 것은 데이터 베이스에 따라 일간지의 수효와 종류가 다르기 때문이다주 292 참조.

표 1~3과 그림 1~2를 통해 1990년까지만 해도 보수 대 진보라는 대립 쌍보다 보수 대 혁신의 대립 쌍을 더 많이 썼지만 1991년부터 이 비율이 역전되었음을 한눈에 볼 수 있다. 이 역전 추세가 2000년대에 들어 가속되면서 진보가 보수의 유일한 정치적 대척 개념이 된 것이다.[292]

개념과 용어만 놓고 보면 1980년대 이후 한국 정치의 지형은 민주 대 독재 구도에서 보수 대 혁신과 보수 대 진보 구도의 한시적 공존을 거쳐 보수 대 진보의 구도로 이행해 온 셈이다. 문제는 혁신이 이름을 진보로 바꾸면서 그 내용도 변했는가 하는 것이다. 만약 진보로 바뀌면서 정치적 내용까지 변했다면 보수 개념의 내용 또한 변했을 것이다. 보수라는 개념은 언제나 혁신과 진보의 정치적 대척점에 설정되기 때문이다.

분단 이후의 대한민국에서 혁신이라는 개념이 어떤 정치적 내용을 띠고 있었는지는 1980년대 이전에 명멸했던 혁신계 정당을 통

---

292 1990년대 통계는 네이버뉴스 데이터베이스(『동아일보』, 『경향신문』, 『한겨레신문』, 『매일경제신문』 통합 데이터베이스)를 근거로 했다. 2000년대의 통계는 한국언론진흥재단 데이터베이스(『조선일보』와 『중앙일보』를 제외한 전국 주요 일간지, 인터넷 신문, 텔레비전 뉴스 통합 데이터베이스)의 검색 결과다. 1990년대와 2000년대의 데이터베이스는 다르지만 '보수/혁신'과 '보수/진보'의 상대적 비율은 비슷하다. 예컨대 두 데이터베이스가 겹치는 1999년을 보면 네이버 뉴스라이브러리 데이터베이스에서는 '보수/혁신'과 '보수/진보'의 검색 건수가 각각 92건과 155건이고 한국언론진흥재단 데이터베이스에서는 각각 349건과 620건이다. 두 항목의 검색 비율이 각각 1.68과 1.77로 큰 차이가 없다. 이 통계에는 외신 기사 및 '보수'가 일상 개념으로 사용된 기사도 포함되어 있다. 그러나 그 비율이 높지 않아 사용 빈도의 변화 추세를 파악하는 데에는 무리가 없다.

해 찾아볼 수밖에 없다. 1950년대의 진보당을 비롯한 초기 혁신정당의 정강·정책은 한국전쟁 직후의 강력한 반공 이념 때문에 공개적으로는 모호한 원칙론만 되풀이했다. 예를 들어 1950년대의 진보당은 '시대착오적인 좌익공산주의'와 '왜곡된 우익민족주의와 파시즘'을 둘 다 역사적 반동으로 규정하는 양비론으로 시작했다.

> 특히 남북이 분할되어 있는 한 한국으로 침입해 들어올 국제적 영향을 민족적으로 지양하고 수정하는 과업은 진보주의로써 이루어질 수밖에 없을 것이다. 이와 동시에 극렬한 반동으로서 파시즘이나 공산주의에 가담할 약점들을 많이 내포하고 있는 대중을 민주 진영에서 활기 있게 전진할 수 있는 경지를 개척하는 과업도 진보주의만이 담당할 수 있는 것이다. …왜냐하면 공산주의가 시대착오이고 왜곡된 민족주의가 반동임을 입증하는 정치철학이 바로 진보주의 이념이기 때문이다.[293]

분단과 한국전쟁 직후의 초기 혁신 담론이 이렇듯 추상적이었기 때문에 당시의 신문 기사와 논설을 통해 초기 혁신 이념의 내용과 혁신에 관한 통념을 추론하는 편법을 쓸 수밖에 없다. 이런 편법을 쓸 때 참고할 몇 개의 기사가 있다. 4·19혁명 직후 민주당은 혁신정당이 나설 여지를 주지 않으려고 혁신계가 내걸 만한 공약을 가로채서 총선 공약으로 내건 적이 있는데, 다음 논설은 이런 행태를 비판하면서 민주당을 보수가 아닌 혁신이라고 매도하고 있다. 여기

---

293 윤길중(1956), 「진보당 조직의 의의와 그 주장」, 『새벽』(1956. 3), pp.41~44. 정태영·오유석·권대복 편(1999), 『죽산 조봉암 전집 4 진보당 관련 자료』, 세명서관, p.160에서 재인용.

에서 보수와 혁신에 대한 당시의 통념을 엿볼 수 있다.

> 민주당에서는 선거공약으로서 계획적 자유경제를 주장하면서 중요 산업의 국유·국영을 고창하였고… 농촌 협조 및 노조의 민주화 등등을 역설한 것은 여러 점에서 주목을 요한다.
>
> …중요 산업의 국영을 이데올로기적으로 고집하는 한 민주당은 보수적 정당이라고 하기는 어렵지 않을까 싶다. …이는 민주당이 그의 생명으로 삼아야 할 자유기업주의를 포기하는 것을 의미하는 동시에 그 자신을 혁신 정당으로 환골하는 것을 뜻하는 것이기 때문이다.
>
> 혁신이라고 하는 것을 광의로 해석한다고 하면 공산주의까지 넣어야 하지만, 한국에서 지금 혁신을 부르짖고 나선 정당들은 이면은 여하튼 간에 표면적으로는 친서방적인 반공정책을 표방하고 있는 만큼… 보수와 혁신의 구별은 생산수단의 사유냐? 혹은 공유냐?에 있다고 하지 않을 수 없다. …민주당과 대동소이한 정강·정책을 내거는 혁신정당이 있는 경우에 그 혁신정당으로부터 '혁신'이라는 두 글자를 떼고서 '보수'라는 두 글자를 바꾸어 붙여야 할 것 아니냐 말이다.
>
> …민주당이 보수정당이라면 그 생명은 자유기업주의에만 있는 것이지, ….[294]

즉 진보당사건 이후 혁신이란 반공 이념은 고수하되 자유기업주의 대신 생산수단의 공유나 국유화를 기획하는 것이었다. 또 다음 기사는 4·19혁명 직후 신구파로 분열한 민주당 내에서 구파가 구

---

294 「보수와 혁신의 명확한 한계를」, 『동아일보』 1960. 6. 8, 석간 p.1.

상하는 신당신민당의 정강 · 정책이 혁신정당을 능가한다고 비판한 것인데, 여기에서도 혁신의 정치적 내용에 관한 당시의 통념이 드러나 있다.

구파(민주당 구파) 신당[295]의 정강 · 정책은… 혁신정당이 아연하리만큼 과감한 정책을 모색하고 있다. …공개된 정강 · 정책의 골자로는 1) 경제정책에 있어 사기업의 국유화와 사유재산의 통제를 강화한 혼합경제체제를 택한 점, 2) 통일방안은 유엔 감시하의 남북총선거를 원칙으로 하되 비정치인의 남북 교류, 서신 왕래 등의 적극적인 방법을 택함으로서 공산 측보다 '이니셔티브'를 잡자는 것, 3) 외교정책에 있어서는 종래처럼 미국 일변도식 의존 외교를 지양하고 아세아 · 서구 등 자유 우방과의 광범한 국교로 그 폭을 넓히자는 것, 4) 사회복지정책에 있어 노동보험제와 농촌 복지 향상을 위해 연간 예산의 1할 이상을 복지정책에 쓰도록 규정하자는 것 등이 그 특색으로 되어 있다는 것이다.[296]

다시 말해 당시 혁신은 사기업의 국유화 및 사유재산 통제를 강화한 경제체제, 유엔 감시하의 남북 총선과 비정치적 남북 교류 추진, 미국에만 의존하는 외교에서의 탈피, 노동자와 농민의 복지 향

---

295 자유당정권이 무너지고 민주당이 집권하면서 민주당은 신파와 구파로 갈라졌다. 구파는 민주당의 전신인 민국당 출신 야당 인사들이 주축인 반면, 신파는 무소속 · 자유당 출신 인사들로 구성되었다. 신파의 핵심은 장면과 홍사단계 인사들로서 친미적 성향이 강했다. 1차 내각을 구성할 때 구파의 윤보선 대통령이 총리로 지명한 장면이 신파 일색으로 내각을 구성하자, 구파는 민주당을 탈당하여 신민당(新民黨)을 창당했다.
296 「혼합경제 · 남북 교류 등 : 혁신정당이 무색할 진보적 정책 모색」, 『경향신문』, 1960. 11. 4, 석간 p.1.

상을 위한 예산의 강제 배정을 포괄적으로 뜻하는 말이었다.

그러면 1950년대의 진보당부터 4·19혁명 직후의 사회대중당·사회혁신당·통일사회당·한국사회당을 거쳐 1980년대 초의 민주사회당1981·신정사회당1982에 이르기까지 혁신을 내건 정당들이 표방한 이념과 정책을 종합해 볼 때, 1980년대 초까지 한국의 정치적 담론에 등장한 혁신의 정치적 내용은 크게 두 가지다.

첫째, 서구식 사회민주주의다. 혁신은 공산주의혁명과 파시즘의 폭력 및 계급 독재를 모두 부정하는 동시에 자본주의 시장경제와 사회주의 계획경제를 혼합시킨 체제로의 전환을 뜻하는 말이었다. 한편으로는 자본의 탐욕을 통제하고 다른 한편으로는 공산독재의 획일성과 경직성을 배격하면서 인간 중심의 분배 정의를 실현하려는 유연한 체제의 기획을 뜻하는 말이었다.

둘째, 미소냉전에 종속된 한반도의 처지에서 국제 관계가 빠질 수 없다. 혁신은 보수적 제도정치권에 만연한 미국우선론과 북진통일론 대신 국제사회 전체에 대한 균형 외교와 평화적인 남북통일을 지향하는 이념이었다.

그러면 민주화 및 탈냉전이 시작되기 이전에 '혁신'의 이름을 걸고 나온 주의·주장과, 민주화가 시작된 이후 민중의 당1988, 한겨레민주당1988, 민중당1990, 한국노동당1992, 국민승리21 1997, 청년진보당1998, 민주노동당2000 등이 '진보'의 이름을 걸고 내건 주의·주장을 비교해 보자. 1980년대 후반만 해도 진보는 반독재·반외세·반기득권, 다시 말해 자주·민주·통일을 표상하는 수사였다. 초기 혁신의 핵심이었던 사회민주주의는 아직 전면에 내걸지 않았다. 반독재·민주화시대의 진보는 민주화가 우선 과제였기 때문이다.

진보적 대중 정당의 '진보'란 흔히 이해되는 '혁신＝사회주의, 사회민주주의'와는 다르다. 여기서의 '진보'란 한국사회의 '보수'(독재와 외세에 대한 굴종, 사회적·경제적 기득권의 유지) 구조를 척결하여 민족자주와 정치적 민주, 평화적 통일을 실현한다는 의미이다.

…이는 사회주의 또는 사회민주주의와는 다르다. 진보적 대중 정당의 역할과 임무는 다음 6가지로 대별된다. 첫째, 기존 야당이 민주화투쟁의 의지를 상실해 가는 조건에서 광범한 대중 접촉을 통해 범국민적 민주화운동에 기여해야 할 것이다.

…넷째, 각종 선거와 의회 공간에서 민주화운동 진영의 통일적인 대응을 주도할 것이다.

다섯째, 보수야당과 함께, 그리고 보수야당을 견인하여 '민주대연합'을 형성하는 데 기여할 것이다.[297]

그러나 냉전의 종식, 공산권과의 수교, 남북 관계의 해빙 기류를 타고 진보의 무게 중심이 반독재·민주화에서 노동·민중·자주·통일·평화로 이동했다. 한미 관계에 대한 재인식과 노동운동의 조직화 추세 등 변혁기의 여론과 정세 변화를 반영하여 진보 개념이 재설정된 것이다. 이렇게 해서 재설정된 1990년대 이후의 진보를 1950∼1960년대의 혁신과 비교하면 다음과 같다.

첫째, 진보는 과거의 혁신과 마찬가지로 농민·노동자를 기층

---

297 「대중운동 활성화가 핵심 역할 : 확대된 정치 공간 활용할 '실천' 필요」, 『한겨레신문』 1989. 11. 21, p.3. 인용한 부분은 이 기사 가운데 진보정당준비모임의 장기표 기획책임간사의 발표 요지이다.

민중으로 본다. 다만 소위 독점자본주의시대의 기층민중은 노동계급이므로 진보의 핵심 기반은 1차적으로 노동이다.

둘째, 극좌와 극우를 배격한 초기의 혁신과 달리 진보에게는 극우와 우파만 수구 · 냉전이며 타도의 대상이다.

셋째, 시장경제와 계획경제가 혼합된 서유럽식 사민주의를 지향한다는 점에서는 진보도 혁신과 다를 바 없지만, 재벌 해체와 같은 근접 목표를 제시한다는 점에서는 혁신과 다르다.

넷째, 혁신과 진보의 결정적인 차이점은 대외관과 북한관이다. 과거의 혁신은 남북 대화, 한반도 평화 민족통일을 전면에 내세웠다. 반공, 승공, 북진 통일이 대세인 냉전적 현실에서는 이것이 유일한 대안이었기 때문이다. 반면 탈냉전시대의 진보는 북핵 문제를 둘러싼 북한과 미국의 대결, 햇볕정책, 남북 정상회담과 같은 국제 정치적 의제를 주제 삼아 반미 · 자주와 반미 · 친북을 앞세웠다. 혁신이 강조했던 남북 대화와 통일에 대북 지원을 추가한 것은 물론이고, 미국 의존 외교를 지양하고 전방위 균형 외교로 전환하자던 과거 혁신의 거시적 비전이 대미 종속 탈피, 반미 · 자주, 미군 철수 등의 미시적 처방으로 바뀌었다. 혁신이 진보로 바뀌면서 한반도 문제가 한미 관계의 문제로 좁혀진 것이다. 1980년대 이전의 혁신이 한반도 문제를 한반도 내부의 문제로 보고 접근했다면, 1980년대 이후의 진보는 미국 대외정책과 한미 관계 자체를 한반도 문제의 근원으로 본 것이다.

다섯째, 혁신이 진보로 바뀌면서 복지와 여성 문제에 대한 정치적 고려가 커졌다. 예컨대 1950년대의 혁신정당이 예산의 10퍼센트 확보를 복지정책의 목표로 삼았다면, 2000년대 민주노동당은 국가 예산의 20퍼센트 확보를 목표로 삼았다. 또 여성 구청장이 "노동자들의 집단 계급투표"로 당선된 것도 진보정치의 중요한 측면으로 대두했다.[298] 다소 거칠지만 정치적 내용을 기준으로 해서 1980년대 이전의 혁신과 1990년대 이후의 진보를 비교하면 다음 표와 같다.

표 4. '혁신'과 '진보'의 비교

구분	혁신(1950~1960년대)	진보(1980년대 이후)
기층민	농민, 노동자, 상공인	노동자
이념	평등, 사민주의, 극좌 · 극우 동시 배격	평등, 사민주의, 극우/'수구 · 냉전' 배격
경제	사회적 소유, 시장경제 + 계획경제	사회적 소유, 분배 정의, 재벌 해체
정치	반독재, 민주화	반독재, 민중민주주의, 보안법 폐지
남북 관계	대화, 평화통일	대화, 대북 지원, 친북
외교	미국 의존 탈피, 균형 외교	대미 종속 청산, 반미 · 자주, 미군 철수

혁신이 진보로 이름을 바꾸고 그 내용이 일부 변하면서 보수라는 개념의 정치적 내용도 새로 설정되었다. 물론 이것은 민주화와 탈냉전 초기에는 진보 쪽 담론이 보수라는 개념의 정치적 내용을 일방적으로 정했기 때문에 가능했다. 그 까닭은 다음과 같다. 우선 민주화 초기에는 진보의 대항 개념으로서 보수를 자처하는 세력이 제

298 「울산 동구의 새 실험 진보정치 씨앗이 움튼다 : 노동자들 집단 계급투표 구청장 진보세력 잇단 당선 붕당정치를 깨기 '작은 반란' 총선 · 대선 이어질지는 의문」, 『한겨레신문』 1999. 12. 13, p.17 참조.

도정치권 바깥에 거의 없었다. 보수라는 정치적 개념을 설득과 선전의 수단으로 삼을 만한 세력도 담론도 없었으므로 개화 이후 1백 년간 일상어 보수에 퇴적된 부정적 이미지, 즉 완고 · 수구 · 타성 · 무능 · 무지가 정치적 보수 개념에 자연스럽게 투사되었다. 그 결과 진보는 미래의 비전인 대화, 평화, 자주, 반미를 표상하고 보수는 과거의 남북 대결, 냉전, 친미를 표상하게 된다.

보수 담론과 보수세력이 보수 개념의 복권을 시작한 1990년대 중반 이전에는 진보가 변혁의 도덕적 헤게모니를 독점하다시피 했다. 보수는 정치적 무능과 도덕적 무감각을 뜻하는 개념이 되었고 진보의 상대역에 불과했다. 김대중정권의 대북포용정책을 둘러싼 정치적 대립이 격화되면서 보수의 내용에는 냉전 · 수구가 추가되었고, 2000년 민주노동당 창당을 전후해서는 반노동 · 반민중이 보수의 내용으로 추가되었다. 분단과 건국 이후 40년간 혁신의 담론과 대등하게 맞선 기억도 경험도 없는 제도정치권은 남북 관계, 주한 미군, 대미 외교, 5공청산, 노동정책, 교육정책 등 모든 영역에서 보수라는 말이 역사의 진보를 훼방하는 수구의 표상으로 전락하는 것을 지켜보아야 했다.

보수 개념의 복권 : 수구와의 결별

민주화와 탈냉전 초기에는 보수와 수구가 한국현대사의 정치적 그늘을 표상하는 대표 개념이었지만, 1990년대 중반부터는 진보의 이념적 위험성을 지적해 온 보수세력이 보수 개념의 정치적 복권 작업에 착수했다. 도덕적으로 수세에 몰려온 보수를 산업화, 민주화, 선진화를 표상하는 적극적 개념으로 전환하려는 시도였다.[299] 그 결과 민주화 초기에는 일방적으로 그 가치를 박탈당한 보수라는 말이 보수세력의 적극적 보수 개념과 진보세력의 부정적 보수 개념으로 갈라졌다. 보수라는 말을 적극적인 정치적 개념으로 복권시키기 위해 보수 담론이 가장 먼저 한 일은 보수를 수구와 구별하는 것이었다. 이와 동시에 일방적으로 평화, 민주를 표상하는 개념으로만 쓰여 온 진보를 친북, 종북, 좌파를 표상하는 개념으로 쓰기 시작했다. 먼저 보수를 수구와 분리시킨 과정을 보자.

김영삼정권 초기에는 북한을 평화 세력으로 규정했다. 1993년 초부터 비전향 장기수 이인모를 북한으로 송환하는 등 남북 대화 무드를 조성하는 데에도 적극적이었다. 그러나 제1차 북한 핵 위기가 불거지면서 대화의 명분과 정당성이 약화되었다. 1994년 7월에 예정된 남북 정상회담은 김일성이 사망하면서 취소되었다. 오히려 김일성 사망 직후 불거진 조문파동을 둘러싸고 보수와 진보의 대립이 격화했으며, 이 과정에서 우파는 진보=친북이라는 등식을 꺼내 들고 반격에 나섰다. 그리고 경멸적으로 다루어지던 보수를 온당한 개혁을 수용하는 적극적인 정치 개념으로 복권시키려고 나섰다. 민주화 과정에서 수구와 동일시된 보수를 자유민주주의의 핵심 이념으로 복권시키려는 것이었다.[300] 보수에서 수구의 이미지를 떼어내

---

299 2005년 이후만 다룬 것이기는 하지만, 『조선일보』와 『동아일보』가 '보수'를 민주화·선진화·산업화를 표상하는 말로 쓰고 '진보'를 친북·반대한민국을 표상하는 말로 쓴 추세에 대해서는, 이항우(2011), 「이념의 과잉: 한국 보수세력의 사회정치 담론 전략(2005~2006년, 2008~2009년)」, 『경제와 사회』 제89호, pp.247~253 참고.
300 1990년대 중반부터 보수를 자처하거나 개혁보수, 온건보수를 내세우는 단체와 운동이 본격화한 원인에 대해서는 대체로 합의되어 있다. "보수주의가 제도정치권을 넘어 시민사회 일반

고 근대화, 선진화, 산업화, 민주화를 표상하는 핵심 키워드로 복권시키기 위해 우선 보수 앞에 개혁, 온건, 중도, 양심과 같은 다양한 수식어를 달았다.

사실 진보 진영이 변혁 담론을 독점해 온 데 대한 우파의 불만은 1980년대 후반부터 나오기 시작했다.[301] 우파 논객과 정치인이 모여 만든 『한국논단』은 보수, 우익을 자처하면서 김영삼정부의 대북정책, 개혁정책, 역사바로세우기를 좌경으로 규정하는 등 공세에 나섰다.[302] 그러나 보수 개념의 본격적 복권은 1994년 7월 김일성 사망 직후 벌어진 조문파동과 7월 18일 청와대 오찬에서 나온 서강대 박홍 총장의 주사파 발언, 그리고 1996년 봄에 치러진 4·11총선을 차례로 거치면서 시작되었다.[303]

에서 명시적이고 적극적으로 주장되기 시작한 것은 1990년대 후반 특히 김대중정부에 의한 역사상 최초의 평화적 정권 교체로 인해 군부정권 이래 집권을 계속해 온 보수세력이 제도정치권에서 정치적 영향력의 위축을 경험하기 시작하면서부터였다고 할 수 있다. 김영삼정부시기까지만 해도 보수세력은 정치적 권력은 물론 사회적·경제적 권력을 거의 독점하고 있었기 때문에 이념적인 자기무장을 할 필요가 없었다. 또한 보수세력의 이념적 자기무장 시도는 냉전의 종언이라는 세계사적 변화와 함께 김대중정부가 북한과의 관계 개선을 위한 햇볕정책을 적극적으로 추진하고 남북 정상회담의 개최 등으로 남북 관계가 획기적으로 개선됨에 따라 한국 보수주의 이념을 뒷받침하던 핵심 이데올로기인 반공·반북주의가 그 뿌리부터 위협받게 되었다는 이념적 현상과도 직접 연관되어 있었다"[강정인(2008), 「개혁적 민주정부 출범 이후(1998~) 한국의 보수주의 : 보수주의의 자기쇄신?」, 『사회과학연구』 제16집 제2호, pp.11~12].

301 양동안(1988), 「이 땅의 우익은 죽었는가」, 『현대공론』(1988. 8) ; 복거일(1990), 「보수주의 논객을 기다리며」, 『현실과 지향 : 한 자유주의자의 시각』, 문학과지성사.

302 그러나 『한국논단』은 보수 개념이나 보수주의 이론에 크게 관심이 없었다. 주로 햇볕정책을 비판하는 과정에서 보수는 '친북좌경'의 반대말로 개념화되었다. 보수, 우익을 남북 관계에 주로 적용하는 협소한 개념으로 본 것이다. 『한국논단』에 대해서는, 서병훈(1999), 「제2장 한국 보수주의의 성격과 발전 방향」, 김병국·김용민·박효종·서병훈·함재봉, 『한국의 보수주의』, 인간사랑, pp.80~93.

303 1996년 총선을 앞두고 보수논쟁이 일어난 배경은, 첫째 친북 성향을 드러낸 운동권에게 불만을 갖고 있던 보수세력이 소련 붕괴 이후 반격의 명분을 얻었다는 점, 둘째 김영삼정부의

먼저 1994년 7월 4일 김일성 사망 직후 민주당 일각에서 평양에 조문사절단을 보내자는 의견이 제기되었다. 이부영 민주당 최고위원이 국회 외무통일위원회에서 북한체제를 협상과 협의의 상대로 본다면 같은 민족으로서 조문단을 파견할 의사를 북한에 표명할 뜻이 없는지 물으면서 소위 조문논쟁이 촉발되었다. 한반도 평화를 위해 조문단을 보내야 한다는 민주당과 민족상잔의 비극을 일으킨 장본인을 조문하는 것이 부당하다는 민자당의 논쟁이 시작되자, 조문 찬성론자들은 냉전 종식 이후에 대두한 보수＝수구＝냉전이라는 카드를 꺼내들고 조문 반대론자들을 비난했다.

그러나 북한 핵 문제를 비롯한 다양한 이유로 김영삼정부의 대북정책이 역풍을 맞고 있는 상황에서 조문론은 여론의 지지를 받지 못했고 그동안 수세에 몰린 보수세력의 반격이 시작되었다. 그런데 보수＝수구＝냉전이라는 등식을 부정하려면 민주화 이전의 냉전적 보수세력과 민주화 이후의 보수세력을 구별해야 했다. 수구와 보수를 구별하고 보수라는 개념을 자유민주주의의 핵심으로 복권시키려는 시도가 시작된 것이다.

보수를 자처하면서 출범한 김영삼정권의 개혁에 대한 반발을 '수구'로 부르는 등 보수와 수구의 구별이 이미 진행되고는 있었지만, 양자의 차이점을 뚜렷하게 부각한 결정적 계기는 1996년의 4·11총선 과정에서 불거진 원조보수논쟁이다. 원조보수논쟁은 자유민주연합 이하 '자민련' 이 김영삼정부를 사이비보수로, 자민련을 진정한 원

대북정책과 역사바로세우기 등 개혁정책에 대한 반발이 누적되어 왔다는 점이다. 서병훈(1999), 앞의 논문, pp.96~97.

조보수로 규정한 1996년 2월 28일의 소위 보수 선포식으로 촉발되었다.

　자민련의 전신인 신민주공화당은 이미 1990년 한국에서 보수가 무엇인지 그 의미를 규정한 바 있다. "민족 역사와 문화 전통에 대한 존경, 종교적 신앙과 전통적 도덕의 강조, 자유 진영과의 유대 강화 및 국제화에 동조, 자유경쟁을 바탕으로 한 자본주의경제 질서의 신봉"을 보수로 규정하고 혁신을 그 반대로 본 것이다.[304] 이처럼 막연하기만 한 보수 개념을 보다 분명하게 하기 위해 신민주공화당의 김종필 총재는 한국전쟁 때 기피하거나 달아나는 등 행동이 의심스러운 자들은 보수를 논할 자격이 없다고 주장했다. 반공^{반북}이 보수의 핵심임을 강조한 것이다. 아울러 냉전 종식 이후 반공, 반북의 색조가 옅어진 김영삼정부를 사이비보수라고 비난했다.[305] 당시 자민련의 주장은 아래에 잘 나타나 있다.

　　자민련이 본격적인 '이념 전쟁'을 준비하고 있다. 김종필 총재는 오는 27일 열리는 제1차 중앙위원회 전체회의에서 현 정국의 이념적 혼란을 지적하고 진정한 보수세력의 필요성을 역설하는 '보수화 특별선포식'을 가질 예정이다.

　　…자민련의 한 관계자는 "세계적인 조류로 볼 때 보수 회귀의 경향이 나타나고 있으나 한국 보수주의는 이론적으로 정립되지 않은 채 정치 선전·선동적 용어로만 쓰이고 있다는 점을 냉철하게 비판하는 데 주안점을

---

304 「보혁의 허실」, 『한국일보』 1990. 1. 19, p.3 참조.
305 「원색적 '색깔논쟁' : "흑색 분자"에 "쿠데타 주역" 맞불 DJ 군 경력 싸고 이전투구 가열」, 『경향신문』 1995. 10. 4, p.3 참조.

둘 것"이라고 말했다. 예컨대 정치적 보수주의자들이나 정당이 전혀 보수
적 색채와 거리가 먼 경제·사회정책을 주장하는가 하면, 반대로 진보주의
자들이 '작은 정부, 저율의 세금' 등 보수 기조의 경제정책을 공약으로 내세
우는 등 보수·진보의 이념적인 혼란을 비판한다는 것이다.

　　따라서 자민련은 각 정당이… 보수를 표방하고 있는 것은 하나의 득표
전략에 불과하다는 점을 강조하면서 자민련만이 정통 '온건보수' 세력임을
주장할 방침이다.

　　이를 위해 자민련은 전통적인 이념과 가치 중에서 지킬 만한 것은 지키
고 고칠 것은 과감히 고쳐 나간다는 점을 집중 강조하면서 보수라는 용어
도 될 수 있으면 새로운 용어로 바꿔 나간다는 계획이다.[306]

　　원조보수를 자처한 자민련이 김영삼정권을 사이비보수라고 공
격하자, 개혁적 보수를 자처한 김영삼의 신한국당은 자민련이야말
로 사이비보수라고 맞받아쳤다. 개혁, 온건, 중도를 표방한 신한국
당이야말로 보수이며 자민련의 본질은 수구라는 것이었다.[307] 다소
길게 인용한다.

　　신한국당과 자민련의 보수논쟁이 당의 운명을 건 전면전으로 확대되고
있다. 이번 기회에 누가 진짜 보수인지 가려내자며 아예 끝장을 볼 기세다.

---

306 「자민련 27일 '보수선포식' 관심 "정통보수 우리뿐" 이념 전쟁 시동 : 진보세력 논리 적극 대
　　응 신세대적 보수이론 정립도」, 『한겨레신문』 1996. 2. 21, p.5.
307 보수와 수구의 결별이 현실화한 것은 2003년 여름 6·25대회 이후라는 견해도 있다. 이때부
　　터 일부 보수단체가 극우단체의 극단적인 행동에 불참하기 시작했다는 것이다. 이나미(2004),
　　「한국의 보수단체의 이념적 분화」, 『시민사회와 NGO』 제2권 제2호, 한양대학교 제3섹터연
　　구소, pp.155~156.

자민련이 27일 총선출정대회에서 보수정치선포식을 갖고 유일 보수정당임을 자처하고 나서자 신한국당은 즉각 자민련을 사이비보수로 몰아세우며 대대적인 역공을 가하기 시작했다. …자민련 김종필 총재는 역사바로세우기 등 김영삼 대통령의 개혁정책을 "나라를 분열시키고 대한민국의 정통성을 부정하는 일"이라고 규정하면서 "참다운 보수정당은 자민련뿐"이라고 주장했다. 김 총재는 "오른손에는 우파를 잡고 왼손에는 좌파를 붙들고 있는 회색 정당", "보수주의를 보신주의로 이용하고 있는 위장 세력"이라고 신한국당을 거세게 몰아쳤다. 신한국당도 김윤환 대표위원, 이회창 선대위의장, 박찬종 수도권선대위원장, 김철선 대위대변인 등이 전면에 나서 자민련의 공격에 맞섰다. 김 대표는 "한국 정통보수의 원류는 집권당 내 보수세력"이라고 강조했고 이 의장은 "신한국당만이 진정한 보수를 대표하고 있다"고 주장했다. 또 김 대변인은 "자민련의 보수선언은 프랑스혁명 후 왕당파 잔당들을 상기시키는 반동적 발상"이라면서 "역사바로세우기는 자민련 같은 정치 세력이 쿠데타와 독재정치를 통해 훼절시킨 역사를 바로잡는 작업"이라고 비난했다. 보수논쟁이 이처럼 과열되고 있는 것은 양당 모두 보수중산층을 주요 지지 기반으로 하고 있기 때문이다. 신한국당은 과거 친여 성향을 보였던 TK지역과 안정희구 세력의 투표 행태가 자민련의 등장으로 불확실하다는 판단에 따라 이들을 끌어들이기 위해 자민련을 수구적 반개혁 세력으로 공격하며 차별화를 시도하고 있다.[308]

역시 개혁적 보수를 표방한 김대중의 새정치국민회의도 "군사쿠데타로 민주정부를 전복시킨 수구반동은 보수를 말할 자격이 없

---

308 「지역 감정 자극 : 보수논쟁 기열」, 『국민일보』 1996. 2. 28, p.3.

다"고 나섰고,[309] 진보적 매체들도 자민련이야말로 진짜 수구라고 들고 나왔다.

　　자민련은 27일 중앙위 전체회의를 열어 4 · 11총선에서의 필승을 다짐하며 그동안 준비해 온 '자유민주인의 선언'을 발표했다. 선언문은 이 시대의 진정한 가치는 보수에 있고, 참된 보수정당이 한국 정치의 중심에 서야한다며 자유 · 자율경제, 복지사회, 의원내각제, 역사 단절 거부, 전통 가치 보존, 자유민주체제 통일 등 6개항의 정치강령을 제시했다. 총선을 앞두고 국민들의 보수화 정서에 편승해 정당들이 뚜렷한 정치철학도 밝히지 않은 채 저마다 '보수'를 표방하는 등 이념적 혼돈이 극심한 가운데, 비록 득표 전략의 일환이겠지만 정치적 지향을 확실히 하는 것 자체를 나무랄 일은 아니다. 문제는 자민련이 표방하고 있는 '보수'가 진정한 의미의 보수주의이고 자민련을 이끌고 있는 김종필 총재나 구성원들이 과연 보수를 대변할 자격이 있느냐 하는 점이다.

　　보수와 진보에 대한 개념은 학자들마다 약간씩 차이가 있지만, 현 체제에 대한 가치판단과 이를 지키는 데 중점을 두느냐 변화시키는 데 역점을 두느냐에 따라 나누기도 한다. 어느 쪽에 가치를 두는가는 철학이나 이념적 성향에 따르는 것이므로 좋고 나쁘고를 일률적으로 재단할 수는 없겠다. 그러나 한 시대를 역행시킨 분명한 과오가 있고, 또한 현재도 역사의 흐름을 뒤로 돌리려는 수구세력들이 말하기 좋게 '보수'를 내세워 국민을 현혹하는 것은 비판받아 마땅하다. 한 정치 세력의 이념은 그들이 하는 말로만 판단

---

309 「원색적 '색깔논쟁' : "흑색 분자"에 "쿠데타 주역" 맞불 DJ 군 경력 싸고 이전투구 가열」, 『경향신문』 1995. 10. 4, p.3.

할 일이 아니라 현실 정치 속에서 그들이 어떤 일을 했고 또 하고 있는지를 검증해 봐야 하기 때문이다.[310]

총선을 앞둔 득표 전략으로 시작된 이 논쟁이 결과적으로 보수를 수구와 분리시키는 계기가 된 것이다. 보수가 개혁을 전제로 하는 개념이라는 서구의 보수관도 이 과정에서 확산되었다. 개혁이 대세인 당시의 상황에서 이 서구의 보수관을 확산시키는 일은 보수를 자유민주주의를 구현할 적극적인 개념으로 복권시키는 데에도 필수적이었다.

김종필 총재의 자민련이 보수원조를 자처하며 신한국당의 역사바로세우기, 제2건국 등의 개혁을 급진주의의 탈을 쓴 파괴주의라고 공격하고 나서는 데 이르러서는 상당한 혼란과 모순을 느끼게 된다. 다른 사람이라면 몰라도 헌정을 파괴한 쿠데타 주동자인 김 총재가 그런 비판을 할 자격이 있는지가 의문이다.

…보수주의란 상대적인 개념이며 체제를 변환하는 혁명이 아닌 보완 내지 강화하는 개혁은 보수의 수단이다. 김영삼 대통령의 개혁은 자유민주주의체제를 저해하는 비민주적인 요소를 고치는 것이었지 체제를 파괴하는 것은 아니었다. …김 총재 세력은 김 대통령의 개혁으로 그들의 과거 역사와 자신들이 누려 온 기득권이 상실되는 불편을 파괴주의로 과장하거나 그들이 만들었던 구체제의 수호를 보수라고 오해하고 있는지 모르겠으나 그것은 수구의 오도된 보수밖에 안 된다.[311]

310 「'자민련식 보수론'의 허구」, 『한겨레신문』 1996. 2. 28, p.3.
311 「오도되고 있는 보수주의」, 『서울신문』 1996. 2. 29, p.3.

보수 매체들도 보수와 수구의 차별화에 앞장섰다. 자민련을 보수가 아닌 수구라고 비판하는 일에는 진보와 보수의 구별이 없었다.

총선 40여 일을 앞두고 정치권에 때아닌 보수논쟁이 불붙고 있다.

…먼저 싸움을 건 자민련 김종필 총재의 언사부터 듣기에 거북하다. 여권의 역사바로세우기는 개혁의 탈을 쓴 급진파괴주의, 극우와 극좌가 함께 동거하는 정당, 국론 분열 행위, 위장 보수 등등 원색적 용어를 서슴지 않았다. 보수 원류를 자처하는 것도 그렇지만 청산 대상인 과거의 미화까지 보수로 볼 수는 없을 것이다. 신한국당의 맞대응도 마찬가지다. 지도부가 총동원돼 군사독재 권위주의 세력의 위장 보수, 수구의 표본, 반동적 발상이라고 자민련 측을 몰아치고 있다.

…자신들이 보수정당임을 강조하는 것은 나무랄 수 없다. 그러나 무얼 위한 보수이며 또 어떻게 하는 것이 진정한 보수인지에 대한 이념 정립이나 나아갈 바 지향점을 제시하지 못한 채 단지 표 낚기 전략으로만 보수주의의 어휘를 남발하려 든다면 곤란하다.[312]

이 무렵 등장한 신보수라는 말은 이런 분위기를 반영한 것이다. 1996년 총선 당시 신한국당은 자신의 개혁적 보수를 자민련의 수구적 보수와 구별하기 위해 신보수주의라는 간판을 들고 나왔다. 물론 보수라는 말에 따라붙는 수구 이미지를 떼기 위한 방편이었다.

신한국당은 3당통합을 통해 탄생한 정당이며 나는 구 여권 세력의 힘을

---

312 「역겨운 보수논쟁」, 『동아일보』 1996. 2. 29, p.3.

모아 이 정권을 창출하는데 기여했다고 자부해 왔어. 그리고 이제는 양심 있는 구 여권 세력, 합리적인 민주투쟁 세력, 테크노크라트가 힘을 합쳐 '신보수'를 형성해야 할 시기라고 생각해.[313]

이처럼 1990년대 중반부터 보수는 개혁, 중도, 온건을 표방하면서 수구 이미지와 결별하기 시작했다. 종전의 수세적 개념에서 정치 개혁을 주도할 공세적 이념으로의 전환을 시작한 것이다. 보수라는 말이 온건 · 개혁과 결합하게 되자, 진보 담론도 강경 우파를 공격할 때만 수구를 쓰기 시작했다. 원조보수논쟁 이후 『한겨레신문』이 보수_온건, 개혁와 수구_반동, 냉전의 구별을 강조한 것은 그 좋은 예다. 물론 이것은 보수세력과 보수 개념을 복권시키기 위해서라기보다는 보수와 수구를 구별해야 할 시대적 필요성 때문이었다. 그러나 어쨌든 보수 진영 내에서 시작된 보수/수구논쟁과 보수 개념의 복권 작업에 진보 매체가 동참한 셈이다. 몇 가지 사례를 들면 다음과 같다.

그러므로 현 정권의 정치적 대립 구도는 '혁신 대 보수'가 아니라 '보수 대 수구반동'이다.

여기서 보수란 "양 김으로 대표되는 세력"이다. 수구반동이 누구를 가리키는지는 자명하다.

…최근 자민련이 촉발한 보수논쟁은 국민들의 오랜 진보 기피 의식을 자극해 보수적 개혁마저 좌초시키려는 수구세력의 정략적 공세에 불과하다.

313 「4당 대표에 듣는다. 김윤환 편」, 『조선일보』 1996. 2. 1, p.43.

정 교수의 말을 빌리자면 그것은 "수구세력에 의한 담론의 선점"이다.[314]

전두환·노태우 씨 공판정에서 벌어진 한 사건도 뒤집힌 현실을 반영하는 듯이 보인다. 경찰의 곤봉에 목숨을 잃은 강경대 군의 아버지가 그 곤봉의 폭압을 지휘한 자들의 아들과 가족에게 집단으로 폭행과 수모를 당했다.
···재판정의 어설픈 모습은 오늘의 정치·사회 상황을 반영하는 것이다. 정치권은 일반적으로 과거와 현재가, 선과 악이, 수구와 보수와 진보가 한데 뒤섞여 갈피를 잡을 수 없게 하고 있다. 이것이 국민의 판단과 분별을 혼란시키는 우리 정치의 이념적 지형이다.[315]

보수세력을 껴안은 것이 지지 기반을 넓히기보다는 그동안 엎드려 눈치를 보고 있던 수구세력들이 고개를 내미는 빌미를 제공했음을 알아야 한다.[316]

개혁은 힘에 바탕 해야 가능하다. 김대중정부의 개혁을 지지할 세력은 그의 전통적 지지 세력인 노동자, 농민, 서민, 중산층, 중소기업인일 수밖에 없다. 그러나 김대중정부는 이들보다는 오히려 수구세력과 보수층, 그리고 취약 지역의 지지를 확보하는 일에 더 몰두하는 듯하다. 혹시라도 이런 행동이 자신의 지지 세력들은 일시적으로 비판 세력이 될지는 몰라도

---

314 「설레발치는 '자칭 보수' 진짜 얼굴은 '수구반동' : 현대사 속 '보수' 성장 더뎌··· '진보 기피' 자극 정략적 공세」, 『한겨레신문』 1996. 3. 12, p.15.
315 「폭력 쓰는 '폭력'의 아들」, 『한겨레신문』 1996. 3. 13, p.3.
316 「서상목 충격 개혁으로 뚫어야」, 『한겨레신문』 1999. 4. 9, p.5.

결국 자신의 우군으로 남을 수밖에 없다는 계산 끝에 나온 것이라면 그것은 큰 오산이다.[317]

한나라당 새 지도부는 앞으로 시대와 동떨어진 수구냉전적 노선과 사고틀에서 진정으로 탈피해 건전 보수정당으로 거듭 태어날 수 있도록 이끌어야 한다. 과도체제로서 한계가 있겠으나 이번에 크게 각성해 정체성을 새롭게 확립하고, 끊임없이 혁신하려는 자세를 갖추지 않는다면 더는 기회가 없을 것이다. 민주당 또한 개혁 전통의 정체성을 되찾는 것이 사는 길이며, 이런 지경에 이른 원인이 무엇인지 겸허하게 반성해야 한다.[318]

한나라당이 열린우리당 소속 의원들의 주도로 입법이 추진돼 온 '남북관계발전 기본법안' 제정에 긍정적인 반응을 보였다. …아직 당론으로 확정된 것은 아니나 수구냉전 의식에서 벗어나 개혁적 보수로 당 정체성의 변화를 시도하는 가운데 나오는 움직임이어서 앞으로 경직적인 대북관을 탈피하는 것 아니냐는 기대를 낳는다.[319]

보수라는 말이 온건, 개혁, 중도와 결합하고 서구적 보수 개념에 근접함으로써 수구와의 개념적 간격을 벌여 나간 추세는 통계로 나타난다. 한국언론진흥재단의 기사통합검색서비스KINDS에서 중도와 보수를 묶어 쓴 기사의 건수를 조사해 보면, 1990년대에는 총 2,322건

317 최영태(1999), 「개혁세력과 연대하라」, 『한겨레신문』 1999. 7. 14, p.9.
318 「민의 따르는 자세로 거듭 나길」, 『한겨레신문』 2004. 3. 24, p.27.
319 「대북정책 초당적 기구 바람직」, 『한겨레신문』 2004. 4. 28, p.27.

이었지만 2000년대에는 6,576건으로 세 배 가까이 늘었다. 2000년 이후 인터넷 매체가 급증했다는 점을 감안해도 큰 폭의 증가다. 이것은 특히 2000년의 남북 정상회담 이후로 수구가 냉전, 극우, 남북 대결과 같은 말로 쓰이면서 보수라는 말의 중도적 · 개혁적 함의가 상대적으로 부각되었기 때문이다.[320]

그러나 보수가 수구 이미지와 결별했다고 해서 진보라는 말이 민주화 이후 누려 온 도덕적 헤게모니를 탈환하기는 힘들었다. 노무현정부의 '좌 편향'을 비판한 지식인들이 중도보수를 표방하고 결성한 단체의 이름을 구태여 현대 미국의 정치 용어인 뉴라이트New Right[321]로 정한 것은 1980년대 이후의 한국에서 보수라는 말이 짊어져야 했던 도덕적 부담을 의식했기 때문일 것이다.

중도 · 보수 계열의 학자들은 그동안 집단적으로 사회 현안 문제에 대해 목소리를 내는 것을 꺼려 왔다. …그러나 노무현정부 출범 후 이런 개별적인 비판의 목소리가 메아리 없이 묻히자 '개인 플레이'의 한계를 느끼고 조직화 시도에 나섰다. 사회 전반에 확산되고 있는 '좌 편향'을 바로잡는 이론적 근거를 제시하고 있다는 점에서 이들의 움직임은 '뉴라이트'라 할 만하

---

320 참고로 2011년 12월 16일의 민주통합당 창당선언문과 2012년 12월 6일의 통합진보당 창당 선언문과 강령에는 자주, 평등, 주권이라는 말만 나올 뿐 보수, 수구라는 말은 나오지 않는다.

321 원래 뉴라이트(New Right)는 1960년대 미국 민주당의 급진적 평등정책에 반발한 남부 백인 들이 공화당 지지 세력으로 돌아서면서 과거의 우파(Old Right)보다 이념적으로 더 우경화한 미국의 신우파 정치 세력을 지칭하는 것으로서, 현대 미국 정치의 용어다. 뉴라이트운동의 연합체인 뉴라이트네트워크는 2005년 10월 출범했고 여기에 자유주의연대, 교과서포럼, 뉴라이트싱크넷, 자유주의교육운동연합, 북한민주화네트워크, 의료와 사회 포럼, 한국기독교개혁운동(준비모임), 자유네티즌협의회(폴리젠) 등 8개 단체가 참여했다.

다. 특히 소장학자들이 이런 새로운 움직임을 주도하고 있는 것도 주목할 만한 변화다.[322]

정리해 보자. 진보세력의 친북 성향과 반미주의에 반발한 보수 세력은 1990년대 중반부터 서구 보수주의를 한국 보수주의의 롤 모델로 수용했다. 그래서 보수라는 말 앞에 중도, 개혁, 온건과 같은 수식어를 붙였다. 보수를 자유민주주의의 기초 이념으로 복권시키려는 이 시도는 1990년대 중반의 원조보수논쟁을 계기로 본격화했고, 이 논쟁을 거치면서 보수는 수구의 이미지와 결별하기 시작했다. "보수란 자본을 중심으로 자본주의적 시장경제와 자유민주주의체제를 옹호하는 세력이며, 진보란 노동을 중심으로 자본주의적 시장경제의 결함에 주목해 사회민주주의나 사회주의와 같은 대안적 체제를 지향하는 세력"[323]이라는 서구의 보수와 진보 개념을 적어도 이론적으로는 수용한 것이다. 이렇게 볼 때 수구와의 결별은 한국의 보수 개념이 개화 이후 1백 년 만에 비로소 서구화의 길로 접어드는 첫 번째 관문이었다.

돌이켜보면 1990년대 중반에 시도된 보수와 수구의 구별은 동아시아와 한국 근현대사를 통틀어 두 번째 시도다. 첫 번째 시도는 일본과 개화파 지식인들이 서구의 conservative는 온건한 '보수'로 번역하고, 경멸적인 말로 바뀐 '수구'는 동아시아를 포함한 비서구 지역의 고루한 보수파를 가리키는 말로 구별한 것이다. 이렇게 보면

322 「뉴라이트, 침묵에서 행동으로 4 소장 학자들도 나섰다」, 『동아일보』 2004. 11. 11, p.3.
323 「설레발치는 '자칭 보수' 진짜 얼굴은 '수구 반동' : 현대사 속 '보수' 성장 더뎌… '진보 기피' 자극 정략적 공세」, 『한겨레신문』 1996. 3. 12, p.15.

19세기 말 동아시아의 진보적 지식인들이 가졌던 차등적 세계관이 20세기 말 한국 보수 개념의 정치적 복권을 가능하게 한 것이다.

어쨌든 1990년대 중반부터는 보수 대 진보라는 양분 구도 대신 수구 대 보수 대 진보라는 삼분 구도가 한시적으로 등장했다. 그러나 진보를 표방한 노무현정권의 이념적 편파성을 비판하면서 중도 보수를 자처하고 나선 인사들마저 보수 대신 뉴라이트라는 이름을 선택한 데에서 볼 수 있듯이 일상 용어든 정치적 개념이든 개화 이후 1백 년간 보수라는 말에 축적되어 온 부정적이고 퇴영적인 이미지는 쉽사리 바뀌지 않았다.

탈냉전시대의 보수 · 수구 개념

냉전이 끝나 가고 있던 1980년대까지는 수구와 보수를 묶어서 쓰는 일이 거의 없었지만, 1989년 이후에는 진보 담론이 보수와 수구를 한데 묶어 쓰기 시작했다.[324] 추정컨대 그 까닭은 다음과 같다. 하나는 보 · 혁 대결 구도가 대두하고 보수대연합이 성사되면서 보수와 수구는 하나라는 통념이 확산되었기 때문이다. 또 하나는 앞에서 본 것처럼 1990년대 중반 우파 내에서 벌어진 원조보수논쟁, 즉 보수 · 수구논쟁을 다룬 기사와 논설이 쏟아졌기 때문이다. 한국 언론진흥재단의 기사통합검색서비스를 이용하여 조사해 보면 보수와 수구를 함께 쓴 기사와 논설의 건수가 1990년 이전과 이후에 큰

---

324 보수와 수구를 같은 개념으로 묶어 쓴 기사 건수는 1986년과 1987년 각 4건, 1988년 17건, 1989년 45건, 1995년 54건, 1996년 60건으로 늘었다. 네이버 뉴스라이브러리(http://newslibrary. naver.com) 2013. 8. 1. 검색.

차이를 보인다.

1990년대 이전에는 보수와 수구를 애써 구별하지 않았다. 대체로 보수는 여야를 포함한 제도정치권과 1987년 이후의 신권력을 가리키는 말이었고, 수구는 유신시대와 제5공화국을 주도해 온 구지배 세력을 지칭하는 정도로 막연하게 구별했다. 수구가 보수보다 폭이 더 좁은 특정 세력을 지칭하기 시작한 것은 김영삼정권의 개혁이 시작된 1993년부터다. 최초의 문민정부라는 타이틀을 내건 김영삼정권은 하나회를 해체하여 군부의 정치 세력화 가능성을 차단했으며, 공직 비리와 각종 부패를 차단하기 위해 금융실명제를 단행했다. 비리 정치인과 공직자 및 전·현직 고위 장성들을 구속하거나 예편시켰고 12·12사건을 하극상에 의한 '군사 쿠데타적 사건'으로 규정했다. 역사바로세우기라는 이름을 걸고 과거 군사정권이 왜곡시킨 한국현대사를 바로잡는 과정에서 4·19의거는 4·19혁명으로, 그리고 5·16혁명은 5·16군사쿠데타로 이름을 바꾸었다. 또 미전향 장기수를 북으로 송환하고 남북 정상회담을 계획하는 등 정권 초기에는 대북정책도 전향적이었다. 보수를 자처한 정권이 추진하는 개혁에 반발하는 구 세력은 당연히 보수가 아닌 수구로 구별해서 불러야만 했다. 원조보수논쟁이 벌어지기 이전부터 보수와 수구의 개념을 구별할 단초가 미리 마련된 것이다. 그리고 이 무렵부터 보수와 진보를 막론하고 모든 정치적 담론은 수구라는 말을 민주화를 거스르는 정치적 부도덕과 탈냉전에 역행하는 역사적 반동을 표상하는 개념으로 좁혀 쓰기 시작했다.

신문 기사와 논설이 특정 개념을 어떤 빈도로 어떻게 썼는지 보면 정치적 상황의 변화 양상을 알 수 있다. 당장 1993년부터 기사와 논설에서 수구라는 말이 등장하는 빈도가 급증했다. 또 보수 대 진보 또는 보수 대 혁신보다 개혁 대 수구를 대비시키는 양분법이 한동안 유행하기 시작했다. 보수와 수구가 비슷한 말처럼 쓰여 온 현실에서는 보수와 수구의 구별보다 개혁과 수구를 구별하는 것이 더 설득력이 있었기 때문이다. 『한겨레신문』, 『동아일보』, 『경향신문』을 합쳐 개혁 대 수구의 이분법을 쓴 기사와 논설은 1988~1992년은 22건1988, 1992 내지 62건1990에 불과하지만 1993년에는 227건으로 급증했다.[325] 역사바로세우기, 군사독재의 잔재 청산, 미전향 장기수의 북한 송환 조치가 보수정권의 정책인 만큼 이 개혁에 대한 반발을 보수로 비난할 수는 없었기 때문이다. 그래서 수구라는 개념은 유신·5공·군사독재·대북 적대를 뜻하는 말로 그 뜻이 구체화되었다.

그런데 이 수구 개념은 곧 다시 바뀐다. 노태우·김영삼의 보수정권으로 이어지면서 소련·중국과의 수교가 실현되고 남북 관계가 진전되는 등 한반도의 탈냉전이 가시화하자, 수구라는 말의 핵심 개념이 북한을 적대시하는 '시대착오적이고 냉전적인 대결 의식'이 된 것이다. 수구의 개념이 이런 방향으로 바뀔 조짐은 1990년대 초부터 보였지만, 본격적인 수구 개념의 전환을 촉발한 것은 1994년 김일성의 조문을 둘러싼 논쟁과 2000년 6월의 남북 정상회담이다. 김일성 조문논쟁에 이어 남북 정상회담을 둘러싼 논쟁이 격화하면서 진보적 매체들이 앞장서서 대북원칙론 또는 대북강경론을 수구, 냉전으로 지칭하기 시작한 것이다.

325 네이버 뉴스라이브러리(http://newslibrary.naver.com) 2013. 8. 1. 검색

그 결과 보수와 수구, 그중에서도 수구의 정치적 의미가 냉전·반북·반통일·반평화로 확장되었다. 김일성 조문파동 이전에도 '진보＝친북＝대화＝평화＝통일' 대 '보수·수구＝반북＝대결＝냉전＝분단'이라는 개념적 대립 쌍이 나타나고는 있었으나, 적어도 1990년 이전까지는 주요 일간지의 지면에서 냉전과 수구를 같은 말로 취급한 기사와 논설이 거의 없다. 그 당시 수구와 냉전을 묶어 쓴 경우는 주로 탈냉전변혁기의 소련 관련 기사에 국한되었다. 고르바초프와 옐친의 개혁·개방에 반발한 소련공산당 내 보수파를 냉전시대로 되돌아가려는 수구 또는 냉전적 수구세력으로 지칭한 것이다. 이처럼 소련의 좌파보수 세력마저 수구냉전 세력이 된 마당에, 또 보수대연합으로 인해 보수와 수구가 하나로 보이게 된 마당에 수구냉전, 냉전적 보수와 같은 합성어가 독립 개념으로 쓰이기 시작한 것은 특이할 게 없다.

보수, 수구 개념이 이런 방향으로 변하는 추세는 2000년 남북 정상회담 직후 절정에 달한다. 당장 2000년 6월 15일의 남북 정상회담 직후 기사와 논설에서 수구의 등장 빈도가 급증했다. 주요 일간지들이 1990년대 10년간 수구를 쓴 건수는 5,510건인 반면 2000년대 10년간은 1만 4,106건이나 된다. 2000년 이후 언론 지형이 변했다는 점을 감안해도 세 배 가까이 늘었다.[326] 그런데 같은 조건으로 검색했을 때 보수를 쓴 건수는 1990년대에 11만 3,917건에서 2000년대에는 6만 5,345건으로 절반이나 줄었다.[327]

---

326 한국언론진흥재단 기사통합검색서비스(KINDS. http://www.kinds.or.kr) 2013. 2. 12. 검색. '水球'도 포함되었으나 무시할 만한 수준이다.
327 한국언론진흥재단 기사통합검색서비스(KINDS. http://www.kinds.or.kr) 2013. 2. 12. 검색. '補

그러면 탈냉전시대를 맞아 한국의 보수_{수구} 개념이 밟아 온 궤적을 정리해 보자.

첫째, 1990년 이후에도 상대의 도덕성을 공격할 때는 보수와 수구를 구별하지 않거나 아예 겹쳐 쓰는 관행이 계속되었다. 김영삼 정권의 개혁에 반대하는 세력이 가장 먼저 보수 · 수구세력 또는 수구 · 보수세력으로 불리기 시작했다. 이 복합 개념의 의미는 누구도 설명하지 않았지만, 대체로 보수세력의 수구성 또는 퇴행적인 보수세력을 뜻하는 수사로 쓰였다. 예를 들면 다음과 같다.

> 임기의 3분의 1을 넘기는 오늘, 김영삼정부가 매우 어려운 처지에 있음은 논란의 여지가 없다. 한마디로 그것은 개혁의 실종과 보수 · 수구세력에의 의존으로 국민들에게 비친다.
>
> …당시의 결의를 새롭게 하고 국민들의 불안을 '제2의 개혁'으로 감싸 안는 정치력을 보여 주어야 할 중대한 시점에 와 있다고 생각한다. 그것은 복고주의적인 수구 집단과 군사적 정치문화의 당사자들, 곧 개혁의 걸림돌과의 과감한 단절을 전제로 한다.[328]

따라서 국가보안법 폐지나 남북 관계 개선 등 김대중정부의 개혁에 반발하는 것도 수구, 보수였다.

> '민주개혁국민연합(약칭 국민연합)'이 내부 조직 정비를 마치고 본격적인 활

修', '報酬'도 포함되었으나 무시할 만한 수준이다.
328 「'수구'에 밀리는 '문민' : '12 · 12'가 몰고 올 파장 우려」, 『한겨레신문』 1994. 10. 30, p.3.

동에 들어갔다. 국민연합은 과거 재야 민주화운동에 헌신했던 인사들이 한데 모여 현 정부에 '개혁 완수'를 촉구하고 있다는 점에서 주목을 끌고 있다.

…50년 만의 정권 교체로 민주 개혁을 완성할 수 있는 좋은 기회를 맞았지만, 각 분야 기득권 세력의 저항으로 개혁이 좌초될 수도 있는 위기의식이 깔려 있는 것이다. 김상근 공동대표는 "김대중정부의 집권 기반이 취약하고 수구·보수세력의 반발이 거세 개혁 작업에 어려움이 있어 보인다"며 "정부가 올바르게 개혁 작업을 추진하면 힘껏 밀어 주겠지만, 잘못된 길을 걸으면 호된 질책과 비판을 마다하지 않겠다"고 말했다.

…특히 개혁을 방해하는 관료주의를 극복하기 위해 부정부패 공무원을 적발해 공개하기로 했다.[329]

2000년대에 들어서면 노무현정부가 추진한 의문사 진상 규명에 대한 비판도 수구·보수의 반발로 지칭되었다.

열린우리당과 청와대, 정부는 지난 23일 의문사진상규명위원회를 국회 산하로 옮기기로 의견을 모았다. …노무현정부는 의문사위 활동이 대통령에게 부담이 된다는 이유로 이를 정쟁의 와중에 내던지려 하고 있다. 이는 노무현정부가 의문사위 활동을 줄기차게 비난하며 정체성 논란을 조장하는 수구·보수세력에 굴복해 정권의 안정만을 꾀하려는 반역사적인 처사이다.[330]

---

329 「뭉친 재야 '개혁 감시역' 자임 : 국민연합 분격 활동 선언… 87년 3분된 재야 '개혁 명분' 결집」, 『한겨레신문』 1999. 1. 14, p.5.
330 「의문사위 국회 이관 안 된다」, 『한겨레신문』 2004. 7. 26, p.19.

특히 김대중·노무현정권의 대북정책을 친북좌파의 행보라고 공격하는 우파단체들은 수구, 보수의 전형으로 지목되었다.

　　국민행동본부 등 기존의 우익단체뿐 아니라 뉴라이트전국연합과 선진화국민회의 등 이른바 뉴라이트단체들 가운데 상당수가 참석했다. 이들은 이를 '우파대연합', '애국 세력의 대동단결'이라고 불렀다. 그러나 뉴라이트가 가담한 '우파대연합'의 실제적인 내용은 매우 수구적이고 냉전적이었다. 이들은 "친북좌파 세력과 그 비호 세력은 정계와 정권 및 사회 각계를 침투·장악해 자주·평화·통일·민족·진보세력으로 위장하면서 지난 10년 세월 동안 국민을 오도하고 국정과 국헌을 문란시켜 왔다"며, 김대중정권과 노무현정권을 친북좌파로 규정했다. 이에 따라 이들은 "무분별한 대북 지원을 중단하고" "6·15남북공동선언을 폐기할 것"을 요구했다. 남북 화해와 평화가 아니라 대립과 대결 노선을 지향하는 셈이다. 소수 극우 세력이 늘 주장해 온 것과 같다.

　　…뉴라이트 출범에 그래도 관심을 기울였던 것은 이들이 과거 수십 년 집권하는 동안 낡을 대로 낡아 버린 보수·수구세력을 내부에서 어느 정도 개선시킬 수 있으리라는 기대 때문이었다. 그런 구실을 하기는커녕 보수연대라는 허울 아래 퇴행적인 수구세력의 주장에 편승하는 뉴라이트라면 더는 존재할 의미가 없다. 그렇잖아도 복잡한 정치판만 어지럽힐 뿐이다.[331]

　　둘째, 진보 쪽의 담론은 1980년대 말부터 보수를 친미·사대·수구, 그리고 분단·대결·반민주 등 한국현대사의 그늘에 모든 책임

---

331 「뉴라이트 이제 수구냉전 편드는가」, 『한겨레신문』 2007. 3. 2, p.31.

을 져야 할 부도덕한 개념으로 설정했다. 2000년에 창당한 민주노동당도 보수를 한국현대사를 근본적으로 왜곡한 자본, 대미 종속, 분단, 남북 대결의 배경 세력으로 규정했다.

우리 민중이 처한 현실은 참담하기 그지없다. 우리 민중이 쟁취한 민주주의는 부패한 보수정당에 의해 유린당하고 있으며, 생산의 주역인 노동자·농민·서민들의 소중한 노동의 대가는 재벌과 투기꾼들에게 빼앗기고 있다. …이는 바로 자주적 민족통일국가를 좌절시킨 분단의 역사와 만물을 상품화하는 자본주의체제에서 비롯된 것이다. …오늘날 한국 정치는 민주공화국이라는 이름을 내걸었으나, 그 속성은 비민주적·반민중적 억압과 착취를 뼈대로 한 것이다. 또 계급·성별·지연·학벌 등을 빌미로 민중을 배제하고 온갖 차별을 자행하고, 미국에 종속되어 반민족적 행태를 일삼고 있다. 이러한 가운데 노동자를 비롯한 민중은 정치로부터 철저히 배제되었다. 국민들에게 책임을 질 줄 모르는 썩은 보수 정치인들만이 확대 재생산되면서, 정치는 정치꾼들의 투기사업이 되었다. …우리가 목표로 하는 민주정부는 민족의 자주권을 지키며 남북 간 협력적 상호공존을 기조로 자주적 민족통일국가의 평화적 수립을 지향하는 정부이다. …전시작전권을 환수하는 등 미국과의 관계를 새롭게 바꾼다. 미국의 일방적인 압력에 의한 무기 도입을 중단하기 위하여 자주적인 한미 관계를 정립하고 무기 구입처를 미국 중심에서 다른 여러 나라로 다양화한다. 또한 주한 미군 분담금 지원을 중단하고 미군이 우리 땅을 기지로 사용하는 것에 대해 사용료를 청구한다.[332]

---

332 「민주노동당 강령」 2000. 1. 29.

셋째, 1994년의 김일성 조문논쟁이 격화되면서 진보 담론과 당시 야당민주당은 보수를 극우와 하나로 묶었다. 이제 극우보수 또는 보수극우는 북한에 대한 반감, 조건 없는 남북 대화에 대한 반대를 뜻하는 말이 되었다.

> 김(영삼) 대통령 취임 이후 휘몰아쳤던 개혁의 태풍 속에 숨을 죽이고 엎드려 있던 보수세력이 조문논쟁에 편승해 맹목적인 극우의 목소리를 높이고 있는데도 이를 방치하는 것은 청와대가 보수세력의 카타르시스와 사기진작을 통한 지지 기반의 보강을 꾀하는 것이 아니냐는 것이다.[333]

> (민주당의) 박 대변인은 "민정·공화계 등 극우보수 세력은 남북 대화 자체를 반대하는 입장이라…".[334]

> 남북 대화에 급속히 난기류가 형성되고 있다. '조문논쟁'을 틈타 보수세력들의 목소리가 증폭되고 북한의 대남 비방이 부분적으로 재개되는 등 최근 일련의 흐름은 남북 정상회담으로 조성된 모처럼의 대화국면을 경색시킬 가능성이 높은 실정이다.[335]

넷째, 1994년에는 보수와 수구에 공안의 함의가 추가되었다. 이런 현상은 청와대 오찬에서 박홍 서강대 총장이 북한의 지령을 받

333 「'조문논쟁' 청와대 침묵 관심」, 『한겨레신문』 1994. 7. 17, p.3.
334 「색깔론 치닫던 '조문'·'본뜻' 비켜난 채 마감」, 『한겨레신문』 1994. 7. 17, p.3.
335 「김일성 주석 사망 이후 : 한반도 어디로 8」, 『한겨레신문』 1994. 7. 19, p.3.

는 주사파가 학생운동을 장악하고 곳곳에 침투해 있다고 공개 발언을 한 후 본격화했다. 진보 매체들이 이 발언을 공안시대와 냉전시대의 낡은 대북관으로 성토한 것이다.

김일성 북한 주석 사망 뒤 해묵은 사상 공세가 기승을 부리고 있다. 정부 내 공안파와 정치권의 극우보수 세력, 보수 언론 등이 앞장서 주도하고 있는 이런 행태는 우리 사회에 심각한 갈등과 분열을 불러올 뿐 아니라 자신들의 이익에 반하면 누구라도 적으로 몰아치고 민족의 염원인 통일과 남북 대화마저도 반대할 수 있다는 점에서 위험 수위를 넘어선 것으로 우려된다. 최근 이들이 조장하고 있는 '신공안'의 현상과 원인, 전망, 대안 등을 분석해 네 차례에 나누어 싣는다.
…그러나 최근 일련의 사태는 엄밀히 말해 이념적 갈등이 아니라 강경보수세력의 무차별적 이념 공세라는 성격이 훨씬 강하다. 이념적 좌·우가 대등하게 주장을 펼치는 게 아니라 한쪽이 일방적으로 몰아붙이는 양상을 띠고 있기 때문이다.[336]

골동품과 같은 구시대의 극우냉전 인사가 다시 생기를 찾아 나라 안팎에서 준동하고 있는 행태, 그러한 극우적 발상이 언론 집단 내의 기득 세력을 지배하고 있는 우리나라 언론의 퇴행성…. 우리나라 대학사회의 절망감…. 우리의 역사 시계는 지금 분명히 1950년대로 돌아가 있다.[337]

336 「신공안정국 1 극단 치닫는 실태 '여론' 빌려 무차별 공세」, 『한겨레신문』 1994. 7. 25, p.1.
337 「골동품 인사의 워싱턴 행차」, 『한겨레신문』 1994. 8. 3, p.2.

이때부터 대북 관계를 둘러싼 보수세력과의 대립이 불거질 때마다 진보 측 담론은 보수, 우익, 수구, 냉전과 '공안'을 하나로 묶었다. 보수, 수구, 극우, 공안의 구별이 사라진 것이다. 간첩 사건과 소위 좌경 · 용공 사건 등 특수수사를 뜻하던 말이 남북대결시대로의 퇴영적 회귀를 표상하는 말이 된 것이다.

다섯째, 보수 · 수구 · 냉전을 하나로 묶어 버리는 경향은 2000년 6월 15일의 남북 정상회담 이후 확연해졌다. 이 세 단어를 근친 개념 내지 동일 개념으로 묶어 쓴 기사와 논설 수도 2000년 남북 정상회담 이전과 이후에 큰 차이가 있다. 예컨대 세 단어를 함께 쓴 기사와 사설은 1990~1999년까지 고작 79건에 불과했지만 2000년부터 2009년까지는 613건으로 늘었다. 수구와 반통일을 묶어 쓴 글도 1990년대에는 26건뿐이었지만 2000년대에는 183건이다. 수구와 냉전을 같은 개념으로 취급한 글은 1990년대에는 201건에 불과했지만 2000년대에는 1,286건으로 늘어났다.[338]

보수 담론을 대표해 온 『조선일보』는 수구, 냉전, 보수, 반통일과 같은 말을 누군가의 발언을 인용할 때만 묶어 썼다. 그런데 인용의 빈도도 특정 개념의 사용 추이를 보여 주는 간접 지표다. 수구와 반통일을 묶어 인용한 『조선일보』의 기사와 논설은 1990~2009년 20년간 총 54건에 불과하지만, 이 중 52건이 2000년 남북 정상회담 이후의 것이다. 또 보수 · 수구 · 냉전이라는 세 단어를 묶어서 인용한 기사와 논설은 20년간 총 60건인데, 95퍼센트인 57건이 2000년 이후의 것이다. 2000년 이후 전국 종합일간지들이 보수, 냉전 또는 수구, 냉

---

338 한국언론진흥재단 기사통합검색서비스(KINDS, http://www.kinds.or.kr) 2012. 12. 21. 검색.

표 5. 수구/냉전과 보수/냉전의 사용 빈도 추이 비교(2000~2010)

연도(년)	수구/냉전(건)	보수/냉전(건)
2000	110 (남북 정상회담 이전은 15건)	296 (남북 정상회담 이전은 89건)
2001	130	315
2002	141	254
2003	185	263
2004	241	414
2005	101	276
2006	93	263
2007	218	332
2008	20	219
2009	23	176
2010	16	227

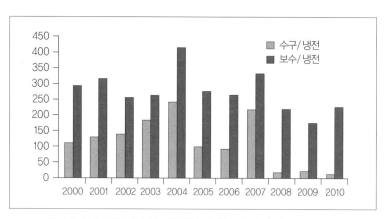

그림 3. 보수/냉전과 수구/냉전의 사용 빈도 추이 비교(2000~2010)

전을 묶어 쓴 기사와 논설 건수의 연도별 추이는 표 5 및 그림 3과 같다.[339]

표 5와 그림 3을 보면 냉전적 남북 대결로의 회귀 본능을 뜻하는 말로 수구, 보수라는 말을 쓰는 추세가 2000년 6월부터 확연히 늘어났다는 것을 알 수 있다. 남북 정상회담이 진보를 평화, 통일, 민족, 남북 대화를 표상하는 말로 굳히면서 수구, 보수가 냉전, 반통일, 친미, 남북 대결을 표상하는 개념으로 굳은 것이다. 이런 추세는 2003년까지 지속되다가 친미/반미논쟁이 불붙은 2004년에 재차 점화되었다. 1980년대 후반부터 친미/반미의 대결 구도와 남북 관계를 둘러싼 좌우의 대결 구도가 하나로 겹쳐 온 데다가 이것이 노무현정부 출범 이후 보수/진보의 대결 구도로 통합된 것이다.

보수와 수구라는 말이 북한에 대한 시대착오적 대결 의식을 뜻하는 말로 굳어지면서 꼴통보수, 수구꼴통과 같은 감정적 수사들이 유행하기 시작했다. 남북 관계와 한미 관계를 둘러싼 보수와 진보의 대립이 격해지면서 생긴 현상 가운데 하나다. 보수와 수구라는 개념을 경멸적으로 희화화한 이런 수사들은 2002년 12월의 대통령 선거를 전후하여 대중 매체들이 '꼴통'이라는 말을 인용의 형태로 보도하면서 유행하기 시작했다.

"학생 10여명 피켓 시위"라는 제목의 크기와 내용도 거의 다르지 않았다. 사건의 발단이 된 시위는 『조선일보』반대 연세인모임조반연, 연세대 문과대학학생회 등 8개 단체에 소속된 연세대 재학생들이 벌인 것이었다. … 성

339 한국언론진흥재단 기사통합검색서비스(KINDS. http://www.kinds.or.kr) 2013. 1. 22. 검색.

명에서 이들은 "『조선일보』의 '반관용' 정신을 극명하게 보여 준 '최장집 사상검증'사건 때 『조선일보』의 '검증 행위'를 찬성하는 칼럼을 쓰는 등 송 교수는 한국사회 '수구냉전' 논리를 대변해 왔다"고 비판의 이유를 밝혔다.[340]

청와대 홈페이지와 인터넷 매체에는 오 총장 내정을 비난하는 글들이 쇄도했다. "교육 개혁의 적임자가 아니다"는 내용이 주류였으나 "…수구꼴통이 거론되는 것 자체가 수구꼴통들의 책동이 시작된 것이다. 대책을 세워야 한다"… 등 인신공격성 글들도 적지 않았다.[341]

꼴통처럼 감정적이고 경멸적인 관형어를 보수 · 수구의 수식어로 쓰는 추세는 2003년부터 폭발적으로 늘었고,[342] 진보 매체들은

340 「조 · 동, 송복 교수 비판 학생들 '패륜' 매도」, 『한겨레신문』 2002. 6. 19, p.13.
341 「새정부 장관 인선 막판 혼선 시민단체 "입김" 조각작업 난산」, 『세계일보』 2003. 2. 27, p.5.
342 '수구 · 보수'가 탈냉전에 역행하는 대표 개념이 되면서 '꼴통'과 결합되는 추세는 대통령 선거를 둘러싼 보수와 진보의 감정 대결이 격화할 때 심해졌다. 대중 매체가 보수꼴통, 수구꼴통과 같은 말을 쓰는 빈도도 대통령 선거가 있었던 2007년과 2012년은 각각 그 전후 연도에 비해 두 배 정도 높다. 한국언론진흥재단 기사통합검색서비스(KINDS http://www.kinds.or.kr) 2014. 2. 15. 검색.

연도(년)	보수꼴통(건)	수구꼴통(건)
2003	35	38
2004	98	114
2005	95	102
2006	66	75
2007	141	132
2008	86	55
2009	113	84
2010	118	54
2011	105	76
2012	194	191
2013	104	65

꼴통보수와 수구꼴통이라는 말을 공개적으로 쓰기 시작했다.

> 문제는 지금부터다. 최 대표만 물러나면 국민들의 지지가 되살아나는
> 것은 아니다. 차떼기 부패 정당, 수구'꼴통' 정당의 이미지에다⋯.[343]

수구, 보수보다 더한 수구꼴통, 꼴통보수라는 말로 시대착오적인
냉전 본능을 조롱하는 경향은 대선을 치른 2007년에 다시 늘었지만
2008년 이후로는 줄어든다. 이것은 대통령선거처럼 보수세력과 진
보세력이 전면전으로 접어드는 국면에서는 보수라는 정치적 개념
이 수사로 변한다는 것을 뜻한다. 흥미로운 것은 2008년 이후에는
보수, 냉전에 비해 수구, 냉전의 사용 빈도가 급격히 줄었다는 점이
다. 아마 이것은 1990년대 중반부터 시작된 보수와 수구의 개념적
구별이 어느 정도 정착되면서 진보의 대척 개념이 보수로 통일된
결과일 것이다.

여섯째, 보수주의라는 또 다른 개념의 문제다. 한국 정치에 관련
된 기사와 논설만 보면 '보수주의'라는 말을 쓴 기사와 논설은 1990년
대에 1,513건, 2000년대에 1,868건으로 큰 차이가 없다. 서구의 보
수주의만 '보수주의'라고 하고 한국의 보수주의를 지칭할 때는 '보
수'라는 말로 대신하는 독특한 관행 때문이다. 이런 관행이 생겨난
원인은 다음과 같다. 보수 담론은 진보 이념의 대북관을 비판하는
데 몰두한 나머지 한국형 보수주의로 불릴 만한 정책과 철학을 제
대로 개발하지 못했다. 또 진보 담론은 보수·수구·냉전 세력에게

---

343 「한나라당, 새롭게 재출발하라」, 『경향신문』 2004. 2. 23, p.4.

서구 보수주의를 뜻하는 보수주의라는 점잖은 타이틀을 붙일 수 없었다. 그 결과 한국의 정치 현장에서는 보수만 남고 보수주의가 사라졌다. 보수와 진보의 이념 대결이 격화한 2000년 이후에도 한국 정치에 보수주의라는 말이 사용되는 빈도가 전혀 늘지 않은 것은 이 때문이다.

일곱째, 앞에서 본 것처럼 보수와 수구는 이미 1990년대 중반부터 구별되기 시작했지만 대북정책을 둘러싼 갈등이 격화할 때면 진보 담론은 보수와 수구의 구별을 일시 중지했다. 남북 관계와 관련된 문제가 불거지면, 보수 담론은 진보와 종북을 구별하지 않고 진보 담론은 보수와 수구를 구별하지 않은 것이다. 이것은 좌우투쟁과 한국전쟁이 남긴 끈질긴 애증의 기억이 북한을 우友 아니면 적敵으로만 보려는 극단적 우적관友敵觀만 배양해 왔기 때문이다.

여덟째, 개화와 탈냉전 사이에 1백 년의 세월이 가로놓여 있으나 수구라는 말의 역사적 함의는 변함이 없다. 1880년대의 일본이 개화 대 수구라는 거친 공식으로 조선의 정치 지형을 나눈 뒤 수구는 시대 흐름을 읽지 못하는 무지·완고·기득권을 뜻하는 개념이 되었는데, 이 19세기 말의 함의가 탈냉전시대의 수구 개념 속에 그대로 부활한 것이다. 다시 말해 일본이 조선의 수구파를 시대를 읽지 못하는 완고한 수구배로 경멸했다면, 탈냉전시대 한국의 진보 담론은 대북강경론原則論을 시대를 못 읽는 완고한 수구로 경멸해 왔다. 19세기 말의 일본이 세계에 대한 의구심과 시대착오적 배격 의식을 뜻하는 말로 빌려 쓴 수구라는 말을, 1백 년 후 한국의 진보 담론은 북한에 대한 의구심과 시대착오적 대결 본능을 뜻하는 말로 바꾼 것이다.

6 · 15남북 정상회담이 오늘로 한 돌을 맞았다.

…남북한 긴장 완화를 통한 한반도 평화 정착과 통일 문제는 단기간에 해결될 문제가 아니며 더욱이 현 정부만의 과제도 아니다. 차기 정권의 과제로도 계속 이어질 것이다. 그런 의미에서 남북 문제는 정파를 뛰어넘는 초당적 협력이 필요하다. 동시에 대북포용정책을 두고 우리 내부의 수구 · 보수세력이 남남 갈등을 부추기는 행동도 자제돼야 할 것이다.[344]

8 · 15 방북단의 '돌출 행동'을 둘러싼 정치권 대립의 핵심엔 햇볕정책이 자리하고 있다. …민주당 의원들은 방북단의 돌출 행동과 임 장관의 사퇴는 별개 사안이라고 단호하게 선을 그었다. …이재정 의원은 "한나라당이 60년대의 수구 · 냉전 · 보수논리로 21세기의 통일을 이끌어 갈 수 있겠느냐"고 반문했다.[345]

대북 적개심을 강조하는 냉전적 사고의 연장에 불과한 내용이다. 지난 암흑의 독재 시절 정권 안보를 위해 전가의 보도처럼 활용해 온 이 교육을 민주화 이후에도 '주적론'이라 말만 바꾸어 그대로 해왔다.

그러나 시대착오적인 수구 지향적 발상이라는 지적이 강하게 일자 다시 과목 명칭만 '대적관'이라 변경하여 지금까지 고집해 오고 있는 실정이다.

…그럼에도 이런 냉전 이데올로기적 교육을 지금까지 끈질기게 고수하고 있음은 바로 우리 군이 아직도 반민족적 친일 잔재들과 이에 뿌리를 둔 냉전수구 세력들의 영향력 아래에서 벗어나지 못하고 있다는 징표라 할 수

344 「'6 · 15 감격' 실천으로 잇자」, 『서울신문』 2001. 6. 15, p.5.
345 「국회 통외통위 치고받기 여아 임 장관 해임 '임전무퇴'」, 『한겨레신문』 2001. 8. 30, p.3.

있을 것이다.[346]

　　민족을 분열과 대립으로 몰아가는 냉전수구 세력의 부활을 저지하고 한반도에서 전쟁의 먹구름을 걷어 내고 한반도의 평화를 정착시키는 동시에 통일한국을 앞당기기 위함이다.[347]

　　아홉째, 탈냉전시대의 보수·수구 개념은 주로 진보 매체와 진보 담론이 확산시켜 왔다. 즉 정치적으로 합의된 보편 개념이 아니다. 보수든 진보든 1980년대 이후 한국에서 널리 쓰인 정치적 개념들이 보편적 합의를 거친 개념이라기보다는 정치 세력마다 일방적으로 뜻을 정해 쓰는 수사에 가깝다는 말이다. 다음의 기사는 반통일의 표상으로 쓰여 온 보수라는 말이 개념적 보편성이 결여된 수사에 가깝다는 것을 지적한 것이다.

　　이(한동) 총리의 이 같은 답변은 그동안 야당 및 보수적인 언론을 '반통일'로 공격해 온 여당과 진보적인 시민단체들의 본질적인 문제점을 지적한 것으로, 통일 문제는 '통일이냐 반통일이냐'가 아니라 '자유민주주의체제를 토대로 한 통일이냐, 아니면 그렇지 않은 통일이냐'가 논의의 핵심이란 점을 밝힌 것이다. 여권은 그동안 '수구 언론은 개혁의 저지 세력이요, 반통일세력이다'…는 등 줄기차게 야당과 보수 언론을 '반통일'로 모는 공세를 펼쳐 왔다.[348]

346　표명렬(2003), 「민족 화해 해치는 '대적관' 교육」, 『한겨레신문』 2003. 12. 29, p.18.
347　「열린우리당 창당선언문」 2003. 11. 11.
348　「이 총리, "반통일 세력은 친북 세력뿐" 발언 파장」, 『조선일보』 2001. 7. 20, p.5.

끝으로 1990년대 중반에 시작된 보수 개념의 복권에도 불구하고 한 세기가 넘도록 일상어 보수에 축적된 부정적 이미지는 쉽게 지워지지 않았으며, 보수라는 개념을 한국현대사에 대한 원죄의식에서 해방된 가치중립적 개념으로 복원하기는 힘들었다. 보수라는 말 자체에 뿌리박힌 일상적 편견 때문에 보수를 표방한 세력 내부에서 보수라는 말의 정치적 가치에 대한 판단이 서로 어긋나는 일도 생겼다. 당 강령에서 보수라는 말을 빼려는 한나라당 일각의 움직임에 대한 다음의 반론은 보수라는 말의 정치적 효용에 대한 합의가 보수 진영 안에서조차 흔들릴 만큼 보수라는 말이 정치적 부담이 되어 버린 21세기 초 한국 정치의 단면을 실감케 한다.

한나라당 비상대책위원회는 5일 당 정강·정책에서 '보수'라는 용어를 빼는 걸 논의했다. 회의에서 일부 반론도 있었으나 삭제 주장이 다수여서 결국 그 방향으로 갈 가능성이 크다고 한다. …한나라당 현 정강·정책은 전문 첫머리에서 한나라당을 "지난 60년 동안 대한민국의 비약적 발전을 주도해 온 발전적 보수와 합리적 개혁의 역사적 정통성을 계승하는…"이라고 규정하고 있다. …비대위는 여기서 '발전적 보수'를 빼자는 것이다. …영국 양대 정당 중 하나인 보수당은 2백 년 넘게 '보수'를 당명으로 쓰고 있다. 미국 공화당 사람들도 예사로 자기 당을 보수당으로 부른다. 한나라당 비대위원들은 "젊은 사람이 보수란 말을 싫어하고 보수·진보 논란 자체에 거부감을 갖고 있다"고 주장한다. 이것도 물정 모르는 소리다. 20대, 30대 지지층을 확대해 또 한 번의 집권을 노리는 민주통합당은 '민주'와 '진보'를 입에 달고 산다. 민주통합당보다 훨씬 왼쪽에 있는 통합진보당은 아예 당 이름에 '진보'를 넣고 있다. 한나라당을 이들과 맞설 수 있는 강력한 정당으로 재탄생시키겠다고 나선 비대위원들이 한나라당 보고 '보수' 간판을 내리라는 건 비대위원 스스로가 '보수'를 '진보'보다 열등한 가치로 여기는 콤플렉스에 사로잡혀 있다는 말밖에 되지 않는다. …정책에 유연성을 두는 것과 보수 간판을 내리는 건 전혀 다른 문제다. 영국 보수당은 노동계급의 생활 개선과 복지 증진 같은 사회 개혁이 필요할 땐 노동당 정책도 과감히 받아 들였다. 그렇다고 해서 당명에서 '보수'를 빼는 못난 짓은 하지 않았다. … 한나라당이 자기들 잘못 때문에 흙탕물을 뒤집어쓴 '보수'의 얼룩을 닦아 낼 생각은 하지 않고 '보수'라는 가치 자체를 내동댕이치는 건 무책임하기 이를 데 없고 '한나라당'과 '보수'를 한꺼번에 죽이는 것이다.[349]

정리하자. 민주화와 탈냉전시대의 보수, 수구 개념을 설정한 것은 그늘진 정치적 기억들을 보수, 수구로 표상할 수밖에 없게 만든 우리 근현대사의 행로 자체다. 정치적 정당성을 박탈당한 보수의 개념을 주도적으로 확산시킨 것은 진보를 내건 담론과 세력이었다. 진보의 통일관과 대미·대북관에 위기감을 느낀 보수세력과 보수 담론은 뒤늦게 보수 개념의 정치적 복권을 시도하면서 대응했지만, 개화 이후 1백년 간 보수라는 일상어에 쌓여 온 부정적 함의를 쉽게 털어 내지 못했다. 진보 담론이 친미적·독재적·냉전적 대결의 역사와 정치적 무능·부도덕의 관성을 보수라는 말로 표상하자, 보수 담론은 진보세력을 좌익·종북의 표상으로 몰아갔다. 피차간에 친미, 독재와 좌익, 종북으로 매도하면서 격화된 양 진영의 날선 감정 대립은 절대선 아니면 절대악뿐인 도덕적 절대주의의 대결

349 「한나라, '보수'가 무슨 뜻인지나 알고 정강에서 빼나」, 『조선일보』, 2012. 1. 6, p.35.

로 치달았다. 개화 이후의 역사적 파행 속에서 1백 년이 넘도록 현대 민주주의에 동력을 부여할 한 쌍의 필수 개념으로 인정받지 못했던 보수와 진보라는 말은 민주화와 탈냉전 이후에도 이념과 당파를 초월한 보편 개념으로 진화할 수 없었다.

간직하고 싶은 정치적 기억들이 넘쳐 난다면 '있는 것을 지키다'라는 뜻을 가진 '보수'라는 말이 정치적 자산이다. 잊어버리고 싶은 정치적 기억들로 짐스럽다면 '보수'라는 말도 정치적 부담이 된다. 일제의 강점으로 시작하여 분단과 전쟁 그리고 독재와 저항으로 이어진 우리 근현대사의 그늘진 기억들은 한국에서 보수라는 말을 정치적 자산이 아닌 부담으로 만들어 놓았다.

1980년대 이전에는 보수가 한국의 정치를 진단하거나 처방하는 개념이 아니었다. 개화 초기에 부강한 서양의 개명, 진보와 대비되는 개념이 된 후로는 봉건, 타성, 퇴행, 완고와 같은 부정적 느낌이 강한 일상어에 머물렀기 때문이다. 제1공화국에서 제3공화국에 이르기까지 때로는 정치적 개념처럼 쓰이기도 했으나, 그 내용이 서구의 보수 개념과 비교하기 힘들 만큼 초보적이어서 고작해야 반공

아니면 얼굴 없는 자유민주주의를 뜻했다. 혁신, 진보의 담론이 봉쇄된 보수의 시대에는 보수라는 말을 정치적 설득에 요긴하게 쓸 개념으로 다듬을 필요가 없었기 때문이다.

보수가 진보, 혁신의 정치적 대척 개념이 되고 냉전, 반민주, 반북, 친미를 표상하는 말로 그 속뜻이 확장된 것은 개화 이후 1백 년이 지난 1980년대다. 보수가 진보와 함께 한국 정치의 현장 담론을 장악한 것은 그로부터 채 10년이 지나지 않은 1990년대 중반부터다. 그리고 2000년 6월의 남북 정상회담 이후 보수는 진보와 함께 한국 정치의 주요 쟁점 대부분을 조성하고 또 거기에 개입하는 수사 내지 개념이 되었다.

그러나 제3절에서 본 것처럼 지식 담론이 정책으로 바뀌는 과정을 밟으면서 형성된 서구 정당정치의 보수 개념과 달리, 현대 한국의 보수 개념은 민주화 · 탈냉전의 기류 속에서 폭발한 변혁운동의 담론과 대중적 매스미디어가 주도한 진보와 보수의 수사 전쟁war of rhetorics 속에서 급조되었다. 보수가 진보의 정치적 대척 개념으로 자리 잡은 1990년대부터는 정치적 쟁점이 생길 때마다 보수와 진보의 담론이 보수와 진보 개념을 제각기 설정하고 확산시켜 온 것이다.

보수/진보를 한 쌍의 대척 개념으로 놓았을 때 오늘날의 평균적 한국인이 연상하는 것은 독재/민주27.4퍼센트, 미국/북한11퍼센트, 안정/변화25.8퍼센트, 재벌/노동자14.5퍼센트, 성장/분배9.5퍼센트라는 대립 쌍이다(박장미 · 한상대 · 이지호, 2012 : 136). 이처럼 독재, 미국친미, 안정, 재벌 성장을 연상시키는 보수는 정치학자들이 보수의 표준으로 삼고 있는 서구의 보수주의나 보수 개념과 다르다. 보수라는 개념만 그런 것이 아니다. 한국의 보수세력도 서구의 보수세력과 달리 산업화의 부작용을 외면한 채 근대화와 성장에만 매몰되었다(김병곤 2011 : 23~25). 그러나 서구의 보수 개념과 보수주의가 서구 역사의 산물이 듯 한국의 보수 개념 또한 한국 근현대사의 불가피한 산물이다. 우리 근현대사의 파행과 질곡을 돌이켜보면 오늘날 한국의 보수와 진보 개념이 기형적이거나 비정상적인 것이라고 매도할 수만은 없다.

이 책을 끝맺으면서 1880년대 중반부터 2010년대 초까지 한국의 일상과 정치에서 보수와 그 근친 개념들이 관형어와 수사에서 개념으로 변해 온 과정 그리고 그 역사적 특징을 간추려 본다.

첫째, 동아시아 한자문화권에서 일상의 동사에 지나지 않던 보수는 1880년대부터 영국 보수당의 번역어로 차용되었고 그때부터 정치적 현상과 대상을 가리키는 관형어가 되었다. 그러나 한 세기가 지나도록 보수라는 관형어는 정치적 개념으로 진화하지 못하고 일상의 담화와 담론에 갇혀 있었다. 일제강점기는 물론 해방부터 1980년대 중반까지 진보, 혁신의 이념과 담론이 들어설 자리가 없었기 때문이다. 진보, 혁신의 담론이 없었으므로 지배 세력은 구태여 보수를 자처하거나 보수라는 말을 쓸 필요가 없었다. 보수라는 말이 개화 이후 거의 1백 년간 완고, 고루, 수구를 뜻하는 일상적 관형어에 머물러 온 것은 이 때문이다. 특히 서구화와 경제 발전을 진보로 표상해 온 지난 60여 년간 진보의 반대말인 보수는 봉건적 완고성과 구태의연한 삶의 태도를 뜻하는 말이었고, 이 때문에 민주화와 탈냉전의 변혁이 시작된 1980년대 후반부터는 자연스럽게 민주화·탈냉전에 역행하는 시대착오적 퇴행과 구악을 표상하는 개념이 되었다.

둘째, 역사적 개념은 과거를 더듬다가 생겨나고 정치적 개념은 현재를 둘러보다가 생겨난다. 존망의 기로에 선 조선의 현실을 앞에 두고 진취적 지식인들이 구국의 방책을 고민하던 개화기에는 보수와 진보가 정치적 개념으로 함께 수용될 싹이 잠시 보였지만, 이 싹은 일제의 강점으로 밟혀 버렸다. 선동적 수사들만 거칠게 난무한 해방 직후의 좌우투쟁기에도 보수나 진보는 정치적 개념으로 끼어들 자리가 없었다. 또 물속에서는 물을 찾지 않는 것처럼 5 · 16군사정변부터 1980년대 중반까지 지속된 보수의 단색시대에는 보수라는 개념을 찾거나 되물을 필요가 없었다. 결국 '진보'를 내건 세력과 담론이 등장한 1980년대 이후에야 보수는 정치적 개념이 될 수 있었다. 그러나 그후 보수와 진보는 현실을 진단하고 처방하는 개념이 아니라 과거의 기억을 잣대로 지금의 정치를 심판하는 역사적 개념이 되어 버렸다.

　오늘날 한국의 보수 개념은 정치적 개념으로 유통되는 역사적 개념이다. 정치적 보수, 진보의 대결 밑바닥에는 한국현대사에 대한 화해 불가능한 두 관점이 충돌하고 있다. 1979년부터 10년에 걸쳐 간행된 『해방전후사의 인식』[350]이 임시정부, 미 군정, 한국전쟁, 이승만과 박정희정권의 공과를 비롯한 현대사의 핵심 주제를 재해석했으며, 2006년에는 『해방전후사의 인식』의 '좌 편향'을 비판한 『해방전후사의 재인식』[351]이 출간되었다. 역사학계가 외면하거나 일방적으로 해석해 온 좌익의 공과나 한국에 대한 미국 외교정책의 본질을 재해석한 수정주의와 이것을 좌파적 해석이라고 비판한 전통

350　송건호 · 진덕규 · 백기완 · 임헌영 · 김도현 외(1979), 『해방전후사의 인식 1~6』, 한길사.
351　박지향 · 김철 · 김일영 · 이영훈 편(2006), 『해방전후사의 재인식 1~2』, 책세상.

주의가 맞붙은 가운데, 한국현대사를 둘러싼 보수와 진보의 대결은 역사교과서 문제로 비화되었다. 이로써 '역사'가 한국의 보수와 진보를 가르는 정치적 잣대가 되었다. 한국 근현대사의 핵심 변수를 바라보는 눈이 보수와 진보를 가르는 선험적 기준이 된 것이다. 비유하자면 좌우 대립과 분단, 한국전쟁과 남북 대결에 관한 상반된 기억들이 아물지 않은 상처로 잠복해 있다가 1980년대 이후 변혁기의 보수와 진보 개념을 급조한 것이다. 보수와 진보의 정치적 대결이 좌와 우, 남과 북의 대결에 관한 기억과 이처럼 겹쳐 있기 때문에 진보의 담론은 보수에게 자유시장주의·작은 정부와 같은 서구의 보수 개념을 허용할 수 없고, 보수 담론은 노동·분배 정의 같은 진보의 보편적 내용을 한국의 진보에게 허락하지 않는 것이다.

셋째, 1980년대 이후 한국의 보수세력과 진보세력은 보수와 진보라는 말을 수사처럼 썼다. 수사로 썼기 때문에 그 함의도 피차간에 일방적으로 설정할 수 있었다. 특히 두 세력은 보수와 진보라는 개념을 논쟁과 설득의 수단이 아니라 상대방의 정통성과 도덕성을 부정하는 무기로 썼다. 지금 한국의 보수와 진보는 개념과 수사의 경계선상에 있다. 해방 직후 좌파가 우파를 반동, 파쇼로 매도하고 우파가 좌파를 매국, 반역으로 비난할 때 동원한 언사들은 공론을 위한 개념이 아니라 언사 전쟁에 일방적으로 쓸 수사였다. 이런 기억과 관습 때문인지 오늘날 보수와 진보라는 개념도 내용에 대한 상호 간의 합의가 전혀 없다. 물론 보수진보 개념이 궁극적으로는 분단과 대결의 산물이므로 이 개념들이 정파적 대결을 위한 수사로 쓰이는 것도 무리는 아니다. 분단과 좌우 대결의 기억을 걸머진 이 개념들이 역사로부터 해방된 개념으로 진화했다면 그게 더 이상할지 모른다. 그러나 이 복고적 애증이 우리의 보수/진보 개념에 계속 개입하는 한, 다시 말해 남북한의 평화가 어떤 식으로든 정착하지 않는 한 양 극단의 당파적 기억이 보수와 진보의 개념을 오염시킬 여지는 계속 남을 것이다.

넷째, 분단·한국전쟁·남북 대결은 냉전시대 세계 정치의 부산물이다. 그렇다면 한반도를 둘러싼 국제정치가 보수와 진보의 개념을 결정하는 잣대가 된 것은 당연하다. 남북 관계, 북한의 핵 개발, 국가보안법, 주한 미군, 전시작전권과 같은 정치적·외교적 의제로부터 맥아더 동상, 한미FTA, 광우병파동과 같은 사회적·경제적 이슈에 이르기까지 지난 20여 년간 보수와 진보의 대결로 시종한 정치적 쟁점들은 미국 아니면 북한, 또는 미국·북한과 동시에 연계된 것이었다. 친미, 반북이 보수의 본질로 인식되고 반미, 친북이 진보의 상징으로 고착된 지금의 현실은 세계 정치와 한반도 정치가 얽히면서 시작된 한국현대사의 국제정치적 본성을 잘 보여 주고 있다.

다섯째, 서구에서는 보수와 진보라는 개념이 정책을 결정하고 이념의 좌표를 '판단'하는 기준이다. 오늘날의 한국에서는 보수와 진보라는 말이 이념과 정책의 도덕성을 '심판'하는 기준이다. 왕조시대가 끝난 지 1백 년이 넘었지만 정과 사, 선과 악을 선험적으로 가르는 성리학적 세계관이 보수와 진보의 개념에 여전히 개입하기 때문이다. 보수 담론과 진보 담론이 각각 국가와 민족이라는 19세기적 명분을 둘러싼 명분투쟁에 매몰된 현실도 예법논쟁에 목숨까지 갖다 바친 조선시대 사림 전통의 재현이다. 그 바람에 현실을 가감없이 비추어야 할 보수와 진보라는 개념이 친미, 반북 아니면 반미, 친북과 같은 명분의 감옥에 갇혀 버렸다. 미국과 북한이 적대 관계라고 해서, 미국이 제기하는 북한 주민의 인권 문제가 진보가 아닌 보수의 지지를 받는 이념적 전도 현상이 벌어진 것 역시 한국 정치가 명분의 감옥에 갇혀 있기 때문이다. 보수와 진보의 상식적 테두리를 벗어난 세력들까지 보수와 진보를 참칭할 수 있는 것도 좌든 우든 한국현대사에 대한 명분론 앞에서 정치의 보편 상식을 내던져 버렸기 때문이다.

정리하자. 개화기부터 일상의 부정적 개념으로 줄곧 퇴행해 온 보수는 민주화와 탈냉전의 동시 충격 속에서 기존의 인습과 인식이 뒤흔들린 1980년대 말부터 진보의 정치적 대척 개념이 되었다. 그러나 일상의 보수 개념에 1백 년간 축적된 타성, 완고, 무능의 함의가 정치적 보수 개념에 투사되면서 보수는 한국현대사의 그늘인 독재와 냉전적 남북 대결을 표상하는 말이 되었고 이 그늘에 도덕적 책임을 져야 했다. 좌우 대결, 분단, 전쟁, 독재로 이어진 어두운 우리 현대사의 기억들 그리고 경제개발과 산업화를 진보와 혁신으로 인식해 온 성장시대의 고정관념 때문에 한국의 보수 개념은 정치적으로나 도덕적으로나 진보 개념과 대등할 수 없었다. 1950년대부터 지속된 보수의 정치가 유산으로 남긴 그늘이 민주주의를 움직이는 두 축의 하나로서 보수가 가져야 마땅한 최소한의 정당성마저 앗아간 것이다.

보수라는 개념이 원죄처럼 짊어진 완고, 경직, 무능, 수구의 이미지를 탈피하기 위해 수식어까지 붙여야 했다. 1960년대의 전진보수주의가 그랬고, 1990년대의 개혁·온건·중도보수주의가 그랬다. 1990년대 중반부터 서유럽의 개혁보수주의를 표방하면서 보수를 수구로부터 떼어 놓은 이른바 보수의 복권이 시작되었지만, 이 때늦은 시도는 19세기 말에 서구적 보수와 개진을 구국의 방책으로 삼았던 개화파의 비전이 1백 년이 넘도록 실현되지 못했다는 반증일 뿐이다.

21세기 초 한국의 이념 지형은 좌와 우, 남과 북, 보수와 진보의 대결이 삼중으로 공고하게 겹쳐진 복합 지형이다. 밑바닥에는 좌우 대결에서 남북 대결로 이어진 불신과 애증의 상흔이 가라앉아 있다. 이 상처들이 보수와 진보의 개념을 뿌리째 비틀어 왔다. 인간과 세상에 대한 철학을 현실의 정책으로 표현하는 과정을 반복하면서 현재를 기준으로 전개되어 온 서구의 보수 개념과 달리 한국의 보수 개념은 분단과 전쟁, 독재와 저항으로 점철된 애증의 과거에 붙들려 있다.

보수와 진보는 함께 있어야 민주주의를 살아 움직이게 만든다. 앞으로도 한국 정치는 좋든 싫든 보수와 진보라는 두 개의 축 개념을 둘러싸고 전개될 것이다. 그렇다면 선악 이분법과 낭만적 도덕주의가 비틀어 놓은 보수와 진보 개념을 철학과 정책을 담는 개념으로 바꾸어 나가야 한다. 무엇보다 정치와 역사를 선과 악으로만 갈라놓은 기억의 주술에서 풀려나야 한다. 보수와 진보의 개념을 어떻게 바꾸고 기억의 주술에서 어떻게 풀려날지, 그 방법은 이론이 아닌 현실 속에서 찾아야 한다. 보수가 진보와 함께 한국과 한반도의 궤적을 앞으로 어떻게 그려 나갈지는 이 방법을 누가 언제 어떻게 찾느냐에 달려 있다.

| 참고문헌 |

■ 자료 · 검색 데이터베이스

국립국어원(2000), 「21세기세종계획 연구용 축소균형말뭉치」(CD ROM. 21세기
　　　세종계획의 연구 · 교육용 현대국어 균형말뭉치 중 문어말뭉치 9백만 어
　　　절을 일본 도시샤대학의 김형정 박사가 연구용 말뭉치로 재구성한 자료)
네이버 뉴스라이브러리 http://newslibrary.naver.com/(1920~1999년)
　　　『동아일보』
　　　『경향신문』
　　　『매일경제신문』
　　　『한겨레신문』
중국학@센터 www.sinology.org/
　　　『甲寅』
　　　『東方雜誌』
　　　『時務報』
　　　『新民叢報』
　　　『庸言』
　　　『淸議報』
한국사편찬위원회, 한국사데이터베이스 http://db.history.go.kr/
한국역사정보통합시스템 http://www.koreanhistory.or.kr/
　　　『開闢』
　　　『高麗史』
　　　『高宗實錄』
　　　『노력인민』
　　　『大韓每日申報』
　　　『독립신문』
　　　『독립신문』(상해 임시정부 기관지)
　　　『獨立新報』

『梅泉野錄』

『別乾坤』

『思想界』

『三千里』

『純宗實錄』

『朝鮮王朝實錄』

『朝鮮中央日報 』

『朝鮮出版警察月報』

『太極學報』

『韓民』

『漢城旬報』

『漢城日報』

『漢城週報』

『해방일보』

『皇城新聞』

한국언론진흥재단 기사통합검색서비스(KINDS) http://www.kinds.or.kr/
        (1990년 이후, 『조선일보』와 『중앙일보』를 제외한 전국 종합 일간지)

『조선일보』 http://www.chosun.com/

『중앙일보』 http://joongang.joins.com/

『창작과비평』 www.changbi.com/

■ 자료집

국사편찬위원회(2001), 『자료대한민국사 제17권』.

金南植 編(1974), 『「南勞黨」研究 資料集 第1輯』, 서울 : 고려대학교 아세아문
        제연구소.

金河璟 編(1946), 『大韓獨立運動과 臨時政府闘爭史』, 京城 : 鷄林社.

김현식·정선태 편(2011), 『'삐라'로 듣는 해방 직후의 목소리』, 서울 : 소명
        출판사.

민주주의민족전선(1946), 『민주주의민족전선 결성대회 의사록』(1946. 2. 15~16).

서울대총학생회 학술부 편(1988), 『변혁과 전망』, 서울 : 여명.

유길준(2005), 구인환 편, 『서유견문』, 서울 : 신원문화사.

李康國(1946), 『民主主義의 朝鮮建設』, 서울 : 조선인민보사.

이한섭 · 최경옥 · 정영숙 · 강성아 편(2000), 『西遊見聞 : 語彙索引』, 서울 :
　　도서출판 박이정.

정태영 · 오유석 · 권대복 편(1999), 『죽산 조봉암 전집 4 진보당 관련 자료』,
　　서울 : 세명서관.

한국독립운동사연구소(1989), 『한국독립운동사 자료총서 제3집 한말의병자
　　료집』.

6월민주항쟁 10주년사업 범국민추진위원회 편(1997), 『6월항쟁 10주년 기념
　　자료집』, 서울 : 사계절.

■ 사전류

한림과학원 편(2010), 『한국근대신어사전 : 현대신어석의 · 신어사전』, 서
　　울 : 산인(『신어사전』(1934, 서울 : 청년조선사)과 崔錄東의 『現代新
　　語釋義』(1922, 서울 : 문창사)를 수록).

羅布存德(原著) · 井上哲次郎(訂增)(1883), 『訂增 英華字典』(An English and
　　Chinese Dictionary), by the Rev. W. Lobscheid as Revised and Enlarged
　　by Tetsujiro Inouye, Tokyo : Fujimoto.

飛田良文 · 菊地悟 編(1996), 『和英語林集成初版譯語總索引』, 東京 : 笠間書院.

佐藤亨(2007), 『幕末 · 明治初期 漢語辭典』, 東京 : 明治書院.

荒井郁之助(1872), 『英和對譯辭書』, 東京 : 小林新兵衛.

Brinkley, Frank(1896), An Unabridged Japanese-English Dictionary, with
　　Copious Ilustrations(『和英大辭典』), Tokyo : Sanseidō.

Doolittle, Justus(1872), Vocabulary and Handbook of the Chinese Language
　　Romanized in the Mandarin Dialect, 2 vols., Foochow(福州), China :
　　Rozario, Marcal and Co.

Gale, James S.(1897), A Korean-English Dictionary(『한영ᄌ뎐』), Yokohama ;
　　Shanghai ; Hongkong ; Singapore : Kelly & Walsh Limited.

Hepburn, James C.(1867), *A Japanese and English Dictionary : With an English and Japanese Index*(「和英・英和語林集成」), Shanghai : American Presbyterian Mission Press.

Hepburn, James. C.(1888), *A Japanese-English and English-Japanese Dictionary*(「和英・英和語林集成」), 4th ed., Tokyo : Z. P. Maruya and Co.

Kwong Ki Chiu(1887), *An English and Chinese Dictionary, Comp. from the Latest and Best Authorities, and Containing All Words in Common Use, with Many Examples of Their Use*(「華英字典集成」), Shanghai : Wah Cheung.

Les Missionaires de Corée de la Société des Missions étrangères de Paris(1880), *Dictionnaire Coréen-Francais*(「한불ᄌᆞ뎐」), Yokohama : C. Lévy Imprimeur Libraire.

MacGillivray, D.(1905), *A Mandarin-Romanized Dictionary of Chinese with Supplement of New Terms and Phrases, Now Current*(「英華成語合璧字集」), Shanghai : Presbyterian Mission Press.

Medhurst, Walter Henry(1847~1848), *English and Chinese Dictionary*, 2 vols., Shanghae : Mission Press.

Morrison, Robert(1865), *A Dictionary of the Chinese Language*, 2 vols., 3rd ed., London : Trübner & Co.

Scott, James(1891), *English-Corean Dictionary : Being a Vocabulary of Corean Colloquial Words in Common Use*, Corea : Church of England Mission Press.

Underwood, Horace Grant(1890), *A Concise Dictionary of the Korean Language : In Two Parts, Korean-English & English-Korean*(「한영ᄌᆞ뎐」), Yokohama : Kelly & Walsh ; London : Trübner & Co. ; New York : A.D.F. Randolph.

Oxford English Dictionary, 2nd ed.(1989), vol.III, Oxford, Eng. : Clarendon Press.

The New International Webster's Comprehensive Dictionary of the English Language, Encyclopedia ed.(1999), Naples : Trident Press International.

■ 연구 문헌

1. 국내 문헌

1) 단행본

강광식 · 심지연 · 강정인 · 박동천 · 이서행 · 전상인(1999), 『현대 한국 이념
　　논쟁사 연구』, 성남 : 한국정신문화연구원.

구갑우 · 김기원 · 김성천 · 서영표 · 안병진 · 안현효 · 은수미 · 이강국 · 이
　　건범 · 이명원 · 이병민 · 조형근 · 최현 · 황덕순(2010), 『좌우파사
　　전 : 대한민국을 이해하는 두 개의 시선』, 고양 : 위즈덤하우스.

권용립(2003), 『미국의 정치문명』, 서울 : 삼인.

김병익(1987), 『전망을 위한 성찰』, 서울 : 문학과지성사.

김보균(1988), 『사회과학과 민족 현실』, 서울 : 한길사.

남궁곤 편(2005) 『네오콘 프로젝트 : 미국 신보수주의의 이념과 실천』, 서
　　울 : 사회평론.

남시욱(2011), 『한국 보수세력 연구』(증보판), 서울 : 청미디어.

大衆經濟研究所 編(1971), 『金大中 씨의 大衆經濟 : 100問 100答』, 서울 : 범
　　우사.

박지향 · 김철 · 김일영 · 이영훈 편(2006), 『해방전후사의 재인식 1~2』, 서
　　울 : 책세상.

朴玄埰(1979), 『民衆과 經濟』, 서울 : 정우사.

복거일(1990), 『현실과 지향 : 한 자유주의자의 시각』, 서울 : 문학과지성사.

송건호 · 진덕규 · 백기완 · 임헌영 · 김도현 외(1979), 『解放前後史의 認識
　　1~6』, 서울 : 한길사.

양승태 · 설한 · 신충식 · 이완범 · 강정인 · 최치원 · 김비환 · 장의관 · 김동
　　하 · 조경란 · 장인성 · 김명하(2013), 『보수주의와 보수의 정치철학』,
　　서울 : 이학사.

吳生根(1978), 『삶을 위한 批評』, 서울 : 문학과지성사.

李圭泰(1978), 『韓國人의 意識構造 上 : 韓國人은 누구인가』, 서울 : 문리사.

李圭泰(1978), 『韓國人의 條件 上』, 서울 : 문음사.

이나미(2011), 『한국의 보수와 수구 : 이념의 역사』, 서울 : 지성사.

이시카와 마쓰미(2006), 『일본전후정치사』, 박정진 옮김, 서울 : 후마니타스.

李泳禧(1977), 『偶像과 理性』, 서울 : 한길사.

이혜경(2002), 『천하관과 근대화론 : 양계초를 중심으로』, 서울 : 문학지성사.

이혜경(2007), 『량치차오 : 문명과 유학에 얽힌 애증의 서사』, 서울 : 태학사.

전진성(2001), 『보수혁명 : 독일 지식인들의 허무주의적 이상』, 서울 : 책세상.

鄭時遇(1946), 『獨立과 左右合作』, 京城 : 三義社.

조현연(2009), 『한국 진보정당 운동사 : 진보당에서 민주노동당 분당까지』,
    서울 : 후마니타스.

조혜정(1992), 『탈식민지시대 지식인의 글 읽기와 삶 읽기 2 : 각자 선 자리에
    서』, 서울 : 또하나의문화.

최장집(2012), 『민주화 이후의 민주주의 : 한국 민주주의의 보수적 기원과 위
    기』(개정 2판), 서울 : 후마니타스.

한국신학연구소 편(1984), 『한국민중론』, 서울 : 한국신학연구소.

韓完相(1978), 『民衆과 知識人』, 서울 : 정우사.

홍진표 · 이광백 · 신주현(2010), 『친북주의 연구』, 서울 : 시대정신.

2) 논문

강원택(2005), 「한국의 이념 갈등과 진보 · 보수의 경계」, 『한국정당학회보』
    제4권 제2호.

강원택(2012), 「3당 합당과 한국 정당정치」, 『한국정당학회보』 제11권 제1호.

강정인(2008), 「개혁적 민주정부 출범 이후(1998~) 한국의 보수주의 : 보수주
    의의 자기쇄신?」, 『사회과학연구』 제16집 제2호.

강정인 · 서희경(2013), 「김성수와 한국민주당 연구 : 한국 보수주의 정치 이
    념의 기원과 연속성을 중심으로」, 『한국정치학회보』 제47집 제1호.

김경미(2009), 「진보와 보수, 좌파와 우파에 대한 이론적 좌표설정 모색」, 『정
    치정보연구』 제12권 제1호.

김동하(2013), 「독일 바이마르 시기의 '보수혁명' 담론과 정치의 우선성 : 국

가, 시장, 민주주의에 대한 이해를 중심으로」, 양승태 외, 『보수주의와 보수의 정치철학』, 서울 : 이학사.

김명석(2001), 「문화 영역에서 본 京派와 海派의 거리」, 『중국현대문학』 제20호.

김병곤(2011), 「한국 보수주의의 이념적 특징 : 근대화와의 관계를 중심으로」, 『역사비평』 제95호(2011년 여름호).

김성우(2003), 「16세기의 사림파, 진보세력이었던가?」, 『한국사 시민강좌』 제33집, 일조각.

김운태(1962), 「신보수주의」, 『사상계』(1962. 5).

김희곤(2003), 「일제강점기의 진보와 보수 구분 문제」, 『한국사 시민강좌』 제33집, 일조각.

박경미 · 한정택 · 이지호(2012), 「한국사회 이념 갈등의 구성적 특성」, 『한국정당학회보』 제11권 제3호.

박철희(2014), 「일본 정치 보수화의 삼중구조」, 『일본비평』 제10호, 서울대학교 일본문제연구소.

백운선(1988), 「체제세력 · 반체제세력과 한국 정치 : 1970년대를 중심으로」, 『한국정치학회보』 제22집 제2호.

복거일(1990), 「보수주의 논객을 기다리며」, 『현실과 지향 : 한 자유주의자의 시각』, 서울 : 문학과지성사.

서병훈(1999), 「제2장 한국 보수주의의 성격과 발전 방향」, 김병국 · 김용민 · 박효종 · 서병훈 · 함재봉, 『한국의 보수주의』, 서울 : 인간사랑.

손호철(2009), 「한국체제 논쟁을 다시 생각한다 : 87년체제, 97년체제, 08년체제론을 중심으로」, 『한국과 국제정치』 제25권 제2호.

신상초(1957), 「혁신정당론」, 『사상계』(1957. 1).

신충식(2013), 「아르놀트 겔렌의 현상학적 인간학과 보수주의의 기원에 대한 고찰」, 양승태 외, 『보수주의와 보수주의 정치철학』, 서울 : 이학사.

양동안(1988), 「이 땅의 우익은 죽었는가」, 『현대공론』(1988. 8).

양승태(1995), 「한국 보수주의 연구를 위한 방법론적 시론」, 『한국정치학회보』 제28집 제2호.

양승태(1999), 「한국 보수주의 연구 I : 송시열과 한국 보수주의의 기원」, 『한국정치학회보』 제33권 제1호.

연재흠(2009), 「철학부 : 중국 대륙의 當代文化 保守主義에 대한 연구」, 『중국
　　학보』 제60권.

우평균(2012), 「한국 좌파운동의 속성과 한국 정치의 진로」, 『평화학연구』 제
　　13권 제3호.

이나미(2004), 「한국의 보수단체의 이념적 분화」, 『시민사회와 NGO』 제2권
　　제2호, 한양대학교 제3섹터연구소.

이영제 · 강범모(2012), 「정치 관련 신문 언어의 변화 양상 : 키워드와 명사 관
　　련어를 통해 본 2000～2009년의 변화 양상」, 『언어과학』 제19권 제1호.

이완범(2013), 「한국 보수세력의 계보와 역사 : 전통보수주의와 신보수주의,
　　1945～1979」, 양승태 외, 『보수주의와 보수주의 정치철학』, 서울 : 이
　　학사.

이태진(2003), 「한국 근대의 수구 · 개화 구분과 일본 침략주의」, 『한국사 시
　　민강좌』 제33집, 일조각.

이한섭(2010), 「개화기 일본 신문명 어휘의 도입에 대하여 : 한성순보를 중심
　　으로」, 『일본학연구』 제30집.

이항우(2011), 「이념의 과잉 : 한국 보수세력의 사회정치 담론 전략(2005～
　　2006년, 2008～2009년)」, 『경제와 사회』 제89호.

정승현(2013), 「조봉암 · 진보당과 한국 현대 진보 이념 : 그 기원과 전개」,
　　『현대정치연구』 제6권 제1호.

조경란(2008), 「현대 중국의 보수주의 문화 : 신보수주의의 출현과 유학의 재
　　조명」, 『中國近現代史研究』 제40집.

조경란(2009), 「5 · 4 신지식인 집단의 출현과 보수주의 : 신문화운동에 대한
　　보수주의의 초기적 대응」, 『中國近現代史研究』 제44집.

조경란(2013), 「중국에서 신좌파와 비판적 지식인의 조건 : 왕후이의 '중국모
　　델론과 지식 지형의 변화」, 『시대와 철학』 제24권 제1호.

채장수(2003), 「한국에서 좌파 개념의 설정」, 『한국정치학회보』 제37집 제2호.

최장집(1990), 「6공 보수주의에 대한 하나의 비판」, 『사상』 제6호(1990년 가
　　을호).

최치원(2009), 「한국에서 보수주의의 의미에 대한 하나의 해석」, 『시대와 철학』 제20권 제4호.

한관수 · 장윤수(2012), 「한국의 보수와 진보의 대북관에 대한 연구」, 『한국정치학회보』 제46집 제1호.

한상일(2014), 「일본의 우익사상과 아시아주의」, 『일본비평』 제10호.

한태연(1960), 「보수세력의 계보」, 『사상계』 제85호(1960. 8).

2. 해외 문헌

1) 단행본

山田敬男(2009), 『戰後日本史』, 東京 : 學習の友社.

山田央子(1999), 『明治政黨論史』, 東京 : 創文社.

石川眞澄 · 山口二郎(2004), 『戰後政治史』(新版), 東京 : 岩波新書.

若宮啓文(1995), 『戰後保守のアジア觀』, 東京 : 朝日新聞社.

柳父章(1982), 『飜譯語成立事情』, 東京 : 岩波書店〔야나부 아키라(2003), 『번역어성립사정』, 서혜영 옮김, 서울 : 일빛〕.

Atkin, Nicholas and Frank Tallett(eds.)(2003), *The Right in France : From Revolution to Le Pen*, New York : I. B. Tauris.

Burke, Edmund(1756), *A Vindication of Natural Society : Or, a View of Miseries and Evils Arising to Mankind from Every Species of Artificial Society*, London : M. Cooper in Peter-Noster-Row.

Burke, Edmund(1790), *Reflections on The Revolution in France, and on the Proceedings of Certain Societies in London Relative to That Event : In a Letter Intended to Have Been Sent to Gentlemen in Paris*, London : James Dodsley in Pall Mall.

Burke, Edmund(1992), Daniel E. Ritchie(ed.), *Further Reflections on the Revolution in France*, Indianapolis, IN : Liberty Fund Inc.

Cecil, Hugh(1912), *Conservatism*, London : Williams and Norgate.

Chandler, James K.(1984), *Wordsworth's Second Nature : A Study of the Poetry and Politics*, Chicago, IL : University of Chicago Press.

Chomsky, Noam(2011), *How the World Works*, Berkeley, CA : Soft Skull Press.

Coleman, Bruce(1988), *Conservatism and the Conservative Party in Nineteenth-Century Britain*, London : Edward Arnold.

Craig, Gordon Alexander(1978), *Germany 1866~1945*, New York : Oxford University Press.

Diamond, Sara(1989), *Spiritual Warfare : The Politics of the Christian Right*, Boston, MA : South End Press.

Epstein, Klaus(1966), *The Genesis of German Conservatism*, Princeton ; Boston : South End Press.

Furth, Charlotte(ed.)(1976), *The Limits of Change : Essays on Conservative Alternatives in Republican China*, Harvard University Press.

Gehlen, Arnold(1940), *Der Mensch : Seine Natur und seine Stellung in der Welt*, Berlin : Junker und Dünnhaupt[아르놀트 겔렌(2010), 『인간, 그 본성과 세계에서의 위치』, 이을상 옮김, 서울 : 지식을만드는지식].

Graeme, Garrard(2006), *Counter-Enlightenments : From the 18th Century to the Present*, London : Routledge.

Hampsher-Monk, Iain(1987), *The Political Philosophy of Edmund Burke*, New York : Longman.

Heale, M. J.(1990), *American Anticommunism : Combating the Enemy Within, 1830-1970*, Baltimore : Johns Hopkins University Press.

Himmelstein, Jerome L.(1990), *To the Right : The Transformation of American Conservatism*, Berkeley, CA : University of California Press.

Kristol, Irving(1978), *Two Cheers for Capitalism*, New York : Basic Books.

Lipset, Seymour Martin(1960), *Political Man : The Social Bases of Politics*, Garden City, NY : Doubleday.

Mannheim, Karl(1953), *Essays on Sociology and Social Psychology*, New York : Oxford University Press.

McArthur, Neil(2007), *David Hume's Political Theory : Law, Commerce, and the Constitution of Government*, Toronto : University of Toronto Press.

Moody, Peter(2007), *Conservative Thought in Contemporary China*, Lanham, MD : Lexington Books.

Muller, Jerry Z.(ed.)(1997), *Conservatism : An Anthology of Social and Political Thought from David Hume to the Present*, Princeton, NJ : Princeton University Press.

Nash, George H.(1976), *The Conservative Intellectual Movement in America : Since 1945*, New York : Basic Books.

Nisbet, Robert(2001), *Conservatism : Dream and Reality*, New Brunswick, NJ : Transaction Publishers.

Passmore, Kevin(2013), *The Right in France from the Third Republic to Vichy*, New York : Oxford University Press.

Petitfils, Jean-Christian(1994), *La droite en France de 1789 à nos jours*, Paris : Presses Universitaires de France.

Pipes, Richard(2005), *Russian Conservatism and Its Critics : A Study in Political Culture*, New Haven, CT : Yale University Press.

Quinton, Anthony(1978), *The Politics of Imperfection : The Religious and Secular Traditions of Conservative Thought in England from Hooker to Oakeshott*, London : Faber & Faber.

Rémond, René(1954), *La Droite en France de 1815 à nos jours : Continuité et diversité d'une tradition politique*, Paris : Aubier, Trans. by James M. Laux(1966), *The Right Wing of France : From 1815 to de Gaulle*, Philadelphia : University of Philadelphia Press.

Weaver, Richard M.(1948), *Ideas Have Consequences*, Chicago : University of Chicago Press.

2) 논문

Berlin, Isaiah(2002), "Maistre," in Henry Hardy(ed.), *Freedom and Its Betrayal : Six Enemies of Human Liberty*, Princeton, NJ : Princeton University

Press.

Berlin, Isaiah(2013), "Joseph de Maistre and the Origins of Fascism," in Henry Hardy(ed.), *The Crooked Timber of Humanity : Chapters in the History of Ideas*, New York : Random House.

Gauchet, Marcel(1997), "Right and Left," in Pierre Nora and Lawrence D. Kritzman(eds.), *Realms of Memory : Rethinking the French Past, vol. 1 Conflicts and Divisions*, New York : Columbia University Press.

Graeme, Garrard(1994), "Rousseau, Maistre, and the Counter-Enlightenment," *History of Political Thought* 15(1).

Huntington, Samuel(1957), "Conservatism as an Ideology," *American Political Science Review* 51(2).

Möser, Justus(1997), "No Promotion According to Merit(Keine Beförderung nach Verdiensten)," in Jerry Z. Muller(ed.), *Conservatism : An Anthology of Social and Political Thought from David Hume to the Present*, Princeton, NJ : Princeton University Press.

Vierhaus, Rudolf(1982), "Konservativ, Konservatismus," *Geschichtliche Grund-begriffe Historisches Lexicon zur politisch-sozialen Sprache in Deutsch-land* 3, Stuttgart, Germany : Klett-Cotta Verlag.

| 찾아보기 |

사항

인명